以领域理论为基础的
青少年道德教育研究

刘建金 著

人民出版社

序

　　社会认知领域理论是美国心理学家劳伦斯·科尔伯格的大弟子艾略特·特里尔（Elliot Turiel）于 20 世纪 70 年代提出来的，在学术界被称为建构主义道德心理学理论的第三代。近半个世纪以来，社会认知领域理论经过几代人的努力和发展，已成为道德心理学研究中非常有影响的学术倾向之一。它把社会互动视为个体道德发展和主体自我建构的主要动力，但社会相互作用的异质性，导致个体产生了不同的社会认知领域，例如，道德领域、习俗领域、个人领域等。换句话说，人类在社会交互作用中的行为，有些可以归属为道德领域，有些则应归属于习俗领域，而有些则应归属于个人领域，这种领域的划分可以在一定程度上消除泛道德化倾向，使道德心理学研究和道德教育更有针对性和实效性。近年来，又有一些学者从各自研究的视角提出了其他一些不同的领域，也有些学者对领域的划分提出了不同的见解，关于领域区分的研究和争论也一直没有停息。

　　我是从 1998 年开始在南京师范大学教科院做博士后研究和工作时接触到社会认知领域理论的，也有幸结识了科尔伯格的弟子，加拿大多伦多大学教育研究院的 Dwight Boyd 教授和 Mary Louis Arnold 教授并成为多年的好朋友。2001 年我去加拿大温哥华参加了第 27 届国际道德教育大会，更进一步深入了解了社会认知领域理论的有关研究，并且认识了多伦多大学心理学系的 Charles Helwig 教授，他是特里尔教授的亲传弟子，专门从事社会认知领域理论的研究。我和这几位知名学者就有关道德教育和道德心理学研究的问题展开了多方面的学术讨论，从中获益匪浅。后来我指导南京师范大学的博士生刘春琼撰写了其博士论文《领域、背景与文化：社会认知领域理论研究》，着重从理论分析的角度阐述了社会认知领域理论的主要论题，并结合我国道德教育的实际，阐释了该理论在我国道德心理学研究中的应用价值和教育前景。此后，我与 Charles Helwig 教授合作，两次获批加拿大国家人文社会科学基金（SSHRC）项目，在中国不同省市的城市和乡村以及北美国家的青少年中开展理论和实证研究，获得了一些很有价值的研究成果，分别在

《教育研究》和国外的 *Child Development* 和 *Social Development* 等 SSCI 杂志上发表，产生了积极的社会反响，我国学术界对社会认知领域理论的研究也越来越多。2009 年 1—2 月我去加拿大多伦多大学心理学系访学，与 Charles Helwig 教授就我们的共同研究展开了多次有价值的深入研讨。2010 年 2—4 月我应艾略特·特里尔教授之邀请，去美国加州大学伯克利分校人类发展研究院访学，分别参加了他和 Larry Nucci 教授的博士生研讨课和硕士生研讨课，和这些研究社会认知领域理论的学者们共同研讨，对社会认知领域理论的研究兴趣愈发浓郁，也真切地感受到了在我国开展这类研究的极端重要性。

近年来，我指导广东外语外贸大学的博士生刘建金从事社会认知领域理论的研究，并且推荐她去加州大学伯克利分校人类发展研究院跟随 Larry Nucci 教授访学半年，深切而具体地掌握了社会认知领域理论的研究方法和理论基础。本书就是她花费 5 年多心血悉心研究的结晶。她不仅从理论上对社会认知领域理论的来龙去脉做了追根溯源的理论分析，而且针对中国社会面临的一些道德困境展开了哲理性的深入思考。面对学校道德教育的实际情况，她运用领域理论对学校纪律教育做了分析解读，将其归属于不同的领域，发现学生对这些不同领域的纪律和规则的认知是有本质区别的，学生对教师权威的认知也同样具有领域的区别。更为难能可贵的是，刘建金还运用领域理论对我国乡村的部分留守儿童进行了实证研究，其研究过程中发生的许多令人感动和感慨的事情，给人以深刻的印象。其研究结果在国内知名学术刊物上发表，在国内学术界也产生了积极的社会反响。

值此本书在人民出版社出版之际，除了表示真诚的祝福和赏识之外，我真切希望刘建金博士围绕这个主题继续深入持久地研究下去，也希望我国有更多的学者投入这一领域的研究。因为社会认知领域理论的很多问题还有待进一步研究和澄清，例如，不同领域之间的交叉和重叠问题，如何针对不同领域的现象开展道德教育的问题，进行领域确定的研究量表的标准化问题等，都是需要学者们大力研究的。只有深入而持久的研究才能使真理得到科学的辨析，国际化的跨文化研究才能使我国的道德教育和心理学研究发现越来越多人类命运共同体的道德发展规律，使中国道德文化的精髓能够在国际道德心理学研究中焕发出其应有的光华。

是为序。

杨韶刚

2023 年 10 月 20 日

目　　录

绪　论

一、研究缘起

在传统的中国文化中，我们习惯于在关系中定位自我。"人首先必须依附于家庭，中国人的'自我'就是'家我'。"① 这使得我们的自我都互相纠缠在一起，没有清晰的界限。界限的模糊，甚至缺乏界限，使我们不自觉地侵入别人的领域，并把这种侵入理解为一种关心和关爱。在传统农业社会，由于我们基本上都定居于一个地方，是费孝通所描述的"生于斯、长于斯、死于斯的社会"，很少出现大规模的人口流动，社会体制和文化环境都比较稳定。"在这种不分秦汉，代代如是的环境里，个人不但可以信任自己的经验，而且同样可以信任若祖若父的经验。……前人所用来解决生活问题的方案，尽可抄袭来作为自己的生活的指南。愈是经过前代生活中证明有效的，也愈值得保守。"② 于是，尊老、好古、"言必称尧舜"成为普遍的信条，传统或"礼"因而能较好地处理人际关系，不至于产生太大的冲突。但当今社会正处于现代化进程中，市场化、全球化、网络化已经成为我们现实的生活境遇。用美国文化人类学家玛格丽特·米德（Mead M.）的话语来说，传统文化主要属于"后喻文化（postfigurative culture）"，其基本特征是"对文化缺少认识，每一代儿童都能不走样地复制文化形式"③，即人们对变化缺乏认识，对现存的生活方式和价值观念给予普遍、持久、确定的认同和支持。在这种文化中，年轻一代基本上是重复年长一代的生活，年轻人对长者缺乏批判和质疑。而现代文化是互喻文化（cofigurative culture）和前喻文化（prefigurative culture）的结合体，而且具有逐步以前喻文化为主体的趋

---

① 杨宜音:《试析人际关系及其分类——兼与黄光国先生商榷》,《社会学研究》1995 年第 5 期。

② 费孝通:《乡土中国》,北京大学出版社 2012 年版, 第 84 页。

③ ［美］玛格丽特·米德:《代沟》,曾胡译, 光明日报出版社 1988 年版, 第 22 页。

势。前喻文化以开拓、批判、创新为特征，是"现代交通、通讯和技术革命迅猛发展、社会急剧变化的产物"①。加上西方个体主义文化的影响，使现代中国人的观念产生了重要变化，其主要表现之一是个体权利意识增强。权利意识的增强必然要求维护个体应有的领域，在自我与他人之间划定界限。这导致了现代观念与传统观念的冲突，进而引发了各种人际冲突，特别是代际冲突，包括亲子冲突和师生冲突。

在道德教育方面，老师、父母或其他社会成人很可能还囿于传统文化的理念，对社会化内容（社会习俗规则、道德规则、个人行为标准等）没有进行细致的分类，往往对孩子做出统一的要求。如当孩子在穿衣、爱好、交友等方面的行为不同于父母的期望时，就可能认为孩子的道德品质存在问题，认为孩子不尊重成人，不体谅父母的苦心。有些老师可能认为不遵守班规的孩子品质有问题，甚至号召其他同学对其进行挖苦。这种教育方式极可能激起孩子的反感和抵抗，往往不能收到预期的效果，甚至会有反作用。建构主义认为，社会化过程，或者说，对社会规则的接受不是一个单向度的由社会（成人）传递给孩子的过程，而是社会规则与孩子主体性相互作用的过程。因此，要想有效地传递社会规则或进行道德教育，我们不但要研究社会规则的性质、特点，也要探究孩子是怎样解读、理解和接受社会规则的。

社会认知领域理论（Social Coginitive Domain Theory，以下简称"领域理论"）是西方道德心理学发展的最新成果之一。与科尔伯格的道德发展理论相比，领域理论更关注生活本身的复杂性，没有试图用一种统一的发展阶段或规律来概括个体所有的社会发展状况，而是主张人的社会认知包括多个领域，各个领域有各自的发展规律和发展阶段，各个领域之间也相互作用、相互交融；也更关注情境、文化、情感等在道德发展和道德教育中的重要意义，因而能更真实地反映道德的发展状况，对道德教育也有更深的启示意义。

领域理论在社会规则及其主体认知这两个方面都做出了有益的探索。在社会规则方面，领域理论认为社会知识具有质的区别，可以区分为不同的类别或领域；不同领域的知识对认知主体的影响也具有质的区别。在主体认知方面，领域理论探究了个体的文化背景、性别、种族、社会关系、语言能力、气质类型等各个方面是如何影响主体对社会知识的理解和吸收的。利用这一理论来研究中国青少年的道德发展状况必然能很好地促进学生道德水平

① ［美］玛格丽特·米德:《代沟》，曾胡译，光明日报出版社 1988 年版，第 67—75 页。

的发展，从而提高道德教育的效力。

　　无论在中国还是西方，道德教育都是人们关注和研究的热点，有关道德教育的研究可谓硕果累累。近代以来，随着中西文化交流的增加，关于中西道德教育的对比研究也日益增多，为我们进一步了解中西方的道德教育提供了更广阔的视野。一般而言，学者认为中国传统道德教育和西方道德教育无论在价值导向、教育内容、教育方法还是在教育目标、教育边界等方面都是截然不同的，甚至是相互对立的。如中国道德教育被认为是以社会为本位，以群体价值和社会价值为导向。西方道德教育则强调以个体为本，注重个体的权利、自由和个人价值的实现。中国道德教育注重情感，视亲情为最基本的道德内涵，把情感作为道德行为的主要动力。西方道德教育把知识和理性作为核心内容，认为"知识就是美德"，道德认知是道德行为的主要推动力。

　　不可否认，由于中西方地理环境、历史传统、思维方式等各方面的差异，中西方道德教育形成了各自的观点、传统和理论体系。但同时，我们应该看到，中西方在道德和道德教育方面也存在诸多共通之处，甚至有跨越时空的遥远呼应。例如荀子主张"化性起伪""积善成德"；亚里士多德认为："我们必须进行现实活动才能获得德性。我们必须制作才能学会。例如，建造房屋，才能成为营造师，弹奏竖琴，才能成为操琴手。同样，我们做公正的事情才能成为公正的，进行节制才能成为节制的，表现勇敢才能成为勇敢的。"[①]孔子认为："不愤不启，不悱不发，举一隅不以三隅反，不复也。"[②]苏格拉底在讲学中往往通过提问、辩论的方式来引导学生进行思考而不是直接传授学生知识。当学生回答错误的时候，苏格拉底只是通过暗示性的补充提问使对方发现自身答案的矛盾和荒谬之处，从而引导学生发现真理，即所谓的"产婆术"。同样，墨子的"兼爱"思想与基督教的"博爱"思想有诸多相似之处，都提倡人与人之间平等的爱；儒家的"仁爱"与关怀学派的"关爱"有相同之处，都以情感作为道德发展的起点，主张人与人之间的爱不是同质的，是因关系而不同的差等之爱。中西方道德教育的差异使得两者的相互借鉴成为必要之事，而其共通之处使得两者之间的相互借鉴成为可能之事。

---

　　① 〔古希腊〕亚里士多德：《尼各马可伦理学》，苗力田译，中国社会科学出版社1999年版，第28页。

　　② 杨树达：《论语注疏》，江西人民出版社2007年版，第101—102页。

二、研究现状

了解现状是研究的起点，是我们借以登高望远的"巨人的肩膀"。我们先对有关中国青少年道德教育的文献做一个简单的梳理，再对领域理论在国内外的研究现状做一个简要的概括，最后介绍以领域理论为基础的道德教育实践。

（一）当代中国青少年道德教育研究概述

青少年是推动社会发展的活力源泉，青少年的道德教育因而也一直是学者、学校及社会关注的重点。有关青少年道德教育的研究颇多，主要包括调查青少年道德教育的现状、探究现状形成的原因及改善现状的措施等方面的内容。

1. 青少年道德教育现状及形成原因

对于当代中国青少年道德教育的现状，大部分学者认为喜忧参半。朱琳和叶松庆通过问卷调查发现，当代青少年道德教育成效较为显著，全社会对青少年道德教育的重视程度也有比较明显的提高，但在教育方法、青少年参与度、网络道德教育等方面有待进一步改进。[①] 董敏志认为，青少年道德教育存在"四重四轻"的弊端，即重道德知识灌输，轻实践教育；重道德教育形式，轻实际效果；重思想政治教育，轻基本道德教育；重道德教育单向灌输，轻双向交流。[②] 刘丙元指出，在道德教育实践中存在种种误区，如模糊道德教育与知识教育的区别、笼统道德规则与社会规则的二元区分、混淆青少年道德成长"正常发展中的反常"和"真正的反常"、将心理健康教育与道德教育混为一谈，等等。[③] 价值观教育缺失、学科德育薄弱和师德建设有待加强是我国青少年道德教育面临的三个突出问题。[④]

对于青少年道德教育现状形成的原因，主要有以下几种观点：

（1）社会转型使得青少年道德教育面临挑战。我国正处于深刻的社会转型期，随着经济的突飞猛进、科技的高速发展、文化的交流碰撞，人们的价值观呈多元化发展趋势。由此，我国的道德教育也面临着一定的困惑和挑战。从我国道德教育的实践来看，道德教育现代化的步伐在一定程度上滞后

---

① 朱琳、叶松庆：《当代青少年道德教育的现状与对策研究》，《教育科学》2016 年第 1 期。
② 董敏志：《青少年道德教育现状与对策思考》，《当代青年研究》2002 年第 2 期。
③ 刘丙元：《刍议青少年道德教育实践的误区》，《青年探索》2009 年第 3 期。
④ 陶西平：《我国青少年道德教育困境与出路选择》，《教育科学研究》2013 年第 3 期。

于社会的发展。

（2）大众传媒，特别是网络的普及使青少年道德教育面临挑战。陈志兴认为，当今时代电子媒介正在深刻地改变和控制着未成年人的学习和生活，使当代青少年道德教育面临着诸多困境。"消逝的童年"使得青少年学生的羞耻感日益淡化，教师的教育权威受到质疑。电子媒介的娱乐化趋势使道德教育面临着泛娱乐化的危险。① 有学者认为，青少年是互联网用户的主体，大众传媒对青少年新的价值观念、判断是非好恶的标准的树立及人生的准确定位有极大的影响；大众传媒一方面发展创造了青少年道德教育的新环境，促进了青少年道德教育途径方法的转变，但也使得环境更加复杂，而且在一定程度上削弱了道德教育的效果。②

（3）道德教育自身弊端导致困境产生。有学者指出，道德教育应该具有非功利性、实践性、主体性、启发性的特征，但当前青少年道德教育却呈现出功利化、知性化、规训化的特征，这使得现代道德教育产生了一系列的内在困境。③ 传统的青少年道德教育是以道德知识、道德认知、思维、推理、训育等为主的"知性论"德育。朱小蔓教授用"两个抽离"揭示了传统知性教育模式的弊端，即"把学校道德教育从完整的教育中割裂、抽离出来"和"把道德教育从生活中抽离出来"。④

2. 青少年道德教育反思及改善策略

青少年道德教育遭遇的困境使得诸多学者对其进行了积极的反思，并试图提出有效的解决策略。

（1）挖掘传统文化的价值。沈建华认为，中华优秀传统道德蕴含着丰富的文化资源，这是青少年道德教育创新发展的不竭源泉和动力。中华民族历史悠久，生活化的道德传统为我们提供了丰富的道德教育资源和道德实践经验。中华优秀传统文化也为我们重构道德，提升青少年道德教育的实效性提供了先天的价值基因。⑤ 同时，"培育和弘扬社会主义核心价值观必须立足中华优秀传统文化。牢固的核心价值观，都有其固有的根本。抛弃传统、

① 陈志兴：《电子媒介时代青少年道德教育的困境反思》，《青年探索》2009 年第 2 期。
② 叶雷：《大众传媒的发展对青少年道德教育的影响》，《思想·理论·教育》2003 年第 9 期。
③ 陈理宣、尹达：《新时代青少年道德教育的困境和超越》，《课程·教材·教法》2018 年第 4 期。
④ 朱小蔓：《面对挑战：学校道德教育的调整与革新》，《教育研究》2005 年第 3 期。
⑤ 沈建华：《传统文化视角下青少年道德教育的活化和链接》，《教育研究》2015 年第 11 期。

丢掉根本，就等于割断了自己的精神命脉"①。刘韵清和梁蓉蓉认为，孝道教育是青少年道德教育的基点，具有普遍的社会认同心理。②宋希仁认为，提倡"先义后利"的儒家传统义利观，强调"正义而为谓之行，正利而为谓之事"，并要求以"做人"为重，以德育为先，这对于今天的青少年道德教育有十分重要的借鉴意义。③马月认为，我国传统文化道德中的"重义轻利"的价值观、"融于生活"的道德教育内容、"灵活多变"的道德教育方法有益于当今的青少年道德教育。④

（2）借鉴西方道德教育经验。重视和加强青少年道德教育已经成为当今世界各国教育改革的共同特征。虽然中西方在社会环境、文化渊源、思维方式等方面都存在显著差异，但不可否认，两者又存在相互借鉴的可能性。崔景贵认为，探讨西方发达国家改进青少年道德教育的基本走向，可以学习借鉴国外有益经验，进而深化我国青少年道德教育改革。⑤本书也试图借鉴西方道德心理学发展的成果提升青少年道德教育的效果。

（3）转变道德教育理论和模式。刘慧、朱小蔓指出，道德教育观应该从机械论转向生命论。学校道德教育必须从远离学生生命世界的局面中走出来，回归学生的真实生活，关注学生的生命世界，特别是关注学生生命现实的需要。关注触发学生生命情感的活动，是生命论学校道德教育的有效途径。⑥学校道德教育的根本目的是人的发展，是与人的生命息息相关的。学校道德教育应营造道德文化环境，重视情感体验，强调双向互动，让道德回归生活。吴德刚认为，必须进一步认识到加强青少年思想道德建设的重要性，并切实改进思想道德教育的方法和手段，不断丰富思想道德教育内容。青少年思想道德教育工作法制化、加强德育工作者队伍建设、提升教育者与受教育者的人际关系、增强思想道德教育工作的科学研究、重视理论创新和实践指导也是提升青少年道德教育实效的重要途径。⑦还有学者指出，我

---

① 《习近平在中共中央政治局第十三次集体学习时强调　把培育和弘扬社会主义核心价值观作为凝魂聚气强基固本的基础工程》，《人民日报》2014年2月26日。

② 刘韵清、梁蓉蓉：《孝文化视野下的青少年道德教育》，《船山学刊》2010年第3期。

③ 宋希仁：《儒家传统义利观与青少年道德教育》，《江苏社会科学》1993年第6期。

④ 马月：《中国传统道德文化视野下青少年道德教育的危机与路径》，《现代教育科学》2015年第1期。

⑤ 崔景贵：《国外青少年道德教育的走向及其启示》，《外国教育研究》2002年第3期。

⑥ 刘慧、朱小蔓：《多元社会中学校道德教育：关注学生个体的生命世界》，《教育研究》2001年第9期。

⑦ 吴德刚：《加强青少年思想道德教育的思考》，《教育研究》2008年第7期。

国青少年道德教育应该进行视域转换，要实现从"重教"转向"重学"，由"教会顺从"转向促进青少年主体性道德人格的生成，由成人化设计转向为青少年量身定做，由重说教转向重青少年的体验，由单向控制型师生关系转向多（双）向互动交往型师生关系。[①]

（二）领域理论的理论研究概述

1. 国外研究概况

20 世纪 70 年代，科尔伯格团队在纵向研究中发现被试的道德发展阶段中存在一些反常数据。有研究者试图在科尔伯格基本理论框架下通过调整阶段的描述来解释这些反常数据。但特里尔（Turiel）等发现，要全面解释这些反常数据需要对理论作出实质性的改变和调整，他因而提出了领域理论。领域理论认为，儿童在试图理解和解释道德与习俗领域相关的事件时形成了本质不同的社会经验，从而形成了道德、习俗等不同的社会领域的观念。这一部分的具体研究情况将在第一章专门介绍，我们这里只是做一个最基本的概述。

从特里尔 20 世纪 70 年代提出领域理论到 90 年代，领域理论主要致力于证明道德和习俗是两个互相区别的领域。已经公开发表的多个研究结果证明道德和习俗是两个独立的领域。主要有三种形式的研究来证明两个领域之间的区分。（1）访谈研究。主要通过访谈不同年龄的被试来确定道德领域和习俗领域的存在。这些研究中能区分道德领域和习俗领域的最小被试是 2 岁半。研究发现，被试认为，不管有没有相关的规则，道德违规行为（如打人、伤害他人、偷窃他人财物、抢劫、诽谤，等等）都是错误的，而习俗行为（如对老师直呼其名、女人穿裤子，等等）只有在违反相关习俗规则的时候才被认为是错误的。访谈研究也发现，被试认为习俗规则是可变的，而道德规则是普遍的、不可改变的。（2）观察研究。研究者通过观察儿童和青少年在家庭、学校、公园等多种自然情境下的社会互动来探究其社会认知的发展。这些观察研究发现，道德事件和习俗事件中的社会互动形式有着本质的区别。儿童和成人在道德事件中主要关注行为的内在特征（如行为所引起的伤害或不公平），而在习俗事件中主要关注行为对社会秩序和社会运转的影响。这一结果在非西方文化中也得到了验证。（3）纵向跟踪研究。通过这类研究来探究儿童道德和习俗判断的年龄特征。这些

[①]　马建立：《论我国青少年道德教育的视域转换》，《山东行政学院学报》2006 年第 6 期。

研究表明，道德和习俗领域观念的发展遵循完全不同的模式。在道德领域，随着儿童年龄的增长，他们对仁慈、互惠、公平的理解逐步加深。在习俗领域，儿童习俗观念的发展必然包含其社会组织深层观念的转变，逐渐理解到习俗是社会系统的组成部分，也认识到习俗对协调社会交往的重要意义。

从 20 世纪 80—90 年代开始，在道德领域和习俗领域的基础上，努齐提出了个人领域（personal domain）。他的研究探究儿童是如何形成自主及社会权威的观念的。这引发了一系列有关青少年亲子冲突的研究，以探究父母可能促进青少年健康发展的方式和途径。关于个人领域的研究也延伸到关于青少年是如何理解教师和学校的权威的研究。至此，领域理论三大基本领域基本成型。

随着研究的深入，研究者发现社会事件往往不是以单一的形式存在，而是综合了多个领域的因素，个体对这些因素的突显、协调、综合会极大地影响个体对事件的解读，进而影响其行为选择。梅琳·柯林（Meline Killen）认为，儿童关于群体接纳和排外的判断不是纯粹的道德判断和推理，而是同时包含了道德、习俗和个人的推理，哪一种推理形式得到优先与儿童的年龄、所处的情境和排外的目标密切相关。而且，习俗或个人的推理并不必然是发展的初级阶段。[1]Leenders 和 Brugman 认为，违规行为可以看成是多领域的混合，包括道德因素和非道德因素。[2] 存在行为问题的儿童对违规行为的认知会把道德行为转变为非道德行为，因为道德违规被认为是更为严重和不可接受的，如果青少年把他们的违规行为解读为习俗或个人违规行为，这对他们的自尊的威胁更小。在青少年时期，他们有可能通过违反习俗规则来提升自己的声誉。因此，在混合领域的情境中，一定的心理机制（如缓和认知失调）或社会机制（如提升声誉）使青少年产生了"领域转移"。领域理论研究者认为，领域之间的交叉融合，或者说，道德因素和非道德因素的综合协调能更好地解释道德知识与道德行为之间多变的关系。

近年来，领域理论的研究表现出与心理理论、信息加工理论和道德神经科学等理论融合的趋势。

---

① Killen, M.（2007）. Children's Social and Moral Reasoning about Exclusion. *Current Directions in Psychological Science*, *16*（1），32–36.

② Leenders, I. & Brugman, D.（2005）. Moral/non-moral Domain Shift in Young Adolescents in Relation to Delinquent Behaviour. *British Journal of Developmental Psychology*, *23*（1），65–79.

2. 国内研究现状

我国对领域理论的研究总体而言还处于起步阶段。20 世纪 90 年代，我国学者开始关注领域理论。第一部（也是到目前为止唯一一部）系统介绍领域理论的专著是刘春琼的《领域理论的道德心理学研究》。作者从领域理论产生的背景、立论基础、研究基础、个体发展视野等方面系统全面地介绍了领域理论，并探究了领域理论下的道德教育、道德与文化的关系及领域理论下的中国道德文化等主题，对领域理论的研究也提出了反观和质疑，并对领域理论的研究做出了展望。杨韶刚从纵向的维度论述了领域理论对科尔伯格理论的超越和发展，在论述道德、习俗、个人、安全领域的基础上指出领域理论对特殊教育具有重要的德育启示意义，认为领域区分的理论同样适用于特殊教育。[①] 邓敏等从道德认知领域一般性的理论受到挑战出发，介绍了领域理论的基本观点、理论假设及相关的实证研究，并指出了将来研究的方向。[②] 杜卫和岑国桢对领域理论关于道德与习俗领域区分的提出、区分的标准、后继功效等进行了介绍，并指出了解道德和习俗领域及其他相关的社会领域对道德发展的研究和道德教育的实践都具有重要意义。[③]

有一部分学者尝试用领域理论在中国进行实证研究，主要包括以下几个方面。

（1）关于不同年龄段的儿童对于领域区分和认知的研究。张卫等考察了五个年龄段的儿童对道德规则和社会习俗的区分和认知。[④] 研究结果表明：在违规行为的严重性上，中国儿童无论年龄大小，都认为道德违规行为比社会习俗违规行为严重，也都认为道德规则更具普遍性；随着年龄的增长，他们逐渐认识到社会习俗规则具有相对性，受到社会文化背景的影响。另外，所有儿童都认为道德行为的对错并不依赖于规则的存在，也不依赖于规则的制定者，而对社会习俗可变性的认知存在年龄差异。冯天荃等通过个别访谈的方法，考察了 3—5 岁幼儿依据允许性、可变性、权威依赖性、规则依赖性等四种判断标准对同伴以及成人的行为判断及其归因来揭示年幼儿童对

①　杨韶刚：《从科尔伯格到后科尔伯格：社会认知领域理论对特殊教育的德育启示》，《中国特殊教育》2013 年第 10 期。

②　邓敏、陈旭、樊洁：《道德认知的新模式——道德领域模式》，《上海教育科研》2010 年第 5 期。

③　杜卫、岑国桢：《区分道德与习俗——道德发展与道德教育的领域理论观拾萃》，《上海师范大学学报（哲学社会科学·基础教育版）》2004 年第 12 期。

④　张卫、徐涛、王穗苹：《我国 6—14 岁儿童对道德规则和社会习俗的区分与认知》，《心理发展与教育》1998 年第 1 期。

不同领域规则的区分能力，在一定程度上支持认知发展的领域特殊论。[①] 裴指挥和张丽通过访谈发现大多数儿童在一定程度上已具备区分各个领域的能力，建议教育者根据社会规范各领域的属性开展适宜的教育，同时社会规范的规约应以不侵犯儿童的"个人领域"为前提。[②] 刘红敏发现3—5岁幼儿对社会领域的认知无论在判断标准还是判断理由上都存在显著的年龄差异。[③] 周杰采用实验法和同伴提名法研究了4—5岁幼儿社会规则认知与其同伴关系之间的关系，发现4—5岁幼儿对道德规则、习俗规则的认知与同伴关系存在显著正相关，而且，社会认知水平能有效预测幼儿的同伴关系水平。另外，幼儿的社会认知水平虽然不存在性别差异，但同伴关系水平存在性别差异，女孩受欢迎的程度超过男孩。[④]

（2）探究青少年关于学校规则认知的领域性及其教育启示。曹书阳从领域理论的角度探讨了学生对于"衣饰准则"这类学校习俗规则的认知，指出中学生正处于质疑习俗规则的发展阶段，对"衣饰准则"等规则会有内心抵触和行为反抗。因此，为了促进学生的发展，学校应运用与领域相一致的解释、反馈、指导和教学，增进学生对"衣饰准则"社会功能的理解，从而促进学生社会认知的发展。[⑤] 类似地，裴指挥和张丽认为，当前学校社会规范教育混淆道德、制度、契约等不同领域的属性、过分强调理性型规范的显性规约，也存在团体规约对学生个人领域的侵犯、规范教育价值诉求的工具性和学生缺乏规范制定的参与权等问题。学校应针对这些问题实施与规范类型相适应的教育，发挥非理性型规范的隐性功能，合理地规约限度，对学生个人领域事件作出适当的反应，凸显规范的内在教育性价值，引领学生在学校共同体中通过博弈生成规范等策略。[⑥] 刘国雄采用领域对比的方法，测查了普通中学初二到高二学生对道德、习俗、安全规则以及个人事件四个领域

①　冯天荃、刘国雄、龚少英：《3—5岁幼儿对社会规则的认知发展研究》，《教育研究与实验》2010年第1期。

②　裴指挥、张丽：《社会规范教育的适宜性——基于儿童对规范各领域和个人领域理解的视角》，《内蒙古师范大学学报（教育科学版）》2008年第10期。

③　刘红敏：《3—5岁幼儿社会认知领域发展特点研究》，辽宁师范大学硕士学位论文，2013年。

④　周杰：《4—5岁幼儿社会规则认知与同伴关系的相关研究》，辽宁师范大学硕士学位论文，2013年。

⑤　曹书阳：《学生行为管理中的教育——高中校规研究》，华东师范大学硕士学位论文，2008年。

⑥　裴指挥、张丽：《学校社会规范教育存在的问题及对策》，《教育研究》2010年第10期。

的判断。结果发现，青少年大都不接受他人制定的不道德规则，但能接受他人制定的习俗规则，也基本能接受他人制定的安全规则，而对个人事件的接受存在明显的角色差异——对同学的接受性比老师、学校要高；青少年对不同领域事件的认知表现出一定的年龄效应，高中生较初中生更倾向于不接受学校或老师对个人事件的规定。另外，规则制定者的角色在一定程度上会影响青少年对社会事件和规则的认知。这些结果揭示出青少年区分不同领域事件的认知特点及发展趋势，支持认知发展的领域特殊论，对道德教育有一定启示作用。[①] 孔德生等认为，社会认知特殊领域模型为学校道德教育研究学生的道德发展、加强德育实效性提供了新的视角。社会领域的区分能进入学生的"真实道德生活"，激发学生的道德自主性。以这一模型为基础，作者提出了明确教育目标、建立"隐性课程"、关注个人领域、加强社会规则训练等教育措施。[②] 郑信军和周长喜认为，教师的教学伦理生活应该区分道德、习俗和个人领域的特殊性。如果教师没有相应的教学伦理经验的建构，那些外在的伦理规范就很难真正进入教师的心灵。[③]

（3）尝试自编问卷探究儿童青少年的领域区分和发展。王晓峰在其硕士学位论文中通过自编情境故事片段，从判断标准和判断理由来考察青少年领域区分的状况。其研究发现，在中国文化背景下个体存在领域区分。在七个判断标准上，年纪小的青少年还不能完全对领域作出区分，领域区分的能力随年龄增长有所增强。另外，各个不同年龄段的青少年在不同的领域都使用了相应的理由，即形成了相应的结构。而年龄对各个领域不同标准的判断具有十分重要的预测作用。[④] 这是国内第一次有人用自编的问卷来进行领域理论的研究，具有开创性意义。但研究也存在一定的缺陷：首先，每一个类型的事件只选取了一个事件，因而很难反映事件的多个不同维度，如习俗事件包括社会秩序、礼貌、传统等各个方面，一个事件必然只能反映某一个维度的情况；其次，在事件的选取方面值得商榷，如"捡到财物不归还失主"被认为是社会习俗事件，"直呼长辈、师长姓名"被认为是社会习俗和个人领域混合事件，这与西方领域理论经典的事件划分是有所不同的；最后，研

---

① 刘国雄：《青少年对不同领域事件的区分》，《徐州师范大学学报（哲学社会科学版）》2009 年第 4 期。

② 孔德生等：《社会认知特殊领域模型：学校德育新视角》，《中国教育学刊》2014 年第 11 期。

③ 郑信军、周长喜：《教学伦理研究的道德心理视域》，《教育科学》2014 年第 2 期。

④ 王晓峰：《青少年领域区分研究》，上海师范大学硕士学位论文，2008 年。

究的数据分析显得烦琐，不够简洁清晰。

肖丽华用社会认知领域理论的研究方法测查中国大陆 8 岁、11 岁、13 岁、17 岁儿童个人领域认知的特征，重点探究个人领域认知发展对儿童在个人与道德冲突情境下的道德判断的影响。结果发现，不同年龄段的儿童区分领域的能力存在一定的差异，在各个领域使用的判断理由也有所不同；随着儿童年龄的增长，他们对个人领域范围的划定也越来越广，17 岁儿童针对个人领域范围的划定产生膨胀现象。个人领域认知的发展对儿童在个人与道德相冲突的情景下的道德判断产生负面影响。[①] 这一研究结果与西方的研究结果有很大出入，有可能与文化差异有关。但笔者认为研究设计存在的缺陷可能是主要原因：首先，研究者对自编的两套问卷没有进行信度和效度的检验，这就好比尺子上没有标准刻度，量出来的结果自然令人怀疑；其次，对事件的选择不够谨慎。如吸烟在努齐等的研究中一般被当作安全事件，与一般的个人事件有所区别。努齐等在研究日本青少年时发现交女朋友是被当成习俗/安全事件的，而不是典型的个人事件，但在本研究中都被当成一般的个人事件。发型的选择在西方一般都被当成个人事件，但在本研究中被当成习俗事件。另外，这项研究选择的样本数量非常有限，样本的来源也比较单一，其研究结果很难代表中国儿童的领域区分水平。

总而言之，领域理论的研究在我国得到了越来越多学者的关注，研究的广度和深度都得到了一定的发展，相关的研究论文也逐年增加。但不可否认，上述研究还只是处于起步阶段：首先，理论方面的研究还主要停留在介绍西方理论的水平上，没能根据中国文化的特点、中国特有的处境提出具有创新性的理论；其次，实证研究还处于零散的、不系统的阶段，研究的样本也不够丰富，其表现之一是相关的专著还很少；最后，实证研究的设计、标准和统计等方面都还没有形成共同的观点，研究结果很难进行有效的比较。

（三）领域理论下的道德教育研究概述

领域理论的主要学者对于是否应该将领域理论运用于教学实践存在不同的观点。在伯克利访学期间，笔者曾与领域理论的创始人特里尔及其大弟子努齐（个人领域的提出者）进行交流。特里尔认为，领域理论本身还不够成熟，应先致力于将理论完善，然后再考虑教育实践的应用。努齐则认为将

---

① 肖丽华：《8—17 岁儿童道德、习俗、个人领域认知的发展研究》，南京师范大学硕士学位论文，2013 年。

领域理论应用于教育实践是很有意义的事情，并带领团队在中学进行了多年的教学实践研究。我们认为，领域理论的理论体系虽然还不是十分完善，但这和其实践应用并不是必然相悖的事情：在教育实践中我们可以发现理论中存在的不足之处，然后再对理论进行修正和完善。而且，教育实践很可能避免理论体系的空洞性和抽象性，也更容易使理论和教育实践结合起来。理论的构建固然重要，因为没有好的理论，对实践的指导就可能出现方向性的错误。但理论的最终目的还是要为实践服务，只有在理论与实践的互动中，我们才有可能构建起既具有指导性又不脱离实践的理论体系。

下面我们主要介绍努齐教授的教育实践研究。

努齐等曾经进行过这样一个教学试验：教学的课程包括 8 年级的历史课程和写作课程。研究者和历史教师一起区分了历史教材中的道德事件和社会习俗事件或交叉领域事件。例如，奴隶制度和把印第安人强行赶出美洲属于道德事件，服装的改变和工作惯例等属于社会习俗事件，法律承认女性具有选举权属于交叉领域事件。研究一共进行了 7 周，每周进行一次讨论。每次讨论之后，要求学生再就课堂讨论的事件完成一篇作文。A 组学生在讨论和写作中都被引导只关注道德因素，即把所有的事件都当成道德事件；B 组学生被引导把所有的事件都看成是社会习俗事件；C 组学生得到的引导与事件的领域一致。结果发现，A 组学生只发展了道德观念，B 组学生只发展了社会习俗观念，而 C 组学生的道德和习俗观念都得到了发展。在交叉事件的处理中，只有 C 组的学生能够同时关注到其中的道德因素和社会习俗因素，能有效地融合两个领域，而其他两个组的学生要么只关注到道德因素，要么只关注到社会习俗因素。[①]

努齐等在加州奥克兰的中学历史课程中进行了长达几年的干预研究。在第 1 期研究项目中，共有 11 名历史教师和 254 名城市初中生参与实验研究。研究的目的是探究在常规的历史课程中融入领域理论是否能促进学生的社会和道德观念发展。教师经过培训后合作设计和实施促进学生道德推理和社会习俗观念发展的历史课程。一年后发现，与前测和控制样本相比，教师说教的时间缩短，而用于小组讨论的时间增加；能积极参与谈判式讨论的学生在道德推理、习俗观念的发展和交叉领域的协调等方面都得到了显著的提升。学生道德和习俗观念的发展与其在讨论中表现的运作商谈对陈述商谈的

①　Nucci, L. & Weber, E. K. (1991). Research on Classroom Applications of the Domain Approach to Values Education. In William M. Kurtines & Jacob L. Gewirtz (eds.). *Handbook of Moral Behavior and Development*. L. Erlbaum, pp. 3–251.

比率密切相关。而且，在研究项目结束一年之后，教师们还在继续使用这种教学方法。[1]

由于第 1 期研究的成功，奥克兰学区请求努齐教授的团队继续实施这个项目。17 名来自奥克兰学区不同学校的教师带头人、10 名教师和 144 名学生参与了第 2 期的研究。参与了第 1 期研究的教师和研究团队的成员一起成为项目的专家组成员。这一期的项目已经基本完成，从团队报告的初步数据来看，研究取得了非常不错的效果。

三、相关词源考察

"同一术语或同一概念，在大多数情况下，由不同境势中的人来使用时，所表示的往往是完全不同的东西。"[2] 因此，我们有必要界定本书中使用的一些关键术语。

（一）青少年

青少年（adolescent）是指处于青少年期（adolescence）的个体。青少年和青少年期虽然在我们的日常生活中频繁使用，但对于其确切的含义学者们却还没有达成一致的意见。

一般而言，学者们是从生理、心理、社会或文化这三个方面来界定青少年期的。界定的标准和内容虽然相对确定，但标准本身却存在相对性。例如，不同的营养状况可能导致生理特征成熟期的不同，一般而言，发达地区青少年的营养状况会好于贫困地区，这就可能导致对青少年期的不同界定。很显然，不同的社会和文化使得个体心理独立和社会化完成的标准和程度是存在差异的，这也很可能导致不同的青少年期观念。

青少年期和青春期经常被相提并论，但其实这两个概念是相互联系又相互区别的。青春期（puberty）又称青春发育期，是指个体在生理上迅速发育、成熟的一段时期。它主要是一个生物学上的概念。puberty 来自拉丁文 pubertas，意思是"具有生殖能力"。个体在青春期第二性征出现，身体各个

---

① Nucci, L., Creane, M. W. & Powers, D. W.（2015）. Integrating Moral and Social Development within Middle School Social Studies: A Social Cognitive Domain Approach. *Journal of Moral Education, 44*（4）, 479–496.

② ［德］卡尔·曼海姆：《意识形态与乌托邦》，黎鸣、李书崇译，商务印书馆 2002 年版，第 278 页。

方面发展迅速，直至生殖功能发育成熟。因此，青春期是人作为生物体从出生到死亡这一过程中存在的一个客观阶段，从人类诞生起便存在的一种自然现象。因此，学术界对青春期的界定比较明确一致：一般以个体出现第二性征作为青春期的开端，以其身高、骨骼等身体发育的基本停止为青春期的终结。

青少年期是连接个体童年和成年的过渡时期。青少年期的英语adolescence 源于拉丁文 adolescere，意思是长大、成长或趋向成熟。[①]它虽然具有一定的生物学意义，但却是一个社会学上的概念。从社会学来看，青少年期是从依赖性的儿童发展到独立性的成人的过渡时期；从心理学来看，青少年期是在特定的社会环境下，从"儿童行为"转变到"成人行为"过程中，谋求重新调试的边界人的状态。所以，青少年期不仅仅是个体生理发展成熟的时期，也是个体社会性成熟的过程。

由于青少年期兼备生物学和社会学的含义，其界定也就不像青春期那么简单，学术界尚未对青少年期的年龄界定达成统一的意见。一般来说，它的起讫时间是用两个标准来衡量的。起始时间主要由生物性指标确定，与青春期一致，比较明确；终止时间主要由社会性指标确定，以个体社会性成熟为标志，因而比较模糊。有学者指出，青少年期指的是介于童年和成年期之间的心理和文化期。就其本身而言，青春期没有明确定义的年龄范围，在许多文化中，青少年期身体的变化标志着这个阶段的开始。青少年期的首要任务就是为参与成人社会做好准备。因此，青春期终点在不同文化中差异很大，判断的标准基于三个方面的发展：身体、认知和社会情绪。[②]在当今社会，青春期开始的时间比以前要早，然而，个体在社会中开始工作的时间却更晚，因为复杂的社会要求个体接受更长时间的教育或职业培训，才能为胜任成年后的职责做准备。[③]虽然有学者试图用就业、生活独立、结婚和生孩子等客观的事件作为个体社会性成熟的标志，但这些客观事件也因社会文化及所处时代不同而呈现出多样化和复杂化的特点，因此，对于青少年期的划分也就不可能统一了。

---

①　Atwater, L. E. & Yammarino, F. J. (1992) . Does Self-other Agreement on Leadership Perceptions Moderate the Validity of Leadership and Performance Predictions?. *Personnel Psychology, 45* (1), 141–164.

②　[美]丹尼斯·博伊德等：《发展心理学：孩子的成长》，范翠英等译，机械工业出版社2011 年版，第 303—304 页。

③　[美]黛安娜·帕帕拉等：《发展心理学：从生命早期到青春期》，李西营译，人民邮电出版社 2013 年版，第 437 页。

　　虽然学界对青少年的界定存在分歧是客观的事实，但在进行具体的研究时，我们有必要对研究对象作出较为明确的界定。在本书中，青少年期是指从 11—18 岁这一阶段，青少年就是处于这一年龄阶段的个体，大约相当于初中和高中阶段的学生。我们选取这一年龄段的青少年作为研究对象主要出于两方面的考虑：一是因为这一阶段是个体生命快速发展的阶段，无论是生理的、心理的还是社会化等方面，个体都遇到了前所未有的变化和挑战，也最容易与父母、教师及周围的社会环境发生冲突。因此，研究这一阶段的青少年道德发展对于理解、促进他们的发展具有极为重要的意义。二是因为到目前为止，领域理论主要的关注点是 18 岁以前的个体，即上大学之前的个体在道德、习俗、个人等领域的发展。在伯克利大学访学期间，本人曾当面请教过领域理论的创始人特里尔，他明确表示，对于上大学之后个体在各个领域的认知情况还有没有发展及如何发展还没有展开研究。因此，在本书中我们主要关注中学生群体的道德发展。

（二）德育与道德教育

　　从字面上看，"德育"是"道德教育"的简称，其对应的英语都是"moral education"，但两者在中西文化语境里的意义具有巨大的区别。在西方，德育作为一种教育实践由来已久，但成为专门的概念和名词却是近代的事情。康德时代以前没有"德育"这个名词。18 世纪 70—80 年代康德提出"道德教育"，即遵从道德法则，培育自由之人。与康德几乎同时代的裴斯泰洛奇也使用过"德育（道德教育）"一词。1860 年，英国学者斯宾塞在其名著《教育论》中明确把教育划分为"智育（intellectual education）""德育（moral education）""体育（physical education）"。从此，"德育"渐渐成为教育世界中一个基本的概念和常用术语。

　　我国德育实践的历史更为悠久，但"德育"一词却是于 20 世纪初由西方传入的，我国传统文化中的类似观念是道德教化。起初，我国"德育"的内涵也仅限于"道德教育"，并与"世界观教育"等相提并论。但受社会意识形态的影响，德育概念在我国迅速泛化。[①] 结果形成了"小德育"和"大德育"两个涵盖范围不一的德育概念。"小德育"是教育理论界所指称的道德教育，大致与西方的道德教育（moral education）相当，是一种狭义上的

---

　　① 黄向阳：《德育原理》，华东师范大学出版社 2000 年版，第 2—8 页。

道德教育。如朱小蔓认为："道德教育即指向人的德行培养的教育。"[1] 檀传宝认为："德育即培养学生品德的教育……德育是促进个体道德自主建构的价值引导活动。"[2] 班华认为："德育即育德，也就是有意识地实现社会思想道德的个体化，或者说有目的地促进个体思想品德社会化……道德教育指道德品质的培养。"[3] "大德育"是权威部门及普通大众对道德教育的理解，是包括政治教育、思想教育、道德教育、心理教育、安全教育等各方面内容的概念，是一种广义上的道德教育，大致与西方文化中的社会教育（social education）相当。在我国，主流意义上的德育是一种大德育。

大德育这一概念的形成，或者说德育概念的泛化有一个渐进的过程。在近代，德育即道德教育。1904 年，王国维在《叔本华之哲学及其教育学说》中提出了"知育""美育""德育"观念。1906 年又将三者合并为"心育"，与"体育"并列。1912 年，蔡元培在《对于新教育之意见》中提出军国民教育、实利主义教育、公民道德教育、世界观教育、美感教育"五育"并举，从此，德育成为我国教育界的常用术语。从新中国成立之初到 20 世纪 70 年代，德育的主要含义转变为政治教育。20 世纪 70 年代末到 80 年代，从"德育即政治教育"转变为"德育即思想政治教育"。随着社会政治环境的变化，社会的逐步开放给人们的思想带来了冲击，人生观、价值观的教育意义逐步凸显出来，德育演变成了"政治思想教育"。随着思想教育作用的进一步提升，又逐渐演变成"思想政治教育"。20 世纪 80 年代末到 90 年代中，从"德育即思想政治教育"转变为"德育即思想、政治和品德教育"。由此，品德教育从思想教育中分离出来，取得了越来越重要的地位。20 世纪 90 年代末至 21 世纪初，从"德育即思想、政治和品德教育"转变为"德育即思想、政治、品德和心理品质教育"。西方心理学的大量引入使得人们越来越重视个体心理品质或心理教育，这一部分内容逐渐从品德教育中分离出来，成为德育独立的组成部分。

近年来，德育内涵还有进一步扩大的趋势，有研究者已提出更为广大的德育概念，主张德育内容包括五大要素，即政治教育、思想教育、道德教育、法纪教育和心理教育。[4] 认为这五大要素有自己特定的内涵，但同时又相互依赖、相互渗透、相互影响，构成德育内容的统一整体。甚至还有人主

---

[1]　朱小蔓：《道德教育论丛》，南京师范大学出版社 2000 年版，第 3 页。

[2]　檀传宝：《德育原理》，北京师范大学出版社 2007 年版，第 1—6 页。

[3]　班华：《现代德育论》，安徽人民出版社 2001 年版，第 9—10 页。

[4]　詹万生：《整体构建学校德育体系研究报告》，《教育研究》2001 年第 10 期。

张把性教育、环保教育、预防艾滋病教育等全部纳入德育的范畴之内，使德育成为几乎无所不包的庞然大物。有学者尖锐地指出，德育这种无限膨胀的趋势使它成为了应试教育的后花园：凡是与考试无关的都归入德育的范畴。①

　　鉴于德育范围的无限扩张给道德教育带来的困境和挑战，本书主张把道德教育理解为与政治教育、思想教育、法纪教育、心理教育等并列的教育范畴。这些教育范畴有各自的对象和范围，也遵循本质不同的发展规律。当然，我们主张这些教育范畴的分离并不是认为这些教育形式之间是相互孤立、彼此隔绝的。事实上，任何道德教育都不能完全脱离政治、文化的影响。或者说，道德教育总是在一定的意识形态的社会文化中进行的。道德教育也总是以青少年的心理发展规律为依据，因此，不可能不和心理教育产生关联。道德教育和法纪教育也存在一定程度的交叉内容。但是，两个相互关联或相互影响的事物并不意味着必须合二为一，维持两者的独立性是其健康发展的必要条件之一。

　　从实施教育的范围来看，道德教育有家庭道德教育、学校道德教育和社会道德教育之分。家庭道德教育、学校道德教育、社会道德教育都是道德教育大系统中的子系统，是道德教育过程中不可分割的三个方面。但三者的作用和地位是不同的，各有侧重，且相互之间不可替代。随着青少年的成长和环境等因素的变化，家庭道德教育、学校道德教育和社会道德教育的地位和作用呈动态消长趋势。总的来说，家庭道德教育是基础，学校道德教育是主导，社会道德教育是家庭、学校道德教育的补充和扩展。家庭道德教育以家人之间的血缘关系为基础，具有天然的情感优势和信任优势，对孩子的道德形成具有长期、巨大的影响。学校道德教育是有组织、有目的的系统教育活动，有明确的培养目标和系统的教育内容。从事学校道德教育的班主任、任课教师、辅导员等接受过一定程度的专业训练，具有一定的心理、教育等方面的理论知识。因此，与家庭道德教育和社会道德教育相比，学校道德教育更具计划性、科学性和系统性，在道德教育中起着主导性作用，对儿童和青少年道德品质的培育具有极为重要的意义。社会道德教育指青少年在除家庭和学校之外的社会大环境中所受到的道德影响。社会是复杂多元的，它对儿童青少年的影响具有双重性，积极影响与消极影响并存，起着补充学校道

---

① 黄旭、易连云：《"大德育"的实践困惑与理论反思》，《四川教育学院学报》2005 年第 7 期。

德教育和家庭道德教育的功效。在本书中，道德教育主要关注学校道德教育
和家庭道德教育。当然，这并不意味我们否认社会道德教育的重要性。就如
前面所提及，这三者是不可相互替代的，只是由于时间和精力的限制，我们
这里主要只关注学校道德教育和家庭道德教育。

　　就其定义而言，学校道德教育涵盖一切发生在学校的、有关道德的教
育。学校的人（教育者和受教育者）、物（学校环境）和制度（学校规章制
度）都可能在一定程度上影响学生的道德发展。由于篇幅和本人时间、精力
及研究水平有限，在本书我们主要探讨学校纪律、教师权威及课堂教学在道
德教育中的作用和意义。

　　家庭道德教育有广义和狭义之分。广义的家庭道德教育以家庭为基本
单位，通过家庭成员之间按照一定的道德原则和规范互相施加道德影响，达
到培养和提高人们道德品质的目的。狭义的家庭道德教育是指长辈对晚辈，
特别是父母对未成年孩子进行的道德品格和道德行为培养。因此，广义的家
庭道德教育包括所有家庭成员之间在道德方面的相互影响，而狭义的家庭道
德教育专指针对未成年孩子的道德培养。本书主要探究狭义的家庭道德教
育，特别是父母对未成年孩子的道德教育。

第一章 以领域为基础的道德发展理论及现实启示

社会认知领域理论（Social Cognitive Domain Theory），也称为社会领域理论或领域理论，是 20 世纪 70 年代出现的道德心理学流派，由科尔伯格的大弟子艾略特·特里尔（Elliot Turiel）创立，经由努齐、朱迪·斯美塔那（Judith Smetana）、查尔斯·赫尔维格（Charles Helwig）、梅琳·柯林（Meline Killen）等人的发展而逐渐成为道德发展心理学研究的重要领域之一。

第一节 领域理论产生的历史背景与理论基础

一、领域理论产生的社会背景

由于当代信息技术、交通工具的迅猛发展，人们的社会生活发生了巨大的变化。这一变化最为重要的一个方面是人们的交往可以不受或较少受地域的限制。这使得个体能够在较短的时间内接受到海量的信息，它们包括了不同社会、人群的生活方式、习俗、价值观、世界观、信仰等。这些信息使得个体重新思考他们所生活的世界的意义，部分或者完全动摇了个体原本坚守的世界的意义。这种"动摇"使得个体开始质疑自己的理性，质疑自己所经验到的"客观"是否真实，进而导致个体对宏大叙事、宏大理论的信念怀疑。困惑、混乱使得人们开始怀疑主观—客观二分化的思维方式，导致了社会建构论的繁荣。社会建构论主张，知识不是经验归纳的产物；所有的知识皆为一种社会建构，是植根于特定历史和文化的人们协商、对话的结果，是人们在社会人际交往中"发明"的，而不是通过所谓的客观方法"发现"的；建构是社会性的，并不是个体的、内在的。[①]

---

① 杨莉萍：《社会建构论心理学》，上海教育出版社 2006 年版，第 15 页。

领域理论产生于这个经济、技术全球化日益显著的年代，各种文化和价值观的融合、冲突前所未有地频繁和激烈；主客二分的经典科学思维不断受到挑战，社会建构论、现象学、解释学为人类理解自身和社会现象提供了诸多崭新的视角。领域理论的开拓者们继承前人传统，关注时代需要，从各种哲学流派中吸取养分，逐渐形成了自身的理论体系。

二、领域理论产生的哲学根源

任何一种理论的产生都有其哲学渊源。领域理论产生的哲学根源是现象学和解释学。它受到哲学家阿兰·格沃斯（Alan Gewirth）对道德与习俗所做出的伦理学区分的启发，尝试在心理学中研究个体对两类规则的认知差异。

（一）现象学

现象学否定主客二分的思维方式，强调主体与客体的统一。在现象学家看来，人的经验中所有给予、显现的东西都应该理解为人的意识活动的相关物，而意识中存在的客体不同于真实的客体，精神是自主的、自在自为的存在。[①]胡塞尔提出了"生活世界"的观点，所谓生活世界是以人的经验所建构起来的世界，它既非主观也非客观，是主观与客观统一的世界。"生活世界"的观点带给领域理论的启示是：主体的经验需要客体作为它的内容，[②]而作为主体经验内容的客体则吸收了主体的经验形成了新的客体。

（二）解释学

解释学（Hermeneutics）又称诠释学或释义学，是当今西方最有影响的哲学流派之一。解释学强调对意义的整体理解，关注生命的精神生活、人的意义和价值。从解释学的观点来看，个体的经验是在个体与环境的"理解"和"对话"中获得的。个体对于环境的理解总是有一段距离，但是通过对话，个体能够不断地修正自己的理解使其逼近完全理解环境的程度。解释学给领域理论的启示是：个体总是不能完全理解自己所生活环境的意义，但通过对话，个体不断形成对当下意义的理解；而这种理解又带给个体和环境新

---

① 费多益：《认知研究的现象学趋向》，《哲学动态》2007 年第 6 期。

② 杨莉萍：《社会建构论心理学》，上海教育出版社 2006 年版，第 5 页。

的对话；这种理解—对话—理解是个体的主要生存方式。

三、领域理论对皮亚杰和科尔伯格的继承和超越

皮亚杰和科尔伯格分别被称为建构主义理论的第一代和第二代的代表人物。特里尔是科尔伯格的大弟子，他正是在运用科尔伯格理论的过程中提出了领域理论。因此，领域理论自然继承了科尔伯格理论的很多观点。但同时他又试图克服科氏理论的不足之处，在很多方面是对科氏理论的超越。

（一）社会因素在个体道德建构中的作用

建构主义的基本观点认为，个体的发展是在个体与社会的互动过程中进行的，承认社会环境、人际互动等社会因素在个体发展中的作用。特里尔被称为"建构主义心理学的第三代"[1]，当然也继承了这种建构观。但这三代建构主义对社会因素在个体道德建构中的作用程度及作用方式有不同的观点，存在从第一代到第三代逐步发展、深入、扩大的发展过程。具体而言，皮亚杰虽然强调个体与社会之间的相互作用，但也认为社会因素或人际互动对个体道德发展只产生间接作用，并不直接参与个体道德心理结构的建构，因而社会因素是外在的、次要的。科尔伯格更深入了一步，认为社会因素对个体的道德建构有直接的影响，直接参与了个体的心理建构，因而提出了"角色采择"或"观点采择"（perspective-taking）的理论，认为儿童通过站在别人的观点和立场来进行判断和推理，促进了其道德心理结构的形成和发展。特里尔则认为，不同性质的社会事件和社会刺激直接影响个体的理解和判断，个体与外界的相互作用表现为个体主动建构不同社会领域的知识或事件的概念，"为了理解社会系统，人们像社会学家那样行动：努力观察社会规则，然后解释其存在。相应地，个体是以一种批判的或积极的态度来评价他们将要遵守的规则的来源、功能及必须遵守的理由"[2]。这样，社会事件或刺激的性质直接参与了个体的心理建构。由此可见，社会事件或社会环境在三代建构主义理论中占据了越来越重要的地位：皮亚杰只承认社会因素对

---

① Smetana, J. G. (2006). Social-cognitive Domain Theory: Consistencies and Variations in Children's Moral and Social Judgments. In M. E. Killen & J. Smetana (Eds), *Handbook of Moral Development* (pp. 119–153). Mahwah, NJ: Erlbaum.

② Turiel, E. (1983). *The Development of Social Knowledge: Morality and Convention*. Cambridge University Press.

个体心理建构的间接作用，否认其直接参与心理建构；科尔伯格在有限的范围内或狭隘的意义上承认社会因素在个体道德心理建构中的直接作用；而特里尔对社会因素在个体心理建构中的意义给了广泛的关注，认为不同性质的社会事件直接导致了个体对其不同的理解和推理模式。领域理论的这一主张实际上是把个体道德的发展放入了更为广阔和真实的社会背景之中，不再把个体的道德心理及其结构的形成看成是可以独立或部分地独立于社会影响的过程。这一方面使得道德心理的研究更为真实，对各种道德现象的解释更为有力，但同时也使得研究更为复杂。

（二）关于个体道德的发展过程

皮亚杰关于道德发展的过程和其认识论是紧密相关的。认知结构的发展要经历四个阶段：感觉—运动阶段（0—2 岁）、前运算阶段（2—7 岁）、具体运算阶段（7—11 岁）和形式运算阶段（11—15 岁）。皮亚杰认为，儿童道德的发展是以认知和逻辑思维的发展为必要条件的，而且，和认知发展一样，道德发展也表现出阶段性。他把儿童的道德发展分为四个阶段：前道德阶段、道德实在论阶段、道德相对论阶段和公正阶段。在前道德阶段，儿童还没有道德观念，无法理解自己的行为可能给别人带来的伤害。从两岁左右开始，儿童进入道德实在论阶段，他们往往只根据行为后果，而不考虑行为动机来判断责任的大小。这一阶段也被称为他律阶段，因为服从外在权威是其主要特征。随着儿童逻辑思维能力和认知能力的发展，逐渐开始理解理想、意识形态、观念等抽象事物，能根据自己的价值标准来判断道德问题。在公正感方面，逐渐放弃前一阶段要求绝对公平的观念，开始理解公正并不意味着一样对待所有人，还应该考虑个人的条件、能力等因素，开始把公道的观念引入公正。对成人的权威也不再是一味地服从，逐渐形成自律的道德。可见，在皮亚杰的道德发展理论中，他律和自律是两种主要的道德类型。或者说，道德的发展是一个从他律逐渐发展为自律的过程。

科尔伯格继承皮亚杰的观点，认为儿童的道德发展是整个认知发展的组成部分，儿童道德认知的发展成熟意味着儿童道德的成熟。同样，科尔伯格也把儿童称为道德哲学家，认为儿童能用自己的方式主动思考价值观的问题，也能自发形成道德观念，这些道德观念又可以形成有组织的思维方式。科尔柏格还认为，道德认知是对对错或善恶行为衡量准则及其应用意义的认识，且这种认识主要表现为个体的道德判断。因此，科尔伯格认为道德判断是道德最重要的成分，是道德情感、道德意志和道德行为的必要前提。他所研究的道德认知发展因而主要关注道德判断的发展。道德判断即道德评价，是个体根据一定的道德原则对行为的对错与善恶进行判断。道德判断包括结构和内容两个维度。结构是指个体思考问题的方式，是对具体道德内容进行思维加工所使用的方法和过程。内容是指相关的道德事实、供参照的道德观念及相应的看法，即个体对道德故事作出反应时所参照的规范和要素。在不同的发展阶段，道德判断有不同的内容和特定的结构。科尔伯格强调，评判人们对道德问题的看法不应关注道德判断的内容，而应该考虑其思维结构，只有这样才能了解人们看法的真正价值和意义。

与此相应，科尔伯格认为，道德发展阶段划分的依据是道德判断的结构，而不是内容。他指出："我运用的是一个严格精确的阶段概念，这个概念来自皮亚杰和其他认知发展理论家的结构传统。"[①] 皮亚杰划分了三个阶段，科尔伯格对此作了发展。道德发展机制是道德判断认知结构的变化发展过程。科尔伯格说："随着年龄的变迁而发生的一种形式方面的或质上的变化被称作一个'阶段'，结构—发展理论家称作结构。"而且"道德阶段只是道德判断或推理的结构，道德判断的结构必须与道德判断的内容区别开来"[②]。处于不同发展阶段的个体对道德问题的判断、推理存在显著差异。按照道德判断结构的性质，科尔伯格将个体的道德发展划分为三个水平，每个水平包含两个阶段。由此可见，科尔伯格关注的主要是道德判断的结构，或者说道德判断的形式，而对道德判断的内容没有给予应有的重视。

领域理论对皮亚杰和科尔伯格的阶段论进行了批判性的继承和发展。首先，对其发展的单向性进行了批判。皮亚杰和科尔伯格都认为道德发展是一个从低级阶段不断向高级阶段发展的进程（对皮亚杰而言是从他律到自律，对科尔伯格而言是从前习俗阶段到后习俗阶段），这些阶段不可以跳过，也不会倒退。但领域理论认为，道德发展是在社会认知各领域相互作用的过程中进行的，领域间作用的方式、情境中领域因素的突显、个体对领域因素的认知等都可能影响其道德认知和道德判断，因此，道德发展并不是一个直线的发展过程，而可能出现判断的反复和倒退，呈现出"U"型的发展曲线。其次，对其发展的统合性进行了批判。皮亚杰和科尔伯格都认为，所有的社会认知都归入同一个思维和推理方式，遵循的是同一个发展规律。领域

---

① ［美］科尔伯格：《道德发展心理学》，郭本禹等译，华东师范大学出版社 2004 年版，第 5 页。

② 郭本禹：《柯尔伯格道德发展的心理学思想述评》，《南京师大学报（社会科学版）》1998年第 3 期。

理论则认为，社会认知可以划分为不同质的认知领域，如道德领域、习俗领域和个人领域。这些领域具有不同的思维方式和推理形式，发展路线也不尽相同，我们应该把它们当成独立的领域进行研究和探讨。

（三）关于情感在道德发展中的作用

相比于皮亚杰和科尔伯格，领域理论注意到了情感在道德发展中的重要作用。如阿森尼奥（Arsenio）等认为，儿童并不是对所有的社会事件做出同等强度的情感反应，这些不同的情感反应有助于儿童区分道德和习俗规则系统。[①] 也就是说，情感信息可能是年幼儿童发展和形成不同社会事件领域的重要因素。当然，领域理论认为情感只是对道德认知有重要帮助，而道德认知在道德中起着更为关键的决定作用。正如努齐所言："虽然人类道德经验可以包含很多东西，例如情绪（这可能根植于我们的进化历史），但道德的决定因素应是道德认知。"[②]

（四）关于研究方法

研究方法的选择和设计离不开研究的主题或研究者所欲揭示的信息的类型。为了保证研究成效，研究者选择的方法必须与研究假设和理论论点密切相关。[③] 领域理论坚持皮亚杰和科尔伯格的建构论，认为阐释思维最有效的方法是描述其组织原理；思维的发展并非只是内容持续累积的量变过程，而是涵盖了形成一系列阶段的质变过程；而且，阶段的转变必定涉及冲突和矛盾。

临床访谈正是为了获取能说明这些观点的数据而专门设计的方法。具体来说，临床访谈的目的是确定个体如何思考或推理某些事件，而不仅仅是知道他对某些事件的看法或他解决问题的正确程度。事实也证明，儿童对问题的解决或回答并不能完全诠释其观念的发展水平；完整的诠释必须考虑其解决问题的过程。

临床访谈法和心理测量法根本的不同点在于：前者的目的是描述思想

①　Arsenio, W. F. & Ford, M. E.（1885）. The Role of Affective Information in Social-cognitive Development：Children's Differentiation of Moral and Conventional Events. *Merrill-Palmer Quarterl*, *31*（1）, 1-17.

②　［美］莱瑞·P. 努奇：《道德领域中的教育》，刘春琼、解光夫译，黑龙江人民出版社 2003 年版，第 5 页。

③　Turiel, E.（1983）. *The Development of Social Knowledge：Morality and Convention*. Cambridge University Press.

的组织，因而其设计是为了获取个体推理过程的数据，而不仅仅是最后的结果或推理的结论；而心理测量设计的模式是让被试对项目作出反应，通过其反应的对错机械地计分，完全不考虑被试对项目的解读和理解。因此，特里尔坚持主张，只要我们的理论假设是思想的深层结构或组织与某些事物相关，而不是存在于对某些任务一对一的机械反应之中，那么我们就不能因其简便性而用心理测量法取代访谈法。①

临床访谈一般包括一系列与领域相关的任务（如分类、排列顺序等）和与之紧密相关的访谈，访谈一般包含一系列相关的问题和建立在某一具体假设之上的探究。临床访谈的特征之一是访谈者可以在访谈过程中根据情况灵活决定探究什么问题。当然，灵活并不意味着随意。准备充分的访谈和训练有素的访谈者对问题的探究是有规律可循的。方法之一是在访谈设计中就充分估计被访谈者的可能答案，根据这些答案设计好相应的问题，访谈者在访谈中只需根据被试的不同反应按事先设计的流程完成即可。还有一些探究并不是在访谈提纲中设计好的，而是访谈者在访谈过程中根据被访谈者的回答深入探究与目标相关的内容。这主要存在于两种情况：一种是被访谈者没有清楚地理解问题，访谈者需要对问题进行澄清和解释；另一种是被访谈者对问题或任务有不同的理解，访谈者需要通过问题来探究他／她是如何理解任务和问题的。

临床访谈的实施需要遵循严格的指引，访谈者必须经过培训并具备以下能力：首先，访谈者必须熟知建构理论、访谈的具体假设及访谈的目的；其次，访谈者必须善于促使被试完成任务或需要解决的问题或回答问题。从被试那里得到的信息越多，就越可能产生丰富而可信的数据。访谈者必须完全理解这种方法的性质。

就如收集数据的方法与理论前提和研究目的紧密相关一样，数据解读的方式也与之紧密相关。通过临床访谈收集数据的目的在于获得有关思想组织及其阶段转换的信息，接下来的编码方法应该包含对这些系统的描述及有序辨别这些系统的依据。编码过程是编码者试图通过被试反应和描述类型分类的标准来描述思想，其目的是尽可能详细、准确地描述与思想相关的因素及其相互之间的关系。因此，编码者也需要接受培训，以了解理论框架、掌握分类的技术性细节、理解区分和探究问题相关／不相关的反应的依据、客

---

① Turiel, E.（1983）. *The Development of Social Knowledge: Morality and Convention.* Cambridge University Press.

观理解被试的反应及运用编码系统。

观察法也是领域理论常用的研究方法。一种是在完全自然、真实的环境中观察儿童的生活，如教室、操场、家庭等；另一种是在"实验室"观察儿童。这里的"实验室"是指在一个相对独立的空间让被试完成某些任务（如在学校的单独教室里）。用自然观察法还是实验观察法取决于研究的目的和问题。如儿童对于道德和习俗等领域区分的研究主要是在自然真实的环境中观察儿童，而关于儿童对道德、习俗等领域的推理的研究大多数是采用实验观察法，以更有效地获得所需要的数据。

第二节　社会认知领域的区分及其标准

社会认知领域理论认为，道德是儿童社会知识的一个方面，除了道德以外，儿童的社会知识还包括社会规范、社会习俗以及对隐私、个人选择的考量。这些社会知识和社会规则或事件是不同质的，它们有不同的社会作用，可以形成不同的社会认知领域。目前得到比较普遍认可的分类是道德领域（moral domain）、习俗领域（conventional domain）、个人领域（personal domain）。[①] 个人领域中的安全领域（prudential domain）又经常作为一种相对独立的领域进行探讨和研究。

一、主要的社会认知领域

（一）道德领域

道德领域关注行为对他人产生的直接影响，其核心概念是他人福利（human welfare）、公平（fairness）和权利（rights）。[②] 道德违规往往会损害他人利益或权利，导致不公平现象的产生，如打人、偷窃等。在社会领域理论

---

① 特里尔在领域理论的奠基之作 *The Development of Social Knowledge: Morality and Convention*（1983）中区分了三类社会认知领域：心理领域（个人和心理系统的观念）、社会领域（关于社会关系和组织的观念）和道德领域（关于公正、福利和权利的判断），但在之后的大多数研究中都沿用道德、习俗、个人这三个基本的领域。

② Turiel, E.（1983）. *The Development of Social Knowledge: Morality and Convention*. Cambridge University Press.

中，道德规则主要涉及如何对待他人，而不是指向社会系统或组织，也不是针对行为者本人，因此道德规则表现为非情境性、普遍性、不可改变性、非个人性和对规则或权威的独立性。一般而言，道德违规的后果更为严重，也更应受惩罚。

（二）习俗领域

习俗领域也称为社会习俗领域。社会习俗是协调社会互动的行为一致性规则，受制于特定的社会情境，相对于社会情境的任意性行为。[1] 社会习俗领域关注的是一定情境中的行为是否适合、是否符合一定的社会标准或权威期望、有助于社会运作的流畅性和效率。例如打招呼的方式、餐桌礼仪和其他礼节形式，社会等级中对地位的尊重，社会交换中的互惠原则等。

大量实证研究证明，儿童从很早就能区分道德规则和社会习俗规则。研究者一般让被试评价道德违规行为（打人、说谎以及偷窃等）和习俗违规行为（学生直呼老师名字、男孩进入女卫生间或女孩进入男卫生间、使用手指而不是餐具进食等）的错误程度。所有年龄段的儿童一致认为，违反道德规范的行为比违反社会习俗规范的行为严重得多。[2] 最早在 3 岁左右，儿童就能区分道德规则和社会习俗规则。[3] 然而，学前儿童通常只能对熟悉的事件和规则作出区分。当假设情境中道德领域和习俗领域有交叉或冲突时，他们也不能很好地协调道德观念和习俗观念，除非把其中的某些因素特别强调出来。[4] 直到 9 岁或 10 岁时，儿童的这种区分能力才能应用到熟悉和不熟悉的事件中。努齐等在 10 所学校对 2、5、7 年级的儿童进行了观察。发现儿童和老师对道德和习俗两类事件的反应方式都存在显著差异，即对道德违规事件主要关注行为的内在后果，如对他人的伤害、不公平等，对习俗违规

---

① Turiel, E. (1983). *The Development of Social Knowledge: Morality and Convention*. Cambridge University Press.

② Bersoff, D. M. & Miller, J. G. (1993). Culture, Context, and the Development of Moral Accountability Judgments, *Developmental Psychology*, *29* (4), 664-676; Turiel, E. & Wainryb, C. (2000). Social Life in Cultures: Judgments, Conflict, and Subversion. *Child Development*, *71* (1), 250-256.

③ Smetana, J. G. & Braeges, J. L. (1990). The Development of Toddlers' Moral and Conventional Judgments. *Merrill-Palmer Quarterly*, *36* (3), 329-346.

④ Killen, M., Pisacane, K., Leekim, J. & Ardilarey, A. (2001). Fairness or Stereotypes? Young Children's Priorities When Evaluating Group Exclusion and Inclusion. *Developmental Psychology*, *37* (5), 587-96.

主要关注社会秩序的维护，如规则、权威期望等。通过对事件当事人的采访可知，儿童能对道德事件和习俗事件作出概念上的区分。①

（三）个人领域

个人领域主要关注行为者自己，行为的后果只影响行为者本人，不会对他人和社会团体产生不良影响。②例如，个人隐私、个人喜好、个人衣着打扮、朋友选择、娱乐活动等。在这些事件中个体的选择不会对他人利益、权利、福利等产生不利影响，也不会影响社会组织的正常运转，它既不属于道德领域或社会习俗领域，也不受道德规则和习俗规则的管控和约束，这些行为的主动权在于个体自己，是个体能掌控的事情。人们通常将道德和个人自由视为相对立的两个概念，认为道德就是压抑追求个人自我利益的欲望和破坏性冲动的结果。而努齐认为，我们可以换一个角度来看待两者的关系：认为个人自主、道德和社会准则在儿童的社会发展中产生交互作用。也就是说，道德和个人自主在不同文化下相互影响，共存于个人社会生活之中，人们是个体主义的、自主的，同时又是相互依赖并受他人指导的。③

安全领域是个人领域的一个子领域，④主要指给行为者本人带来潜在或实际伤害的行为。⑤从行为后果来看，它和道德行为一样会给人带来伤害。也就是说，行为会引起客观的内在后果，这一后果不因规则的存在与否而改变。但与道德事件不同的是，这一伤害性后果不涉及社会关系中的他人，只对行为者本人有影响。正因为行为后果不涉及他人福利和权利，安全事件包含一定的自由选择因素。然而，安全事件中包含的伤害性后果使得它和个人领域的其他事件有所区别。安全事件不像其他个人事件（如发型的选择或写日记的内容）一样可依个人爱好任意选择。如，乘车时必须系安全带，虽然

---

① Nucci, L. P. & Nucci, M. S.（1982）. Children's Social Interactions in the Context of Moral and Conventional Transgressions. *Child Development*, 403–412.

② Nucci, L.（1981）. Conceptions of Personal Issues: A Domain Distinct from Moral or Societal Concepts. *Child Development, 52*（1）, 114–121.

③ ［美］拉里·P. 努奇：《道德领域中的教育》，刘春琼、解光夫译，黑龙江人民出版社2003年版，第68页。

④ 对于安全领域的归属，目前学界有两种观点：一种是把它作为与道德、习俗、个人领域相并列的一个领域；另一种是把它作为个人领域的一个子领域，是个人领域中的特别领域。本书取后一种观点。

⑤ Tisak, M. S. & Turiel, E.（1984）. Children's Conceptions of Moral and Prudential Rules. *Child Development*, 55（3）, 1030–1039.

不系安全带只影响行为者本身，但因其可能带来的严重后果，不但父母或其他成人会教导儿童系安全带，而且可能以法律的形式强制实行这一行为，而不是行为者可以自由选择的事情。

除了上述三个研究最广泛的领域，也有学者不断地提出新的领域。如布鲁门菲尔德（Blumenfeld）等提出了学业成绩领域（achievement domain），[①] 斯美塔那等提出了交友（friends）领域，多面性（multifaceted）或混合（mixed）领域。[②] 既然社会认知领域是个体在与社会环境互动的过程中形成的，而社会环境又是丰富多彩的，因此，从逻辑上来说，我们很难确定有多少个领域。或者说，增加新的领域也是合理的。但我们在提出新的领域的时候一定要有切实的证据，最好能用实证研究来证明某个领域的存在，证明人们是以独特的推理方式和思维方式来理解这一领域事件的。我们还认为，由于不同文化之间差异很大，个体与文化环境互动的方式也是存在很大差别的。因此，除了存在一些基本的、跨文化的领域之外，不能排除在某一文化中有独特的或特别重要的领域，有必要单独进行研究和探讨。例如，在中国，家长和学校普遍重视学习成绩，学习在中小学生的生活中占了极大的比重，我们可以把它单独挑选出来，进行细致的研究，以更好地促进学生的社会发展和道德发展。

二、领域判断的标准和理由

把事物进行分类是根据一定的标准进行的，领域的区分也是如此。以什么为标准把社会认知领域分为道德、习俗和个人领域？为什么可以区分为这些领域？或者说，把某事件归入某一特定领域的理由是什么？

（一）领域判断标准

领域判断标准（criterion for judgments）是个体确认和区分不同领域知识的参数。[③] 研究者以各领域的定义为基础设计了一系列标准，作为确定被试

① Blumenfeld, P. C., Pintrich, P. R. & Hamilton, V. L. (1987). Teacher Talk and Students' Reasoning about Morals, Conventions, and Achievement. *Child Development, 58* (5), 1389–1401.

② Smetana, J. G. & Asquith, P. (1994). Adolescents' and Parents' Conceptions of Parental Authority and Adolescent Autonomy. *Child Development, 65*, 1147–1162.

③ Turiel, E. (1983). *The Development of Social Knowledge: Morality and Convention*. Cambridge University Press.

关于领域参数构建的工具。反过来，判断标准的分析又厘清了特定领域的边界。此外，关于判断标准的比较分析还使得我们可以确认领域区分是否存在及是以何种方式区分的。

特里尔认为，判断标准包括强制性（obligatoriness）、非个人性（impersonality）、可变性（alterability）、普遍性（universality）、相对性（relativism）、社会一致性（social consensus）和对规则和权威的依赖性（dependence on rules and authority）。① 因为判断标准表示的是领域的定义参数，所以在所有年龄段道德领域判断标准都应该不同于习俗领域的判断标准。也就是说，判断标准是一个常量，所有年龄段的个体都能从这些维度和标准来区分道德、习俗或其他领域。

在特里尔提出的这些维度的基础上，学者们在研究中提出了大同小异的判断标准。如斯美塔那提出了四条标准：普遍性（generalizability，是否在所有情境中个体都可以 / 不可以从事这样的行为）、强制性（obligatoriness，个体是否必须遵从）、不可改变性（inalterability，如果没有相关规则或权威的存在，个体从事这样的行为对不对）和规则或权威的独立性（independence from rules and authority sanction，是否不依赖于规则或权威制裁）。② 努齐认为，确定人们是否对道德和习俗有一个概念上的区分，可以根据以下标准：规则一致性（某一行为的错误之处是因为支配性规则还是社会准则）、规则可变性（废除或改变现有的规则对不对）、规则普遍性（另一个社会或另一种文化中有没有关于某种行为的规则或准则）、行为普遍性（如果某一个社会或某一种文化中没有某种行为的准则，其成员做了这样的行为对不对）、行为严重性（某种行为在多大程度上是不对的）。③ 布莱尔认为可以根据两大类标准来区分道德和习俗违规行为。④ 第一大类是正常规则条件下的判断，如规则是否允许，违规行为是否严重；第二大类是改变规则条件下的判断，如教师权威判断。在正常规则条件下，道德违规一般（但不总是）被判断为允许性更低，性质更严重，也应受到更严重的惩罚（与习俗

---

① Turiel, E.（1983）. *The Development of Social Knowledge: Morality and Convention*. Cambridge University Press.

② Smetana, J. G.（2006）. Social-cognitive Domain Theory: Consistencies and Variations in Children's Moral and Social Judgments. *Handbook of Moral Development*, 119–153.

③ ［美］拉里·P. 努齐：《道德领域中的教育》，刘春琼、解光夫译，黑龙江人民出版社 2003 年版，第 11 页。

④ Blair, R. J. R.（1997）. Moral Reasoning and the Child with Psychopathic Tendencies. *Personality and Individual Differences*, *22*（5），731–739.

违规相比）。改变规则后的判断一般要求被试判断与某一违规行为的相关规则废除后，这一行为是否可被接受。如关于教师权威的判断会询问儿童：若老师允许某一违规行为在课堂发生，这一行为是否可以接受？儿童一般认为道德违规与习俗违规相比，对规则的存在与否没那么敏感，较少随规则内容或权威指示的改变而变化。

学者们提出了多种判断标准，一方面说明了对这一领域研究的热情持续存在，另一方面也说明判断标准还处在发展之中，还没有完全成熟。我们认为，判断标准太多容易让人混淆、混乱，太少又不能准确区分不同领域的边界。结合笔者自己的访谈经验，本书确定以普遍性（是否在所有的情境中个体都必须遵守某一规则）、不可变性（某一规则是否可以改变或取消）和规则/权威独立性（行为对错与否不依赖于规则或权威的制裁）作为领域判断的标准。

（二）判断理由

判断理由（justification categories）是个体领域知识的推理形式，或者说，是个体对自己的社会判断提供的有意识的理由。判断理由一般通过询问被试领域判断的理由而获得（如"为什么你认为这样的行为是不允许的"），被试对这类问题的回答就是判断理由。不同的学者对领域判断理由的分类有所区别。

斯美塔那等把判断理由归为 6 大类：[①]（1）道德理由：他人利益（行为会对他人造成伤害，包括身体伤害和心理伤害）、信任/责任（行为破坏信任、责任、义务和良心）、公平；（2）习俗理由：社会协调、权威、礼貌、避免惩罚、责任、与社会不一致；（3）个人理由：个人选择、个人事件（只和他本人有关，不会对他人造成伤害或影响）；（4）安全理由：行为只会对自己造成伤害，不会影响到他人；（5）心理理由：人际关系理由、性格或心理原因、动机原因；（6）实用原因：如考虑行为的实际后果或行为者的实际需要等。艾迪拉·雷（Ardila-Rey）和柯林在道德、习俗、个人等理由的基础上增加了学习和发展理由（theory of learning and development）。[②] 增加的理

---

① Smetana, J. & Gaines, C. (1999). Adolescent-parent Conflict in Middle-class African American Families. *Child Development*, *70*（6）, 1447-1463.

② Ardila-Rey, A. & Killen, M. (2001). Middle Class Colombian Children's Evaluations of Personal, Moral, and Social-conventional Interactions in the Classroom. *International Journal of Behavioral Development*, *25*（3）, 246-255.

由是基于近年来儿童社会判断理论的发展，也因为在预测中儿童在解释对老师、对冲突反应的判断时经常会说到儿童学习和发展的方式（如"小孩就是那样学习的"）。特里尔等把判断理由归为 9 类：习俗或传统，权威规定，避免惩罚，个人安全考虑，个人选择，社会协调，他人福利，是否公平，义务。[1] 努齐把判断理由归为 12 类，[2] 后来又把判断理由进一步提升为四大类：行为内在后果，包括行为不公正、伤害别人、绝对错误（不管怎样行为都是错误的，都应该予以禁止）；社会系统，包括违反规则、引发混乱行为、不礼貌；个人行为理由，包括个人事件、行为可接受或拒绝规则，认为规则荒唐、不合理，只是小小的错误，行为者并不是有意破坏；惩罚，包括会被权威（父母、老师等）惩罚，担心受害者报复。[3]

虽然研究者对判断理由的分类存在差异，但大致可以归为 4 大类：第一类是关于行为内在后果的，如行为导致对他人不公正，对他人造成伤害及没有理由的判断（不管怎样某一行为都是不对的，都应该予以禁止）；第二类是关于社会组织系统运行的，如行为违反了现有社会规则，会引发社会混乱，不符合社会常规，不礼貌等；第三类是个人自由理由，如个人事件，个人选择，行为后果只影响行为者本人等；第四类是实际考虑，如避免权威惩罚，避免受害者报复等。这些理由大致勾勒了道德、习俗、个人领域的边界，对应于各个领域。

第三节　影响社会认知领域形成的因素

人们的认知为什么会形成道德、习俗、个人等不同的领域？哪些因素有可能会影响到不同领域的形成？对这些问题的回答是复杂的，一方面是因为社会生活如此丰富多彩、复杂无比，另一方面是作为认知主体的人，其心理结构、气质类型等都存在巨大的差异，甚至可以说，每个个体都是独特的，要从如此复杂的图景中提炼出影响不同社会认知领域形成的因素绝非易

[1] Turiel, E. (1983). *The Development of Social Knowledge: Morality and Convention*. Cambridge University Press.

[2] Nucci, L. (1981). Conceptions of Personal Issues: A Domain Distinct from Moral or Societal Concepts. *Child development*, 52 (1), 114–121.

[3] Nucci, L. P. & Herman, S. (1982). Behavioral Disordered Children's Conceptions of Moral, Conventional, and Personal Issues. *Journal of Abnormal Child Psychology*, 10 (3), 411–425.

事。经过学者们长期的探究，目前认为主要有以下因素会影响领域的形成。

一、社会互动的性质

　　社会认知领域理论的基本假设是：社会知识是在个体与环境的互动中建构起来的。社会互动的多样性及其性质必然会影响到个体对社会知识的理解和构建。研究者在家庭、托管中心、幼儿园、学校教室、操场等多种自然情境下观察从婴儿到中学生等不同年龄阶段的儿童，以研究其在道德、习俗、个人、安全事件中互动的特征。至少十个以上的研究应用相同的研究方法和类似的编码系统得出的结论表明：在道德、习俗、安全等违规事件中，社会互动的方式是有差异的，包括对违规的反应方式和反应者。这些研究的程序一般是这样的：首先，观察者利用行为定义（如客观的冲突或违规）把观察到的违规行为分为道德违规和习俗违规（也有少数几个研究分为安全违规或个人违规）；其次，观察者记录是谁对违规行为做出了反应（如受害者、同伴或成人），并用分类系统记录反应的方式（包括行为反应、情感反应、嘲笑、命令和声明）；最后再比较在不同的事件中违规反应者和反应方式是否存在差异。这些研究得出了高度一致的结论：对道德违规的反应主要是指出违规行为对他人利益和权利的影响，儿童对道德事件的理解主要来自行为的内在后果，而不是行为所带来的惩罚或制裁；虽然主要是成人很关注儿童的道德发展，但很多道德冲突是在没有成人的情况下发生和解决的。成人对儿童道德冲突的干涉随着儿童年龄的增长而逐渐减少，主要对习俗违规行为进行干涉。斯美塔那在研究 2 岁和 3 岁幼儿在家庭环境下在道德违规和习俗违规中社会互动时还发现，女孩的道德违规行为随年龄增长有所下降，但男孩没有显著变化。[①] 这可能是由于父母对男孩和女孩道德违规的反应方式不同造成的：对女孩的道德违规行为，父母一般强调其行为给别人利益和权利造成的影响；对同一年龄的男孩的道德违规行为，父母一般采取控制手段，试图阻止行为的发生，很少提供受害者信息或指出其行为的错误本性。这些观察研究表明，个体和周围环境之间不同性质的互动会逐步形成不同的认知领域。

---

① Smetana, J. G. (1989). Toddlers' Cocial Interactions in the Context of Moral and Conventional Transgressions in the Home. *Developmental Psychology*, *25* (4), 499–508.

二、伴随事件的情感强度

情感和认知在道德发展中的作用是很具争议性的问题。情感优先论者认为，道德原则的获得主要和父母的否定性情感相连，或者与促使道德原则改变的情感（如移情）相关。领域论者追随皮亚杰，认为道德情感是推动和组织判断的能量和动力，儿童的情感体验有利于他们社会认知的发展，因为情感体验能影响儿童对违规行为的理解、解读和记忆。因此，随着儿童年龄的增长，发生质的变化的不是情感，而是认知。[①]

阿森尼奥等的研究表明，年幼儿童对不同社会事件所产生的情感强度有不同的感知。[②] 儿童不是对所有的社会事件做出同等强度的反应，这些不同的反应有助于儿童区分道德和习俗规则系统。也就是说，情感信息可能是年幼儿童发展和形成不同社会事件领域的重要因素。具体而言，道德违规一般和负面情感（如难受、痛苦、委屈等）相连，习俗违规一般和中性情感相连。研究中所有道德违规事件的负面情感强度都要高于任何一项习俗违规事件。随着孩子年龄的增长，他们对情感后果的期望会有很大的差异，复杂程度增加。儿童会用不同情境中的情感后果（如行为者或受害者是否快乐、伤心、愤怒、害怕或无所谓）来推测事件是属于道德领域、习俗领域、个人领域还是安全领域。[③] 这些研究说明情感反应是儿童违规行为经验中的明显特征，这些情感经验会影响儿童理解、区分和记忆道德或其他类型事件的能力。阿森尼奥还从不同角色的角度（行为的受害者、施予者、成人和儿童观察者、作为观察的主体）对六类社会道德事件（禁止性道德、积极道德、习俗事件、个人事件、分配正义和亲社会道德）可能引发的情感状态进行了研究。结果表明：儿童对六类事件的观念存在显著差异，在事件中的不同角色也会影响他们对事件的理解。儿童对不同角色的情感反应因事件类别的不同而有所区别。作者还指出，这一研究结果对融合社会道德发展的情感论和认知论有重要启示意义。儿童不但有丰富的情感经验，也有记忆这些情感经验

---

① Smetana, J. G. (1997). Parenting and the Development of Social Knowledge Reconceptualized: A Social Domain Analysis. *Parenting and Children's Internalization of Values: A Handbook of Contemporary Theory*, 162–192.

② Arsenio, W. F. & Ford, M. E. (1985). The Role of Affective Information in Social-Cognitive Development: Children's Differentiation of Moral and Conventional Events. *Merrill-Palmer Quarterly*, 31 (1), 1–17.

③ Arsenio, W. F. (1988). Children's Conceptions of the Situational Affective Consequences of Sociomoral Events. *Child Development*, 59 (6), 1611–1622.

共同特征的能力。因此，儿童可能在某种程度上用事件的情感特征来组织社会事件，然后利用这些情感概念来预测其行为的后果。儿童关于某些特定社会道德事件的情感观念也是其发展、形成抽象道德原则的基础。例如，儿童最初关于公平的禁止性道德事件可能与儿童经历过类似受害者的情感体验相关，因而他们能推断别人在相同情境中也有类似的情感体验。

三、社会角色和社会关系

领域理论认为，社会判断和道德判断是在个体与环境的积极建构中形成的。这意味着个体总是试图理解情境，并赋予情境中社会互动以各种意义。对社会情境的这一解读过程就是社会建构。情境中的各种因素，如个体在社会互动中的角色、参与者之间的社会关系等，都有可能影响个体在道德情境中的社会建构。

（一）情境中的角色

思路木可斯基（Slomkowski）和柯林的研究发现：学龄前儿童认为，当道德和习俗的违规者是自己时，行为更可接受。儿童在情境中是违规者还是受害者也会影响其社会判断和道德判断。[1] 在实际情境中，当被试为受害者时，他们判断道德违规者的行为后果更为严重，认为这一行为更应受到惩罚；而被试为违规者时则认为其行为具有更多的正当性。[2] 这种因角色不同而导致的观点差异有可能是个体考虑自身利益的原因。但社会心理学认为，这也有可能是因为个体能接触到更多关于本角色的信息，能理解情境中的各种因素对角色行为的影响，因而更能理解和宽容角色所作出的行为。特里尔的研究也发现，虽然在道德判断中存在角色差异，但受害者和违规者对同一道德事件的领域判断并不存在差异，如都认为是道德事件。但对于是谁挑起了这一事件和事件发生的原因，他们之间却存在不同意见。[3] 韦赖布

---

[1] Slomkowski, C. L. & Killen, M.（1992）. Young Children's Conceptions of Transgressions with Friends and Nonfriends. *International Journal of Behavioral Development*, 15（2）, 247-258.

[2] Smetana, J. G., Toth, S. L., Cicchetti, D., et al.（1999）. Maltreated and Nonmaltreated Preschoolers' Conceptions of Hypothetical and Actual Moral Transgressions. *Developmental Psychology*, 35（1）, 269-281.

[3] Turiel, E.（2002）. *The Culture of Morality: Social Development, Context, and Conflict.* Cambridge University Press.

（Wainryb）等的研究更清晰地描述了角色对社会判断和道德判断的影响。[①]

（二）同伴、友谊、兄弟姐妹关系

皮亚杰认为，同伴关系是互动互惠的，儿童之间的合作、冲突和谈判能促进儿童的道德发展。皮亚杰的追随者主张儿童从同伴互动中获得的社会经验不同于和父母互动所获得的社会经验。斯美塔那认为，道德冲突主要发生在与同伴和兄妹的互动中，而不是与成人的互动中；而习俗冲突（至少在年幼儿童中）主要发生在和成人的互动中。

朋友之间的互动使个体有机会了解其内在的状态和情感，给个体理解自我和他人提供了重要环境。研究发现，当道德违规涉及朋友时，学龄前儿童倾向于认为其行为更具可允许性。况且，当判断朋友的道德违规时，儿童会更多地使用人际关系的理由，而判断陌生人道德违规时更多地使用道德理由。[②]这说明友谊是可能会影响儿童考虑减轻行为错误程度的情境因素。而且，青少年在对待朋友和非朋友的道德违规时也会有不同的解决策略。[③]麦克多纳德（McDonald）等发现，友谊质量会影响青少年在讨论多领域两难事件（道德、习俗和安全事件）时使用的推理形式，友谊质量高的朋友更可能用道德推理的方式解决问题。[④]

和朋友一样，兄弟姐妹之间的交往能给个体提供道德体验的情境。儿童会从兄弟姐妹那里学到道德行为（如移情），也会学到一些不道德的行为，包括伤害、打扰别人。敦奴（Dunn）等发现，到2岁左右，竞争的兄弟姐妹关系使儿童更知道如何伤害别人、使别人不安，并能理解其中的道德观念。[⑤]而亲密的姐妹关系使儿童具有更强的合作、协调和角色采择能力，从长远来看，其道德发展也更为成熟。4岁的儿童在与兄弟姐妹和朋友的自然对话中表现出更强的心理理解能力，使用更多心理状态术语的儿童会从事更

① Wainryb, C. & Langley, M.（2003）. Victims and Perpetrators: Children's Narrative Accounts of Their Own Interpersonal Conflicts. *Unpublished Manuscript, University of Utah*.

② Slomkowski, C. L. & Killen, M.（1992）. Young Children's Conceptions of Transgressions with Friends and Nonfriends. *International Journal of Behavioral Development*, 15（2）, 247–258.

③ Tisak, M. S. & Tisak, J.（1996）. My Sibling's But Not My friend's Keeper: Reasoning about Responses to Aggressive Acts. *The Journal of Early Adolescence*, 16（3）, 324–339.

④ McDonald, K. L., Malti, T., Killen, M., et al.（2014）. Best Friends' Discussions of Social Dilemmas. *Journal of Youth and Adolescence*, 43（2）, 233–244.

⑤ Dunn, J. & Munn, P.（1987）. Development of Justification in Disputes with Mother and Sibling. *Developmental Psychology*, 23（6）, 791–798.

多的合作性互动。[1] 因此，同龄人或年龄接近的人之间的互动能促进儿童对他人心理的理解，进而可能促进儿童的道德判断和道德发展。

（三）与父母和其他成人的关系

皮亚杰认为，同伴之间是一种地位平等的关系，会导致同伴之间的合作，促进儿童的道德判断和道德发展；而儿童和成人之间是一种力量不平等的关系，会阻碍儿童的道德发展，这导致了对父母在儿童道德发展中的意义的忽视。领域理论非常重视成人，特别是父母在儿童道德发展中的促进作用，对其研究包括家庭互动的类型、促进道德发展的纪律方式及儿童和青少年关于父母、老师的权威判断等。

领域理论认为，个体与父母（和同伴一样）之间的互动是道德发展的重要情境。儿童对行为内在后果和他人权利、利益的理解既来自儿童直接的生活经验（可以是受害者和违规行为的旁观者），也来自父母对违规行为的说明、反应。父母采用与违规行为领域相适应的解释、激励儿童反思自己行为等诱导性的纪律方式，能促进儿童的道德推理和发展。父母的推理和解释可能帮助儿童把直接的、潜在的情感反应转化为正义、公平和权利等更普遍、更抽象的原则。相反，强制的方式在促进儿童道德成熟方面很可能是无效的，因为父母没能给儿童提供用来建构抽象道德观念的信息。库克兹斯基（Kuczynski）的研究表明，强制方法在短期内可能使个体服从，但从长期来看，并不能促进个体的道德推理和道德发展。[2] 父母极端的否定、威胁和愤怒可能对儿童的道德发展极为有害，因为这有可能会使孩子产生恐惧感，进而威胁到他们的安全感，导致儿童只能关注自身的感受，而没有办法理解和感受别人。前面我们说过，情感会影响个体对道德事件的编码和理解。可能是因为适度的情感有助于儿童把关注点集中到其行为引起的伤害和不公正等内在后果上，如中等程度的愤怒和否定性情感加上对他人权利和利益的解释能提升父母推理和说服的有效性。同时，特里尔指出，纪律的过程是互动的，因此，我们不能只关注父母说了什么，还要关注儿童对父母信息的解读

---

① Brown, J. R., Donelan-McCall, N. & Dunn, J. (1996). Why Talk about Mental States? The Significance of Children's Conversations with Friends, Siblings, and Mothers. *Child Development*, *67* (3), 836–849.

② Kuczynski, L. (1984). Socialization Goals and Mother–child Interaction: Strategies for Long–term and Short–term Compliance. *Developmental Psychology*, *20* (6), 1061–1073.

和接受。[①]儿童对父母的反应会有自己的评价，他们更倾向于与相关行为领域相适应的反应方式，认为那样的方式更合理，也更能接受。

（四）父母和教师权威

传统理论认为，成功的道德内化即儿童对权威和规则的顺从。但最近人们开始意识到，虽然顺从在某些情况下是父母渴求的，但父母可能还有促进孩子自主等其他更高的目标。因此，对父母要求的顺从程度并不能表明儿童道德发展的成熟度，更大程度的顺从并不意味着更成熟或更高的道德水平，不管这种顺从是自愿的还是强迫的。领域理论认为，儿童、青少年在社会互动过程中有可能会评估成人对规则或要求的权威性合法性。与皮亚杰的观点相反，领域理论的研究发现，即使是年幼儿童，他们对规则和权威的尊重也不是单方面的；他们会从几个维度考察成人权威的合法性，包括要求的领域和性质，权威的来源等。[②]只要成人的权威与情境符合（教师被认为在家的习俗方面没有权威，妈妈们在学校事件的权威性低于其在家的权威性）或具备专业知识，各个年龄段的儿童、青少年都认可成人在道德和习俗领域具有权威性。但儿童对成人关于盗窃、伤害他人的非道德要求会予以拒绝。

四、个体特征差异

道德判断发展的建构理论主要关注标准发展，很少关注个体在道德发展中的差异性。虽然领域理论也认为道德推理随着儿童年龄的增长会有质的改变，但由于它关注道德理解和其他社会知识的协调，从而为研究道德发展的个体差异留下了空间。

（一）性别

关于道德发展的性别差异是道德心理学争论已久的问题。早期的道德理论（如弗洛伊德）认为女性的道德感比男性要弱；吉利根则认为男性和女性的道德发展具有不同的方向。从领域理论角度探讨性别差异的研究较少。一般来说，在情境中运用道德标准或道德推理不存在系统的男女差异。斯美

---

① Killen, M., Breton, S., Ferguson, H., et al.（1994）. Preschoolers' Evaluations of Teacher Methods of Intervention in Social Transgressions. *Merrill–Palmer Quarterly, 40*（3）, 399–415.

② Turiel, E. & Wainryb, C.（1998）. Concepts of Freedoms and Rights in a Traditional, Hierarchically Organized Society. *British Journal of Developmental Psychology, 16*（3）, 375–395.

塔那等①的一项研究特意考察了儿童、青少年在道德推理中是如何平衡公正和利益（关心）的。其研究结果表明：男性和女性会依据情境来决定优先考虑人际关系还是道德公正。具体而言，在关系很亲密（如朋友，而不只是熟人）或不公正不明显的情境中儿童、青少年会倾向于优先考虑人际关系的维持；但不公正更为明显或后果更为严重时，他们会更多地考虑道德公正的问题，而不是人际关系的维持。因此，在个体内和个体之间都存在很大的不一致性，不同情境中的道德推理差异不能简单地归于性别差异。

（二）社会经济地位

领域理论的大多数研究是以中产阶级儿童和青少年为样本。近年来，越来越多的研究者开始关注贫困儿童。如丙汉姆（Bingham）和汉斯（Hans）以社会经济底层的非裔美国学龄前儿童为研究对象，探究了他们的道德和社会判断及其与社会化经历之间的关系，发现低收入家庭更倾向于使用惩罚、拒绝等简单的教养方式，而较少使用说理等方式，这对儿童的领域区分能力有一定的影响。②这可能是不同的文化或社会阶层对这些管教方式的信息假设造成的。但另外一些关于贫困儿童的研究并没有发现儿童在道德和社会理解方面存在类似的问题。如努齐等考察了社会经济地位对巴西儿童在道德、习俗、个人领域的判断的影响，发现低产阶级儿童除了更喜欢在各种情境中泛化习俗及以规则为理由来为习俗辩护外，社会经济地位对儿童的社会和道德判断没有明显影响。③

（三）言语发展

斯美塔那和布雷格斯（Braeges）发现，言语发展好的孩子比言语发展迟缓的孩子能更早地对道德与习俗领域违规行为做出区分。④这说明儿童的言语发展水平与社会领域认知发展水平有关。佩尔克（Pirko）根据社会规

①　Smetana, J. G., Killen, M. & Turiel, E. (1991). Children's Reasoning about Interpersonal and Moral Conflicts. *Child Development*, *62* (3), 629–644.

②　Jagers, R. J. & Hans, S. L. (1996). Socialization and Social Judgments Among Inner-city African-american Kindergartners. *Child Development*, *67* (1), 140–150.

③　Nucci, L., Camino, C. & Sapiro, C. M. (1996). Social Class Effects on Northeastern Brazilian Children's Conceptions of Areas of Personal Choice and Social Regulation. *Child Development*, *67* (3), 1223–1242.

④　Smetana, J. G. & Braeges, J. (1990). The Development of Toddlers' Moral and Conventional Judgments. *Merrill-Palmer Quarterly*, *36* (3), 329–346.

则的领域特征，调查学前儿童对社会规则的认知与他们的语言发展的关系。结果发现年龄稍大的儿童（5岁）和话语更多的儿童更多地谈到习俗领域。男孩比女孩涉及的道德领域更多。但是道德领域的运用不受儿童年龄和语言影响。这些观念支持了儿童对待社会规则的不同领域有不同的方式：运用道德领域不受儿童个体特征影响，然而习俗领域依赖儿童的年龄和语言程度。[①]

五、信息假设

道德认知和道德行为之间存在差异是广为人知的，也是大家都承认的事实。但对于造成这种差异的原因却莫衷一是，存在极大的争议。有人认为道德判断的差异是由文化传播和个体适应的差异造成的，因此，社会文化环境是造成道德决定和行为差异的主要原因（如行为主义和社会学习理论）。认知发展理论不赞成这一观点，认为造成道德判断差异的原因是多方面的，如发展阶段的不同（戴蒙、科尔伯格），领域性质的不同（特里尔等），情境的多变、交叉，信息假设的不同等。

信息假设（information assumption）是一种事实性判断（factive judgment），是对现实性质的描述性概念，或对社会环境内容的一种再现。事实性判断是相对于价值性判断（evaluative judgment）而言的。价值性判断是关于价值或对错的规定性概念。韦赖布认为，个体或群体关于某件事情的评价或判断的差异并不必然表明其道德判断或水平的差异，有可能是不同的信息假设或信念导致了他们对同一事件的不同解读，赋予同一行为不同的意义，从而导致不同的道德判断。[②]如在有些文化中，当父母年老但还健康之时就要杀死他们，这在很多文化看来简直就是惨无人道。但深究其原因，是因为他们相信人死之后会以死时的状态生活在另一个世界中，如果父母去世的时候是健康的，那他们就可以永远健康地生活在另一个世界。这样，杀死父母的行为是子女为父母考虑的结果，被认为是子女对父母应尽的义务，是子女尽孝的另一种方式。这样看来，他们和其他文化中孝敬父母的人在道德推理和道德水平上并没有本质区别，都是从考虑父母利益出发的，所不同的是他们关于人

---

① Tulviste, P. T. T. (2009). References to Social Norms by Preschool Children and Their Linguistic Expression. *European Journal of Developmental Psychology*, 7（2）, 249–264.

② Wainryb, C. (1991). Understanding Differences in Moral Judgments: The Role of Informational Assumptions. *Child Development*, 62（4）, 840–851.

死后的生活有不同的信仰，对什么样的行为最有利于父母有不同的意见。韦赖布在给被试提供相反的信息假设后让其对同样的道德事件进行再一次判断，发现信息假设会对道德判断产生重要影响，80% 的被试在信息假设更改的情况下改变其原来的道德判断，所有年龄阶段的被试都是如此。

现实生活中的信息假设，特别是在一些复杂事件上的信念，往往是模糊的、变动的，这使得人们关于同一件事情可能有完全不同甚至相反的信息假设。如流产是否可以接受与人们对胎儿何时应该被看作生命的观念相关：认为胎儿是生命的被试一般不能接受流产，而认为出生后的婴儿才是真正的生命的被试一般能接受流产。但当情境发生变化（如怀孕是由强奸引起的、为了选择孩子性别而做流产），大多数被试对胎儿是否是生命的观念会出现改变：多数认为胎儿是生命的被试，在得知胎儿是强奸产生的时候会改变这一观念，进而判断流产是可以接受的。而多数认为胎儿还不是生命的被试，在得知流产是为了选择婴儿性别时，会转而主张胎儿是生命，不接受流产。信息假设的这种模糊性和不确定性是人们对流产、同性恋等事件的判断呈现出模糊性、多样性和不一致性的重要原因，使得这些事件充满争议。

同时，信息假设和道德判断之间的关系不是简单的直线因果关系，即我们不能认为不同的信息假设必然会导致不同的道德判断。一方面，有关现实的信念和假设不会直接决定道德判断，只是会影响个体对事件的理解和解读。如认为胎儿是生命的个体会认为流产就相当于谋杀，而认为胎儿不是生命的个体会认为流产是一种个人权利和个人选择，不存在道德违规。因此，对流产这一事件的判断取决于不能伤害生命这一道德观念和胎儿是否是生命这一信息假设的共同作用，而不只受信息假设的影响。另一方面，信息假设与道德判断之间的关系也不是单向度的，后者也会对前者产生影响。也就是说，当人们有了某一道德判断后，就倾向于接受与这一道德判断相吻合的信息假设，而对其他信息予以否认。

与信息假设的文化多样性相比，道德观念具有一定的稳定性和普遍性。[①] 也就是说，在不同的文化中，我们可能找到类似的道德观念。如大多数文化中都有不许伤害他人和不公平对待他人的道德规则，这可能是因为伤害和不公平的体验是各个文化中的个体都可能体会到的，在这种类似的经验之上自然就产生了类似的道德规则。

---

① Wainryb, C. & Turiel, E. (1993). Conceptual and Informational Features in Moral Decision Making. *Educational Psychologist*, 28（3）, 205–218.

第四节　社会认知各领域的发展

一、道德领域的发展

道德观反映了人们深层次的公平观和利益观。道德发展涉及两个方面：第一，关于公平和帮助／伤害他人情境推理结构的转变；第二，儿童协调道德情境中具有冲突性因素的能力的变化。努齐和特里尔发现，青少年早期对模糊情境中的道德推理水平要低于儿童和青少年晚期，呈现出 U 型发展曲线。其原因在于青少年早期关注模糊情境中复杂因素的能力有所增强，但还不能很好地协调各种因素，道德判断因而表现更多的模糊性和不确定性。努齐对道德领域的发展情况进行了系统的总结。[①]

（一）分配正义／公平的发展

小学早期（7 岁前）：意识到对他人的基本义务，如不能打人、偷窃和伤害别人，但很难协调多人的需求。当出现矛盾的义务时，公平往往就意味着优先自我利益或随意根据某一特征（如性别、年龄等）来分配利益。分配东西时只要不把东西全部占有就是公平的，还没有平等分配的观念。

小学中期（3—5 年级）：公平就是严格的互惠，认为"以牙还牙"是正确的，还不能把公平和公正整合起来。

初中（6—8 年级）：公平不仅仅是严格的平等。做道德决定时会考虑公正因素（如特殊需求、情境等），认识到公平可能意味着差别对待，而不是完全平等对待。

高中（9/10—12 年级）：协调公正和平等的能力进一步加强，开始将公正观运用到社会系统中。

（二）伤害和福利观念的发展

在幼儿园和小学阶段，儿童以行为对他人的影响来评价某一行为。打人不对是因为它会使人受伤，应该帮助需要帮助的人。但很少能考虑情境因素，在他们看来，道德情境是简单、清晰的，间接伤害和直接伤害是一样的，行为被认为是互惠的，应该帮助别人是因为将来自己也许也需要别人帮助。到初中阶段，儿童开始考虑情境因素的作用，尝试协调道德和其他情境

---

① Nucci, L. P.（2009）. *Nice is not Enough: Facilitating Moral Development*. Merrill/Prentice Hall.

因素，意识到间接伤害是情境中的"灰色地带"。这些情境往往混杂着个人选择和道德"权利"，可以选择意味着一个人不是必然要帮助需要帮助的人，而这样的个人选择也许在道德上是错误的。高中阶段，情境因素和道德考虑得到协调，承认灰色地带，但给予道德考虑优先权。在复杂的道德情境中，他们将选择问题和道德权利问题区分开来，具有选择权并不能使人免于帮助他人的义务。

二、习俗领域的发展

领域理论认为，虽然道德与习俗领域的区分并没有随年龄增长而发展的趋势，但每个领域内的推理形式和组织形式都是随年龄的增长发生变化的。习俗领域的推理形式随儿童年龄的增长有一个"肯定—否定—肯定"的反复过程。具体见表1-1。

表 1-1　社会习俗观念的主要变化 [①]

水平	习俗领域的推理形式	大致年龄（岁）
1	习俗是社会的一致性。社会习俗被看成是社会行为一致性的描述，但不是社会组织和功能的有机组成部分	6—7
2	否认习俗是社会的一致性。认为经验性的一致并不是习俗存在的充分理由。习俗行为被认为是任意的，不是社会互动结构或功能的组成部分	8—9
3	习俗是对规则系统的肯定，出现了早期的规则系统观念。认为习俗本身是任意的、可变的，习俗只是体现了一定的社会规则和权威，而且，习俗行为的观念和规则的观念还没有协调起来	10—11
4	否定习俗是社会规则系统的组成部分。不管有无规则，习俗都被认为是任意的、可变的，认为习俗只不过是权威期望	12—13
5	认为习俗是社会系统的调节者。开始出现社会结构的系统观念。习俗是社会一致性、社会角色、等级社会组织的管理规则	14—16

---

① Turiel, E.（1983）. *The Development of Social Knowledge: Morality and Convention*. Cambridge University Press.

水平	习俗领域的推理形式	大致年龄（岁）
6	否认习俗是社会系统的中介。认为习俗是人们已经习惯的社会标准。对习俗的遵守并不必然维持社会系统。习俗只不过是习惯存在的社会标准，或社会期望	17—18
7	习俗是对社会互动的协调。社会成员共有的习俗规则能促进人们之间的互动和社会系统的良好运行	18—25

特里尔认为儿童对社会组织的潜在观念和理解建构导致了习俗观念的发展。以上七个水平表明社会习俗观念发展的趋势：（1）习俗是社会成员共享的一致性知识，与社会系统处于互动之中；（2）这种一致性对协调社会互动具有重要意义。习俗观念的发展不是直线的，而是一个对社会习俗和社会结构进行反复的肯定和否定的发展过程。每一个否定阶段都是对前一肯定阶段关于习俗和社会结构基础的重新评价和判断。这种重新评价和判断为下一阶段观念的建构奠定了基础。对习俗不同的理解水平之所以形成一个发展序列，是因为这些水平反映了社会行为一致性和个体在社会系统或集体中一种越来越协调、包容的关系。如水平 5 把习俗理解为社会系统的中介，水平 3 认为习俗是个人权威的指示，水平 5 对习俗的理解比水平 3 更具特点，更能整合社会习俗和社会系统。因此，水平的递进表明了个体对社会系统和行为更为复杂的认知建构。

三、个人领域的发展

儿童和青少年的个人选择和隐私观念对其同一性和自主性建构具有重要作用，其个人领域的发展反映了他们对人的意义及如何建立个人同一性和自主性的理解。具体的发展顺序如下。[①]

小学早期（幼儿园—2 年级）：个人领域的观念主要是对自己身体和行为等表面的、可观察到的事件的控制。幼儿认为，自我是由现实中个人的某些必要部分组成的。如幼儿可能会执着于某一动作或物件，因为他们认为这些动作和物件就是他们自己，对它们的执着就是确认自我。

小学中期（2—5 年级）：这一阶段的儿童还是以具体事物为基础来构建

---

① Nucci, L. P.（2009）. *Nice is not Enough: Facilitating Moral Development*. Merrill/Prentice Hall.

自我感，但行为占据了更为重要的地位。人格就是一个人做事的方式。他们认为能控制某些个人活动对保持自我非常重要，如踢球、唱歌等。给这一阶段的孩子创造展示自己的机会非常重要。如果学生只能在成绩这一项中寻找自我，大多数孩子可能就没有办法确定自我，发展自主性。

初中（6—8年级）：这一阶段的孩子对自我的确认从具体的事物转移到内在的精神生活。个人领域的控制主要表现为隐私的保留和行为的选择。如日记对青少年特别重要。但是，这一时期的内在生活还缺乏深度，成为自主个体只是"表现得与众不同"。也就是说，他们的自我不是一种真正的内在品质（如思想、价值观、观点、情感等），而只是一种肤浅的表现。

高中（9—12年级）：这一时期对个人领域的控制和自我感表现为用真正的或本质的自我把自我的各个部分组织起来，他们的意识有了深度，主要任务是寻找真正的自我，并把在各种活动和公共场合中表现出来的"外在的自我"整合到真正的自我之中，达到内外一致。掌控一定的私人领域、具备一定的思想自由对发现和保持真正的自我非常关键。这就意味着外在的对个人领域和思想的过多干涉有可能干扰真正自我建构的进程，使青少年无法建立真正的自我，也无法将很多外在的自我整合起来。

努齐认为，对个人事件的掌控或个人领域的建构起源于个人与他人建立界限的需要，对于个体自主性和同一性的建立也非常重要。或者说，个人领域的建立是一种普遍的心理需求。正因为这样，孩子对父母权威的反抗大多是为了满足自己的这一基本的心理需求，而不是对父母权威本身的普遍反抗。努齐还认为，对个人领域的侵犯有可能会影响青少年的心理健康。[①] 个人自主的出现和个人领域的建立并不局限于所谓的西方个体主义文化。况且，随着年龄的增长，特别是在青少年时期，个体会逐渐扩大和巩固个人领域，这不是西方社会独有的现象，而是具有跨文化的普遍性。[②]

第五节　社会认知领域的交叉与协调

道德、习俗和个人领域并非泾渭分明的独立王国，它们之间存在复杂

---

① Nucci L. Morality and the Personal Sphere of Actions. In Reed, E.S., Turiel, E., Borwn, T., editors. *Values and Knowledge*. Erlbaum; Hillsdale, NJ: 1996, pp. 41–60.

② Yau, J. & Smetana, J. G.（1996）. Adolescent-parent Conflict Among Chinese Adolescents in Hong Kong. *Child Development, 67*（3）, 1262–1275.

重叠和相互作用的关系。有些事件能清楚明确地归入某个领域，但有些事件涉及多个领域，是多个领域的交叉事件。随着年龄的增长，稍大的儿童能辨别交叉事件中的道德因素和习俗因素，而年幼儿童只能从其中的某一个领域来判断。[①]这种重叠和相互作用势必会影响儿童和青少年对交叉领域的推理和判断。如初中和高一的学生正处于自我领域膨胀时期，倾向于把很多事件归入个人领域，而不是学校或家庭的习俗规则领域。[②]同时，这一阶段处于对习俗的否定时期，认为习俗"只不过是权威的指示"。因此，即使是青少年承认合法的社会习俗规则所具有的约束力，也是非常有限的。这一时期的青少年关于公正和平等的观念更加成熟，但同时他们辨别复杂道德情境中灰色地带的能力也有所增强，有时会误用个人自由选择权利。由于多个领域的发展和互动，青少年有可能既深切关注社会公正又极度尊重个人权利和自由；既质疑现有的社会规则，又以个人品质而非社会地位来定义权威。音乐、服装、语言等表达自我的方式导致与学校和家庭规则的冲突。在行为层面，这一时期的青少年有可能挑战权威，从事一些对他人没有太大或直接影响的微小犯罪行为，如商店偷窃行为在这一时期是最普遍的。

　　领域间混合和互动的方式主要有三种。[③]（1）多个领域的直接混合（冲突或和谐），这就要求个体考虑涉及的各个领域。最常见的例子是道德决策与社会组织的功能、效率等相抵触、矛盾，这就要求个体既考虑道德要求，又关心社会组织的运行效率等。（2）模糊的多维度事件。多个领域的直接混合意味着各个领域的因素是清晰可辨的，个体需要考虑的是如何协调和融合不同领域的要求。而在模糊事件中，不同的个体对事件的性质存在分歧，或者说，对于事件属于哪个领域存在不同意见。如流产，有人认为是个人事件，个人有权利支配自己的身体，选择流产或不流产。而另外一些人则认为流产属于道德事件，因为它可能伤害到另一个生命（他们将胎儿看成是独立的生命）。（3）有些习俗规则有时候具有道德意义。一个个体认为的习俗违规可能对另一个体造成心理伤害，因而具有道德后果。这被称为"第二道德现象"。

① Dushka A. Crane & Marie S. Tisak.（1995）. Mixed-domain Events: The Influence of Moral and Conventional Components on the Development of Social Reasoning. *Early Education and Development*, 6（2）, 169–180.

② Smetana, J.（2005）. Middle-class African American Families' Expectations for Adolescents' Behavioural Autonomy. *International Journal of Behavioral Development*, 29（5）, 371–381.

③ Turiel, E.（1983）. *The Development of Social Knowledge: Morality and Convention*. Cambridge University Press.

正因为领域间的这些错综复杂的交叉、融合关系，有学者认为不可能清晰地区分各个领域。换言之，领域理论的前提——领域区分是值得怀疑的。特里尔对此进行了有力的反驳：仅仅因为领域之间存在混合或交叉就否认领域区分是不充足的，这是一种逻辑谬论。[①] 因为交叉、混合或边缘例子的存在并不能否定区分类别的有效性，只能说明在某些情境中，道德和习俗的因素会结合，并不能否认不同领域的存在。我们也认为，世界上的事物很少能进行泾渭分明的截然分类，它们本来就是以连续体的形式存在的，只是人类出于认知的需要而把它们人工地进行分类和整合。

领域间的这种交叉和融合使领域理论关于道德发展的图景更为真实。因为现实生活是复杂的，人们在生活中从事的活动也往往不是相互独立和隔绝的，而是相互交叉、相互影响。这使得领域理论关于道德的研究不再拘囿于实验室或学校等有限的情境中，而是直接（至少是尽力）投入真实的社会生活，努力抓住道德生活的本质和发展规律。当然，这也使得道德发展的理论更加复杂，缺乏理论所渴求的绝对性和清晰性。

第六节　领域理论的跨文化研究

领域理论发源于美国，是以个体主义文化为基础的。但特里尔等认为，人们的社会认知存在领域特殊性具有跨文化性的普遍性，为此，领域理论的研究者们设计了很多立足于非西方文化的相关研究，或者进行两种文化的对比研究。

一、领域理论在其他文化中的应用研究

努齐发现，年幼的巴西中产阶级儿童比同龄的低收入家庭的儿童更可能将个人事件看成是自己可以选择的事情。[②] 颂（Song）等也发现，韩国儿童

---

① Turiel, E. (1989). Domain-Specific Social Judgments and Domain Ambiguities. *Merrill-Palmer Quarterly, 35* (1), 89–114.

② Nucci, L.P., Camino, C. & Milnitsky-Sapiro, C. (1996). Social Class Effects on Northeastern Brazilian Children's Conceptions of Areas of Personal Choice and Social Regulation. *Child Development, 67* (3), 1223–1242.

与美国儿童相比，会更多地运用社会地位和社会角色、恰当的角色行为。[1]
艾迪拉·雷和柯林研究了哥伦比亚儿童对教室情境中个人、道德和习俗事件
的评价。发现虽然哥伦比亚被认为是与西方文化迥异的集体主义文化，注重
对权威的服从和行为的一致，贬低自我依靠和独立，但哥伦比亚儿童在和老
师的互动中有明确的个人领域，认为个人事件不同于道德事件或习俗事件，
儿童对个人事件有决定权利。而且，他们更喜欢老师以协商的方式，而不是
惩罚或解释的方式来干预个人事件或习俗事件。另外，随年龄的增长，虽然
学校的规则越来越严格，但哥伦比亚儿童的个人选择有增长的趋势。[2] 这些
发现和柯林、特里尔等人所倡导的在文化内部甚至个体内部同时存在集体主
义和个体主义两种取向的观点相契合。传统文化和现代文化的所有成员都会
根据具体情境衡量和协调集体价值和个体价值。

二、不同文化间的对比研究

努齐和特里尔用观察法和访谈法探究维尔京群岛成人和学龄前儿童对
道德和习俗违规的反应形式，看儿童是否能区分道德和习俗两个概念领域。
研究结果和相应的美国样本结果一致，即成人和儿童对道德事件和习俗事件
的反应是不同的，对道德事件更关注行为对受害者的内在后果（受伤或公
平），而对习俗违规主要关注社会秩序。[3] 长谷部诚（Hasebe）等研究了美国
和日本青少年对个人领域的控制与其心理健康之间的关系，发现对青少年心
理有负面影响的不是父母控制行为本身，而是父母对个人领域的侵犯，也就
是巴贝尔（Barber）所指的心理控制。美国和日本的青少年都是如此。[4] 同
时，两国青少年对父母权威的判断有相同的发展趋势，即随着年龄的增长，
他们对个人事件的控制越来越多。两国青少年都认为父母给予他们的自主选

[1]　Song, M., Smetana, J. G. & Kim, S. Y. (1987). Korean Children's Conceptions of Moral and Conventional Transgressions. *Developmental Psychology*, *23*（4），577–582.

[2]　Ardila–Rey, A. & Killen, M. (2001). Middle Class Colombian Children's Evaluations of Personal, Moral, and Social–conventional Interactions in the Classroom. *International Journal of Behavioral Development*, *25*（3），246–255.

[3]　Nucci, L. & Turiel, E. (1983). Children's Social Interactions and Social Concepts: Analyses of Morality and Convention in Virgin Islands. *Journal of Cross–cultural Psychology*, *14*（4），469–487.

[4]　Hasebe, Y., Nucci, L., Nucci, M.S. (2004). Parental Control of the Personal Domain and Adolescent Symptoms of Psychopathology: A Cross–national Study in the United States and Japan. *Child Development*, *75*（3），815–828.

择权比他们想要的要少。但日本和美国青少年对事件的区分存在一定的差异。如"选择谁做我的男朋友 / 女朋友"在美国青少年看来是个人事件，但日本青少年认为是混合领域的事件。在美国，约会被认为是友谊的自然延伸，而在日本则被看成是附有很多责任和义务的非常严肃的关系。这种严肃性使人们意识到，约会可能带给不够成熟的青少年身体或心理上的伤害，因此，被看成是个人和安全领域的混合事件。另外，日本和美国文化对性别的领域区分有一定影响。在美国，男女青少年感受到的父母对事件的控制没有差别，但日本女青少年在混合领域和个人领域所感受到的父母控制的分数都更高，这和日本社会的家庭模式及女性在社会中的地位有关。

斯美塔那等将美国和中国青少年对个人事件与权威的观点进行对比研究。发现在没有父母期望或直接禁止的情境中，绝大多数中国和美国青少年都认为个人事件是允许的。随着年龄增长，儿童越来越认为个人事件应该由自己决定。但美国儿童比中国儿童在个人领域概念的发展上表现出更多的年龄差异。儿童在个人领域比道德领域有更多不遵从的意愿，当被禁止从事个人事件时，儿童基本上都会有负面的情绪。姚（Yau）等对比研究了华裔、墨西哥裔和欧裔美国青少年可能向父母公开的事件及不向父母坦白某些事件的原因。发现华裔青少年比欧裔青少年更少跟妈妈谈及个人和交叉领域事件，也比其他青少年更少谈及个人感觉，主要的原因是他们认为这些都是个人的事件，对别人没有伤害，或是父母可能不听或不理解。墨西哥裔青少年比欧裔青少年更少向父母谈及安全事件，主要是担心父母不同意。[1] 斯美塔那等对美国和中国香港青少年对个人事件与权威的观点进行对比研究。中国香港的经济、教育水平和美国相当，如果二者青少年观点出现差异，可以肯定是由文化差异，而不是经济水平和教育水平造成的。在没有父母期望或直接禁止的情境中，绝大多数中国和美国青少年都认为个人事件是被允许的。但 5 岁的中国被试认为次要个人事件的可接受性比必要个人事件或美国儿童的所有个人事件的接受性更低。[2] 也就是说，他们更多地认为在次要个人事件上要服从父母权威。因此，除了 5 岁儿童对次要个人事件的看法，其他个

---

[1]　Yau, J. P., Tasopoulos-Chan, M. & Smetana, J. G.（2009）. Disclosure to Parents about Everyday Activities among American Adolescents from Mexican, Chinese, and European Backgrounds. *Child Development*, 80（5）, 1481-1498.

[2]　Smetana, J. G., Wong, M., Ball, C. & Yau, J.（2014）. American and Chinese Children's Evaluations of Personal Domain Events and Resistance to Parental Authority. *Child Development*, 85（2）, 626-642.

人事件没有年龄和文化差异。与以往研究不同的是，大多数儿童认为当某一个事件不被妈妈允许时，他们应该遵从妈妈的指示，不从事该项活动，这一判断没有年龄、国家和情境的差异。从这些跨文化研究我们可以得出以下结论。

（一）各个文化中的被试都能区分道德、习俗、个人等不同的领域

把道德领域理解为关系他人权利、福利和正义的事件，道德规则一般被认为具有普遍、强制性、非个人性、不可改变性，不依赖于权威等，它比习俗规则更为重要，道德违规比习俗违规也更为严重，应该接受更为严重的惩罚。习俗规则是关于社会组织、机构顺利、有效运行的一致性意见，具有任意性、情境性、相对性。个人领域因不涉及他人利益、权利和公平问题，是个体可以自己做主、自己选择和控制的事件。在欧洲、非洲、亚洲和美洲的文化中都观察到了这种区分的存在。

（二）个人领域的存在具有跨文化性

在不同文化中，对个人领域事件的自主控制是儿童青少年基本的心理需求，虽然其表现方式可能存在一定的差异。如倍文·陈（Beiwen Chen）等发现，自主性（对个人领域的掌控）在个体主义文化和集体主义文化中有不同的表现形式，在个体主义文化中表现为独立性自主（强调独立做决定，不受他人影响，也是我们通常所理解的自主）；在集体主义文化中表现为依赖性自主（个体在和他人保持密切关系、依赖他人的同时也能感受到一种自己做主的感觉）。[①]也就是说，只要是个体自我认可动机的，不论是独立性自主还是依赖性自主都因能满足其心理需求，促进个体的幸福感。赫尔维格等也发现，中国乡村青少年比城市青少年更倾向于承认父母和老师在习俗和安全领域的权威，但他们都声称自己对个人领域的事件具有自主控制权。[②]

（三）领域的区分也存在文化差异

虽然儿童区分道德和习俗的方法类似，但他们提供的理由却存在一定

[①]　Beiwen Chen, etc.（2013）. Autonomy in Family Decision Making for Chinese Adolescents: Disentangling the Dual Meaning of Autonomy. *Journal of Cross-Cultural Psychology*, 44（7）, 1184-1209.

[②]　Lahat, A., Helwig, C. C., Yang, S., Tan, D. & Liu, C.（2009）. Mainland Chinese Adolescents' Judgments and Reasoning about Self-determination and Nurturance Rights. *Social Development*, 18（3）, 690-710.

的文化差异。如韩国儿童和青少年的判断理由表明，他们比美国同龄人对社会地位和社会角色的理解更深。[1] 以色列阿拉伯和非洲儿童比欧裔美国人更肯定习俗和传统的价值。[2]

领域理论自产生以来得到了越来越多人的关注，其理论体系也日趋完善：对各个领域的研究越来越细化，领域之间的交叉和融合也得到了更多的关注，并且与心理理论、社会信息加工理论、道德神经科学等呈现出更多的融合趋势。这些都为领域理论的进一步发展及其在教育实践中的运用奠定了良好的基础。

第七节　领域混同对道德教育的影响

一、政治教育与道德教育混同："去生活化"的尴尬

政治和道德同属于社会意识形态，二者具有密切的关联性。在我国历史上，政治和道德长期纠缠在一起，政治道德化和道德政治化是政治和道德发展历程中的常态。政治与道德的联姻在一定程度上保证了社会的稳定和发展，具有一定的历史进步意义。但事实上，政治和道德是相互独立的领域，"它们在其内容、存在方式、与社会经济基础联系的密切程度、对社会存在的作用、历史发展过程和前途等方面是不完全相同的"[3]。与此相应，政治教育和道德教育也应该是相互独立、同时又相互联系的教育形式。"政治教育是有目的地形成人们一定的政治观点、信念和政治信仰的教育。"[4] "道德教育指形成人们一定的道德意识和道德行为规范的教育。"[5] 两者在教育目标、教育内容、教育方法等方面都存在显著差异。

首先，教育目标不同。政治教育的目标是塑造具有一定政治信仰、政治态度和政治行为的个体，以维护统治阶级的利益，其目标具有明显的社会

---

① Song, M., Smetana, J. G. & Kim, S. Y. (1987). Korean Children's Conceptions of Moral and Conventional Transgressions. *Developmental Psychology*, 23 (4), 577–582.

② Hollos, M., Leis, P. E. & Turiel, E. (1986). Social Reasoning in Ijo Children and Adolescents in Nigerian Communities. *Journal of Cross-Cultural Psychology*, 17 (3), 352–374.

③ 蓝维：《政治教育与道德教育》，《教育研究》1998年第6期。

④ 教育大辞典编纂委员会：《教育大辞典》第1卷，上海教育出版社1990年版，第9页。

⑤ 教育大辞典编纂委员会：《教育大辞典》第1卷，上海教育出版社1990年版，第97—99页。

性和阶级性。道德教育当然也具有一定的阶级性，但"道德教育的政治使命是有限度的，超出了这个限度，就会导致泛政治化，就会转移对道德教育自身本体功能的注意力……道德教育必须紧紧立足于自己的使命，在充分履行自己职责的基础上而图划为政治的昌明做出贡献"[1]。道德教育自身的使命是培养个体道德品质，其目的是促使个体形成优良的个人道德和社会公德。因此，道德教育的目的具有个体性和普遍性。

其次，教育内容有差异。政治教育以政党、阶级、国家、民族、政权、国际关系等为教育内容，在不同的社会、不同的国家和不同的阶级，政治教育具有完全不同的内容。换言之，政治教育的内容会随着国家、阶级、政党的变化而变化，具有不稳定性和特殊性。道德主要反映个人、家庭、阶层、阶级等社会关系，涉及个体的生存及其价值，关注爱情、婚姻、家庭、职业等与个人息息相关的内容，也包括处理与他人关系的社会公德等内容。道德教育虽然也具有一定的阶级性，但不同的阶级、国家、民族的道德具有很大的共同性，道德教育的内容也具有相对的稳定性，不会随政党、阶级的变化而快速变动。

最后，教育方法不同。正如黄向阳教授所言，"政治教育和道德教育所要达到的目的不同，政治觉悟的形成和提高与道德品质的形成和发展在心理机制上各异，因此在实施的途径、手段、方法上有相当大的差异"[2]。归根到底，政治教育的目的是维护社会的稳定（或变革社会），是为了维护统治阶级的利益；道德教育主要关注如何处理个体与他人、集体和社会的关系，其出发点和落脚点都是个体。赵汀阳认为伦理学的核心问题是幸福，因此道德教育的目的就是要使人具有进行道德判断的能力，通过过有德性的生活而体验幸福。因此，道德教育最重要的是激发受教育者的主体性，使其对自己的行为进行道德反思，自觉地形成某种道德观念。道德教育应该以体验、反思、讨论等方法为主。

从以上论述可知，政治和道德属于不同的社会意识形态领域，政治教育和道德教育是相互关联的独立领域，两者之间应该存在清晰的边界。但在我国的教育实践中，由于各种历史、文化原因的影响，长期存在混淆政治教育和道德教育的现象。有学者指出，道德与政治之间可以相互支持、互为补益，却不能成为将其超越道德教育的托词，道德教育的自身使命与教育权限

---

[1]　唐爱民：《政治教育与道德教育的异趣与关联：一种德育学辩护》，《当代教育论坛》2005年第 7 期。

[2]　黄向阳：《德育原理》，华东师范大学出版社 2000 年版，第 14 页。

也不容许将政治教育等同于道德教育，或以政治教育代替道德教育。① 政治教育与道德教育之间缺乏明确的界限很可能导致德育在目标、内容和手段等各个方面都脱离受教育者的实际生活，呈现出"去生活化"的特征，进而导致德育困境。

二、思想教育与道德教育混同："去实践性"的窠臼

思想教育是将科学抽象后的理论成果作为教育内容教授给受教育者，并使受教育者形成理论化的思想体系和思维方式的教育过程。可以说，"思想教育归根结底是有意识地、系统地进行世界观、方法论教育，培养和发展受教育者反映客观世界的思想观念和认识能力"②。在中国，进行世界观和方法论的教育主要就是要用马克思列宁主义、毛泽东思想、邓小平理论、"三个代表"重要思想、科学发展观、习近平新时代中国特色社会主义思想来武装人们的头脑，提高人们认识世界和改造世界的能力，引导人们运用马克思主义的辩证唯物法来分析、解决各种思想问题和现实问题，树立正确的世界观、人生观、价值观，掌握科学的方法论，抵制不良思想的侵蚀。这和政治教育具有高度的同一性，因此，人们经常把二者合一，称为思想政治教育。

思想教育是提高人们主观反映客观的认识能力和水平的教育，就性质而言是认知性的教育，"认知性教育、知识性教育是思想教育的基本形式"③。因此，认识提高了、观念转变了，都可以说进行了成功的思想教育。但道德教育具有不同的特征。道德教育虽然也注重道德知识、道德观念、道德原则等认知性的教育，但道德知识的获得只是道德教育的起点之一，道德教育具有强烈的实践性，强调潜移默化、个体觉悟和生活践履，强调情感体验和知行统一，以及道德习惯和道德品质的形成。而且，个体道德的形成和发展也可能始于道德情感的发展或道德行为的培育或道德需要的激发，不一定从道德认知入手。正是把道德教育等同于思想教育，导致了我国道德教育长期以来主要关注道德知识的获得，注重道德知识水平的提高，形成"知性德育"

---

① 唐爱民：《政治教育与道德教育的异趣与关联：一种德育学辩护》，《当代教育论坛》2005年第 7 期。

② 骆郁廷、张莉：《思想教育、政治教育、道德教育的性质与特点辨析》，《武汉大学学报（哲学社会科学版）》2002 年第 4 期。

③ 沈壮海：《思想教育、政治教育、道德教育过程之比较分析》，《教学与研究》2004 年第 6 期。

倾向，而内在的道德情感和道德需要没有被激发，难以真正实现"知"与"行"的统一。

三、心理教育与道德教育混同："去方向性""去科学性"的泥潭

心理教育是指有目的、有计划地对学生的心理施加直接或间接的影响，使学生提高心理健康水平，并发展其个性的教育。[①] 随着社会的发展，党和政府对心理和心理健康的关注日益增多。《中共中央国务院关于深化教育改革，全面推进素质教育的决定》明确要求"加强学生的心理健康教育，培养学生坚韧不拔的意志、艰苦奋斗的精神，增强青少年适应社会生活的能力"。2002年教育部制定印发的《中小学心理健康教育指导纲要》明确提出了心理健康教育的指导思想和基本原则，2012年又进行了修订。心理教育以心理学理论为基础，主张在研究、理解儿童青少年心理发展规律的基础上进行教育，因而被认为是具有科学性的教育方式。

不可否认，道德教育必须以青少年心理发展规律为基础，因为只有了解其心理发展规律，我们才能有针对性地选择合适的内容、以合适的方法对他们进行有效的道德教育。但是，这并不意味着道德教育可以等同于心理教育。把心理教育引入德育实践时，我们要警惕可能出现两种倾向。一种认为心理教育在实质上还是道德教育，心理教育只是为道德教育提供了更多的方法，因此，认为道德教育可以涵括或取代心理教育。这实质上是把道德问题和心理问题等同，认为可以用道德教育来处理心理问题。这就犯了主观主义的错误，儿童青少年中经常出现的性格障碍、情绪障碍、精神抑郁等并不能通过说教等道德教育手段得到解决。把心理问题当成道德问题可能促使教育者对行为主体进行批评、处罚和教育，这些措施不但无益于问题的解决，还有可能在一定程度上加重心理问题的程度，甚至给儿童青少年带来致命的伤害。鲁洁教授曾指出："过去在道德教育工作中，经常将心理问题当作思想、道德等问题来对待。如有的学生因心理障碍导致人际关系紧张、失调时，人们往往通过批判个人主义、树立集体主义观念的思想教育来解决。其结果往往是增加了心理障碍的程度。"[②] 唐爱民教授也指出："学生常见的心理问题，如自我认知与行为失调、青春期障碍焦虑、抑郁、孤独、精神分裂、反社会

---

① 班华主编：《心育论》，安徽教育出版社1994年版，第9页。
② 鲁洁：《道德教育的当代论域》，人民出版社2005年版，第201页。

行为等，多是遗传和环境交互作用的结果。对这些心理问题，一概称之为品德不良是缺乏心理科学的依凭的，是不正确的。对教育和学生的健全发展是有害的。"① 我们应该警惕这种"去科学化"的道德教育倾向的危害性。

另一种观点认为心理教育具有科学性和可行性，主张用心理教育取代道德教育，认为这样才能切实提升德育的实效性。心理教育往往主张价值中立，倾向于采用技术性的手段确保个体对外部环境的心理适应，只要个体适应了环境，就获得了心理健康。但"纯粹的心理健康不是健康，缺少道德的健康更是严重的疾病。我们不仅要关心人对环境的适应，还要关心用'道德的方式'去适应。快乐如果是不道德的，那就不是健康的"②。也就是说，心理教育应该有自己的伦理和价值取向，应该用良好健康的道德引导心理教育的实践。用心理教育取代道德教育就很可能使心理教育迷失方向，最终也无法使个体获得真正持久的心理健康。

因此，在实践中我们应该区分道德教育和心理教育，把两者看成是相互独立、不可相互取代的两个领域。"道德教育和心理教育实际上是不可互相包含、不可互相代替的两个领域。把这两件事放在一起说，有其独特的'文化背景'——在我国中小学道德教育中，很多本属于心理健康的问题，被教师们混淆在道德教育、思想教育中了。"③ 但同时我们也要认识到两者是相互关联、相互支撑的。没有心理教育，道德教育就会失去科学性依据，成为"去科学性"的教育；没有道德教育的引导，心理教育就会迷失方向，成为"去方向性"的教育。

四、法制教育与道德教育混同："去超越性"的桎梏

随着市场经济的发展和现代化程度的深化，法制在维护社会稳定和谐方面起着越来越重要的作用，法制教育，尤其是针对青少年的学校法制教育也就越来越重要。教育部等部门于 2002 年 10 月 21 日颁布的《关于加强青少年学生法制教育工作的若干意见》，把法制教育纳入德育范畴，提出法制教育与思想政治教育相结合的指导思想。有人认为，道德已经不能有效调节

---

① 唐爱民：《心理教育≠道德教育：一种德育学辩护》，《河北师范大学学报（教育科学版）》2005 年第 3 期。

② 薛晓阳：《道德健康的教育学刍议——兼议心理教育的伦理转向》，《教育研究》2005 年第 11 期。

③ 陈会昌：《德育忧思：转型期学生个性心理研究》，华文出版社 1999 年版，第 251 页。

现代社会错综复杂的社会关系，只有强硬的法律才可能维持社会的稳定与和谐。因此，法制教育应该优先于道德教育，甚至取代道德教育。

法制教育可以取代道德教育吗？回答这个问题首先就必须了解法律和道德的功能。法律和道德都是调节人们行为的规则，但两者具有不同的特征。法律是刚性的，违反了相关的法律法规，就必须承担相应的后果，很少具有弹性和商量性，法律后果由法院、警察等国家机构来保证执行，这是法律法规能有力规范人们行为的原因所在。但"法律不曾亦不可能涉及道德的所有领域。若将一切道德的责任，尽性化为法律的责任，那便等于毁灭道德"①。法律法规主要是惩罚人们已经发生的错误行为，或者通过行为的明确后果使有意犯错的人望而却步。也就是说，它主要告诉人们"不能做什么"。法制教育虽然也会涉及法律精神等内容，但主要还是针对法律法规的教育，缺少对人的精神指引，只关注眼前的事实，缺少超越当下的超越性精神。道德相对于法律而言是规范人们行为的"软力量"，道德规范的有效性主要依赖舆论、良心等来维持，道德标准也具有多重性。有学者认为道德标准划分为三个层次：第一层次是"不准"，是对所有人道德上的最低要求，目的是防止个体和社会受害，如不准打人、偷窃、说谎等，达到这一层只是"不恶"，还没有达到"善"的境地；第二层次是"应该"，其目标是通过各类社会角色的互惠互利，实现造福于所有人的目的，符合这一层次要求的行为即为"善"；第三层次是"提倡"，是道德要求的最高层次，它引导人们向一定的道德理想靠近，如舍己为人、公而忘私等。②因此，道德教育不但告诉人们"不能做什么"，也会告诉人们"应该做什么"，在关注脚下现实的同时，也会指导人们仰望头顶的天空。"去恶"需要法律法规的威慑，"从善"则需要道德的指引。

人从不满足周围的现实，始终渴望打破他的此时—此地—如此存在的境界，不断追求超越环绕他的现实——其中也包括他自己的当下现实。③超越当下是人得以发展的动力所在，教育的重要功能之一就是促使人们反思当下、超越当下。鲁洁教授指出，教育赋予人现实的规定性，是为了否定这种规定性，超越这种规定性。……理想的教育并不是要以各种现实的规定性去

---

① ［美］马多佛：《现代的国家》，转引自肖金泉：《世界法律思想宝库》，中国政法大学出版社1992年版，第402页。

② 李萍：《伦理学基础》，首都经济贸易大学出版社2004年版，第104页。

③ ［加］克里夫·贝克：《学会过美好生活——人的价值世界》，詹万生等译，中央编译出版社1997年版，第3页。

束缚人、限制人，而是要使人从现实性中看到各种发展的可能性，并善于将可能性转化为现实性。[①] 如果将德育窄化为法制教育，或过多地突出法制教育，就会使道德教育成为束缚人、限制人的教育，缺少对人的可能性的发掘和指引，呈现出"去超越性"的特点。

总而言之，当德育成为囊括政治教育、思想教育、道德教育、心理教育、法制教育的大杂烩时，各个领域之间很难保持理想的独立和平衡，很有可能在理论和实践中造成各个领域之间的混同或相互替代，使德育陷入"去生活化""去实践性""去科学性""去方向性""去超越性"等德育困境，造成德育理论的模糊、多变，进而导致德育实践的混乱和低效。因此，借助领域理论对道德教育进行分析研究确实有助于厘清当今道德教育中存在的问题，为提升道德教育的效果打下坚实的基础。

---

① 鲁洁：《论教育之适应与超越》，《教育研究》1996 年第 2 期。

第二章　学校纪律的领域分析

学校纪律是保证学校各项活动正常运转的重要手段，"'学校没有纪律犹如磨盘没有水'……如果你从学校取消了纪律，你就是剥夺了它的发动力"[①]。确实，没有纪律的学校是不可想象的。同时，学校纪律，包括纪律的制定、纪律的实施、实施纪律的氛围等都是学校进行教育特别是进行道德教育的重要途径。传统学校在实施规则的时候注重如何使学生接受纪律、服从纪律，以保证学校正常的秩序。当学生违反纪律时，会大量使用惩罚等外在控制手段，以实现使学生遵守纪律和规则的目的。而领域理论关注的首先不是学生是否服从纪律，而是学生是如何理解纪律和规则的。海德格尔认为："把某物作为某物加以解释，这在本质上是通过前有、前见和前把握进行的。"[②]"前有""前见"和"前把握"即理解的"前结构"，说明解释者对解释对象的"认识预期"是待解释的意义的一个组成部分。伽达默尔把这种"认识预期"称为"偏见"，对我们的理解活动具有极为重要的意义："在构成我们的存在的过程中，偏见的作用要比判断的作用大。……偏见并非必然是不正确的或错误的，并非不可避免地会歪曲真理。……偏见就是我们对世界的开放的倾向性。"[③]无论是"前结构"还是"偏见"，都说明人们对世界的理解并非建立在空白的基础之上，学生对纪律和规则的理解也是如此，学生的认知水平、情感状态、心理发展等都在一定程度上影响着他们对世界（包括学校纪律和规则）的理解及对事件的反应方式。学校在制定和实施纪律的时候不能凭着主观意志预设学生会以某种当然的方式来理解和接受纪律和规则，而应该在理解学生对学校规则的解读方式之后再考虑纪律和规则的制定和实施问题，这样才可能从更深的层面来探究纪律的实施及其效果。

---

① ［瑞典］T.胡森、T.N.波斯尔斯韦特特总：《教育大百科全书·教育评价》，西南师范大学出版社 2011 年版，第 98 页。

② ［德］海德格尔：《存在与时间（修订译本）》，陈嘉映、王庆节译，生活·读书·新知三联书店 2006 年版，第 150—176 页。

③ ［德］加达默尔：《哲学解释学》，上海译文出版社 1994 年版，第 8—9 页。

第一节　学校纪律的概念探究

一、纪律的概念

"纪律"是我们在日常生活中经常使用的高频词汇，但人们往往对习以为常的词汇缺乏明确的概念，有关纪律的含义也是如此。我们选取中国和西方最具代表性的概念来进行解读。《现代汉语词典》是这样描述的："政党、机关、部队、团体、企业等为了维护集体利益并保证工作的正常进行而制定的要求每个成员遵守的规章、条文。"①在西方，涂尔干对纪律的研究最为有名，他认为"纪律就是使行为符合规范，纪律意味着在确定的条件下重复的行为"②。这两个概念表面上看起来完全不同，但仔细研读可以发现两者存在诸多共同之处：首先，两者都认为纪律是个体对自我行为的一种理性控制，是对已经存在的规范或规章的服从。从本质而言，纪律是对个体行为的一种约束和控制。其次，纪律是要求个体在相似的情境下作出类似的反应，具有重复性和恒常性的特征。也就是说，纪律要求个体在某情境下的行为、违反纪律的后果等都是可以事先预见的，个体可以根据现有的相关纪律条文作出理性的判断。

纪律和法律、道德一样，都是调节和控制个体行为、维护集体或社会秩序的重要手段。但纪律和后两者在约束的对象、约束的手段、违反约束的后果等方面都存在显著差异。法律是国家权力机关制定的社会规范，它明确规定人们的权利和义务，并由国家强力保障实施，对所有人具有普遍约束力。从规范内容看，法律既包括权利也包含义务；从作用方式看，法律主要依靠国家遵照法定程序以强制力保障实施；从调整对象看，法律调整的对象是全体社会成员的行为；从生成上看，法律是阶级社会的产物，没有国家，就没有法律。道德是人们在长期的社会生产生活中逐渐形成的、依靠内心信念和社会舆论来调节人们思想和行为的社会规范。从规范内容看，道德的内容主要是义务，极少涉及权利；从作用方式看，道德主要依靠人们对道德规范的认同以及外在的感化、舆论等方式，不具有强制性，而是强调个人的自觉遵守；从生成上看，道德始终存在于人类社会，是人们在社会生活中自发形成的，是人类最古老、最恒久的社会规范。可以说，纪律是介于法律和道

---

① 中国社会科学院语言研究所词典编辑室编：《现代汉语词典》，商务印书馆2017年版，第616页。

② ［法］爱弥尔·涂尔干：《道德教育》，陈光金等译，上海人民出版社2006年版，第6页。

德之间的一种社会规范。从规范内容看，纪律虽然以义务为主要内容，但也包含一定的权利内容；从作用方式看，它既强调人们的自觉遵守，但当人们违反纪律时，又必须承受相应的后果，其强制力介于法律和道德之间，不如法律强硬，但强于道德；从调整对象看，纪律调整的是某一组织或机构内成员的行为或思想，其对象具有一定的限制和针对性，不像法律和道德调节的是全体社会成员的行为。

二、学校纪律的概念

理清了纪律的概念之后我们就可以开始探究学校纪律的概念。顾名思义，学校纪律是指在学校范围内实施的社会规范。学校作为一种社会组织，"为保持这个组织的秩序和效率，学校必须对它的员工和学生制定法律之外的纪律"[1]。根据纪律调节的对象和范围，学校纪律又有广义和狭义之分。广义的学校纪律是指学校规定所有成员，包括教工、学生及其他学校成员都必须遵守的规章制度。狭义的学校纪律专指针对学生的行为规范。在本书中，我们使用学校纪律的狭义概念。在这里，学校纪律既包括学校制定的学生必须遵守的各项规章制度，也包括教师和学生达成的协议性质的纪律，如班级公约等。

第二节　学校纪律的价值思考

一、工具性纪律及其表现

学校纪律是学校为了维持正常的教育教学秩序而建立的约束学生行为的规范体系。因此，有一种观点是，学校纪律的主要功能在于规范学生的行为，使其行为符合学校制定的行为规范，以保证教师正常地开展教育教学活动。这是一种主要从教育者和管理者角度出发的纪律观，也是中国目前主流的纪律观。这种纪律观主要有以下三种特点。

---

[1]　马凤岐：《自由与教育》，北京师范大学出版社 2006 年版，第 89 页。

（一）价值取向上的功利主义倾向

工具性纪律从学校教育者和管理者的角度出发，主要关注学生是否遵循相关的规范，而忽视学生的个性和发展需求。就如黄向阳教授指出的："一切有利于维护学校秩序的观点、理由和思维方式都将受到鼓励，一切不利于维护学校秩序的观点、理由和思维方式都将受到压制。……教师首先关心的，是校纪校规，而不是学生的道德成长。"[①] 在这里，纪律被看成是教师完成教学任务的工具和手段，凸显的是纪律在保证教师进行正常的教学秩序中所具有的重要意义。功利主义价值取向的学校纪律把纪律当成一种有效的管理手段或工具，目的在于提升管理的效率。但是，学校作为特殊的社会机构，其终极目的并不在于管理效率的提升，而在于教育或育人。因为学校"不仅仅是一个管理性组织，它首先是一个教育性组织"[②]。学校纪律是整个教育的有机组成部分，其实践具有自身的发展规律和独特价值。有学者正确地指出："学校纪律存在的最主要目的并不是学校本身秩序的维持，而是面向学生未来生活提供现时参照，其最终目的不限于学生行为的塑造，更是学生社会心理结构或精神特性的最终形成。"[③]

学校纪律要能经受得住严格的道德审视。"一种制度体系只有在做出伦理辩护、找到其在伦理道德上的正当性和合理性的充分论证之后，才能使之得到全体、至少是大多数社会成员在价值观念上的认可和支持。"[④] 学校纪律以学生为管理对象，按照一定的程序和方式来规范学生的行为，违反这些规则就会带来一定的后果，因此，学校纪律属于一种制度。制度存在的合理性基础就是其道德属性。可以说，道德是制度的底色，不符合道德要求的制度就失去了其存在的依据和理由。诚如涂尔干所言，纪律"它并不是旨在使儿童能够从事工作，刺激他渴望受教导或节省教师精力的简单程序。就其本质而言，它是一种道德教育的工作"[⑤]。而中小学的学校规则还有其特殊性，即它管理的对象是未成年的儿童、青少年，还不具备法律上的民事行为能力，其心理和生理都还处于发展、成熟的过程中。因此，使他们接受教育、促进

---

① 黄向阳：《德育原理》，华东师范大学出版社 2000 年版，第 57 页。

② 叶澜主编：《"新基础教育"发展性研究报告集》，中国轻工业出版社 2004 年版，第 184 页。

③ 刘丙元：《学校纪律的性质与功能：从规限、管理到教育》，《中国教育学刊》2006 年第 2 期。

④ 林浩：《制度伦理和我们的任务》，《云南财贸学院学报》2000 年第 3 期。

⑤ ［法］爱弥尔·涂尔干：《道德教育》，陈光金等译，上海人民出版社 2001 年版，第 146 页。

他们的发展是学校纪律和规则的题中应有之义。"学校教育管理不同于其他社会管理手段的一个本质特点就是其教育性。"[①]另外，学校纪律目的的异化会导致教育主体的异化，包括老师、管理者和学生都可能失去作为主体的主动性、自主性和灵活性，只关注纪律是否得到充分的遵守，而忽略刻板遵守这些纪律和规则可能给学生发展带来的伤害和障碍。同时，学生异化为实施纪律的对象和工具。在这一过程中，学生只是机械地遵守学校的纪律，他们担心的只是违反纪律可能带来的惩罚，而不会主动思考纪律存在的理由及遵守纪律对自身和他人发展的重要意义，因而也不可能形成自律。只要能逃避违反纪律所带来的后果和惩罚，他们就会毫无内疚之心地违反，并可能伴有某种成就感和满足感。而"公平公正的规则和纪律能保证形成有助于学习的氛围，也有助于学生形成自律，而自律是所有学习中都不可或缺的因素"[②]。工具性纪律也会极大地损害原本充满温情和情感的师生关系。老师对学生失去了原本的爱心、耐心和启蒙之心，取而代之的是对学生违规行为的愤怒、焦虑和惩罚之心。而学生对老师也失去了感恩、崇敬之心，把老师看成是监控、管理和惩罚自己的人，而不是引导和教育自己的人。师生关系是教育过程中非常重要的因素，特别是对于中小学生而言，他们对知识的接受、对规则的解读及其行为的表现等在很大程度上都和老师息息相关。他们乐于接受自己喜欢的老师的教导，对于自己不喜欢的老师会有一种情感上的排斥，这自然会直接影响到老师的教育效果。

（二）评价标准上的集体统一，忽略学生个体需求

与其价值取向相适应，工具性纪律观评价学生是否遵守纪律的标准是其是否服从规范的要求，追求表面上的整齐统一，把学生的服从作为遵守纪律好坏的主要标志。这种统一的纪律要求在很大程度上忽略了儿童的个体化需求。正如蒙台梭利所说："我们并不认为当一个人像哑巴一样默不作声，或像瘫痪病人那样不能活动时才是守纪律的。他只不过是一个失去了个性的人，而不是一个守纪律的人。"[③]

（三）实施手段上的奖惩泛滥

为了达到遵守规范、维持秩序的外在目的，最有效的手段便是对行为

① 王辉:《学校规则及其合法性管窥》,《中国教育法制评论》2003 年第 2 期。

② Kritsonis, W.（2000）. School Discipline: The Art of Survival. Mansfield, OH: Book Masters. 42.

③ 任代文:《蒙台梭利幼儿教育科学方法》,人民教育出版社 1993 年版,第 107 页。

的惩罚或奖励。其中，惩罚是维持纪律的主要手段，学校对学生违反纪律
所必须承担的后果都作出了明确的规定，并反复向学生灌输。刘德林指出：
"当前学校教育中对惩罚的价值定位主要有两种：一是通过惩罚实现警戒价
值，二是通过惩罚实现赎罪价值。"[①] 警戒式惩罚主要的功能是以儆效尤，是
为了预防其他学生犯同样的错误，其指向是未来。赎罪式惩罚的主要作用在
于通过让犯错误者承受相当的痛苦以弥补受损者，其指向是过去。这两种惩
罚指向完全不同，但有一个共同点，即忽略当下——没有关注如何促进当下
犯错学生的道德发展和心理成长。可以说，在某种意义上，学校生活成了一
种以处罚为中心的世界，但没有把处罚的关注点放在帮助学生建构积极健康
的行为上，而是为了警告他人或弥补受损者，这无疑是对惩罚目的的偏离，
无法实现惩罚的教育功能。而且，惩罚不当或惩罚过度都可能会破坏儿童的
自我教育，并使儿童产生一些行为问题。一般而言，儿童意识到自己犯错之
后会有一个自我反思和自我教育的过程，而外界的不当惩罚可能就会中断或
干预这一过程，使儿童将关注的焦点从自己所犯的错误转移到自己所承受的
惩罚上，错失自我成长的机会。

　　奖励一般被认为是与惩罚相对的一种维持纪律的手段，是对儿童遵守
规范和纪律的一种肯定和鼓励。但就本质而言，奖励和惩罚是同一硬币的不
同面，且在使用时高度相关。可以说，奖励在某种意义上就是惩罚，高频率
的奖励必然伴随着高频率的惩罚。首先，奖励和惩罚虽然形式不同，但其目
的都在于控制孩子行为，使其按现有的规则行事。奖励就相当于糖果，许诺
孩子，只要你按我所说的去做，你就能尝到甜头；惩罚就相当于大棒，恐吓
孩子，你不按我说的去做，我就让你受苦。当糖果失效时，人们就会自然地
使用大棒。事实上，"不管是奖励还是惩罚，教师过多地使用以权力为基础
的纪律虽然可以带来学生暂时的服从，但长期效果及向其他社会情境中的迁
移效果并不理想"[②]。

二、发展性纪律及其建立

　　传统的学校纪律或学校管理的目的是控制和效率，即保证学习活动的
顺利进行，其出发点和中心都是教育者和管理者。但近年来，发展教育学者

---

　　① 刘德林：《教育惩罚的发展性价值及其实践向度》，《中国教育学刊》2016 年第 6 期。

　　② 王桂平：《西方学校纪律研究的趋势与借鉴》，《教育评论》2008 年第 1 期。

认为，学校纪律和管理的目标除了提升学习效率外，还包括促进学生的道德和社会发展，这就是马里拉纳·华生（Marilyn Watson）所提出的"发展性纪律"。[①] 发展性纪律以学生为中心，着眼于发挥学生的主体性，发展学生的自控能力，让其自愿服从纪律和规则或从事某些活动，而不是为了得到外在的奖励或避免外在的惩罚。发展性纪律因学生年龄的不同而有不同的调整，总体而言具有以下四种特征。

（一）注重学生对纪律或规则的理解和接受

发展性纪律观认为，理解和接受纪律是遵循纪律的前提条件，只有真正理解纪律背后所包含的意义和原则（如维持良好的学习环境，保证人与人之间的公平正义等），学生才有可能从内心认识到纪律对于个体和集体的意义，从而自觉自愿地接受纪律的约束。当然，不同年龄、不同年级的学生理解纪律的能力存在差异，因此，对于认知能力和心理发展水平相对较低的低年级学生，应该结合具体的事例反复说明、解释纪律和规则的作用。对于高年级学生，我们主张让学生直接参与规则和纪律的制定和执行。例如，高年级学生可以通过班级讨论的方式共同制定班级纪律，这一方面可以加深学生对规则和纪律的理解；另一方面也可以极大地激发学生的主体积极性，产生"我是遵守我们自己制定的规则"之类的责任感和自豪感。陆有铨教授认为，应改变由教师单方面制定纪律的状况，而由学生自己来制定纪律，并认为其价值在于，它可以促进儿童智慧、情感和意志的发展，从而导致自觉的行为。[②] 当有学生违反纪律的时候，也可以通过讨论的方式决定处理的办法，使学生形成自觉维护纪律的习惯。

（二）注重挖掘学生违反纪律或规则背后的心理原因

大量的心理学研究表明，所有孩子具有类似的、最基本的动机，即具有相同的基本需要：归属感；自我感觉有能力，而且得到他人认可；有自主性或感觉他们是自己行为的主人。[③] 依恋理论的研究也表明，所有孩子都希望被爱、被关怀，希望学习被社会和文化认可的知识和技能，也需要一定的

---

① Watson, M. & Ecken, L.（2003）. *Learning to Trust: Transforming Difficult Elementary Classrooms through Developmental Discipline*. San Francisco: Jossey-Bass.

② 陆有铨：《皮亚杰理论与道德教育》，山东教育出版社1984年版，第193—194页。

③ Watson, M. & Ecken, L.（2003）. *Learning to Trust: Transforming Difficult Elementary Classrooms through Developmental Discipline*. San Francisco: Jossey-Bass.

自主权。那些经常违反纪律、欺凌同学的"霸主"和无法适应学校生活的学生，要么是因为在成长过程中缺乏安全感、关爱或没有自信，要么是学校的课程、教学、人际交往模式等和他们习惯、擅长的很不一致。马丁·哈贝尔门（Martin Haberman）认为，对这一类孩子，教师应该用"有意识的、预先计划的关爱（conscious, premeditated care）"模式来对待他们。这种关爱"并不预期孩子总是会做对的事情；相反，它总是假设孩子经常会犯错误。当孩子犯错误的时候，教师会启动职业关爱（professional care），让孩子在自己表现最糟糕的时候也感觉到他/她是值得被关爱的"①。有人把这种关爱称为无条件的爱或关心。正是这种无条件的关爱和接受满足了儿童对归属感的需求。当儿童确信自己是被老师和集体所需要和关爱的，自己是有能力做出好的行为的，其自控能力就会逐步增强，而不良行为就会逐步减少，其道德水平和心理水平都会得到发展。相反，如果教师采用惩罚、威胁、恐吓、排斥等外在的方法来控制其不良行为，就会增加他/她的不安全感和无能感，即使由于恐惧暂时减少了违纪行为，但从长远来看，由于其自控能力和价值感没有得到发展，是不可能使其从内心接受和遵守纪律的。

（三）注重通过建立关爱、信任、互助的共同体来培育纪律精神

如果我们对儿童违反纪律背后的心理原因有深刻的理解，就不难理解为什么关爱、信任、互助的共同体对纪律精神的培养特别重要。在这样的共同体中，儿童感觉自己是被尊重的、有自主权的、有价值的、有能力的，因而更可能形成和发展内在的纪律精神，而不是对规则和章程的机械顺从和遵守。在现实中，有一种普遍现象和这种发展性纪律精神是相悖的——鼓励学生之间相互监督，并向老师报告。这实质上是鼓励学生之间相互怀疑、相互控制，营造了一个缺乏安全感和信任感的环境。在这样的环境里，学生关注的是如何检举、揭发别人或预防被检举和被揭发，而不会关注自身道德水平和自控能力的发展，也就无法形成真正的纪律精神。

领域理论认为，情感在儿童道德感的建立中具有重要作用。一般来说，违反道德会伴随着诸如伤心、恐惧、愤怒等负面情感；从事正面的、积极的道德行为会带来幸福感和满足感。这些情感会融入儿童的道德理解中。当儿童处于温暖、公平的环境中时，更可能形成"世界是美好的"印象，对世界

---

① Haberman, M., Gillette, M. D. & Hill, D. A.（2017）. *Star Teachers of Children in Poverty*. Routledge.

产生信任感，从而促进道德的发展。相反，长期处于受害者地位或遭同伴排斥的儿童更可能形成对世界的扭曲理解，难以构建道德互惠的观念，而容易产生对他人的攻击行为。总而言之，可预测的、信任的、温暖的、互助的环境对形成良性的道德自我极为重要。①

情感氛围对不同年龄段的儿童有不同的影响。虽然温暖的情感氛围对所有年龄段的儿童和青少年都很有意义，但低年级儿童尤其敏感。年幼儿童对成人的温暖和愤怒都特别敏感。因此，低年级老师要特别温和，善于控制自己的情绪，不要有特别强烈的情感爆发。中年级学生在学业方面的压力增大，因此教师创造良好情感氛围的重要方法之一是恰当的学业教导方式。如果在学习中同学能经常进行互动和讨论，即使犯错了也不用担心被嘲笑，学生就能感受到一种积极情感氛围。这意味着老师应鼓励学生提问，并让学生敢于在学习的过程中犯错。

（四）当需要使用外部控制手段的时候，一定要"轻"，尽可能选择没有威胁性和惩罚性的方法

惩罚和奖励是工具性纪律的主要手段，特别是惩罚。发展性纪律也不全然否认奖惩对维持纪律和发展纪律精神的意义，但在使用的时候会遵循以下三种原则。

1. 尽量少用的原则。使用惩罚或奖励来维持纪律和发展性纪律的基本精神存在一定的相悖之处：发展性纪律强调学生的主体精神、自我控制和自我教育，是一个对纪律从理解到接受再到自觉遵守的由内而外的过程；而惩罚和奖励属于外在的措施，企图通过外在的反复刺激来杜绝或强化个体的行为，是一个由外而内的过程。但是，由于儿童心理水平的发展性特征，特别是低年级儿童，其心理发展在很多情况下还无法达到完全理解、遵守纪律的水平，因而外在的奖惩能在一定程度上帮助他们形成良好的行为习惯和纪律水平。但是，无论是惩罚还是奖励，使用的频率一定不能太高，否则就会使儿童的注意力发生偏移，从违纪行为转移到管理手段（如何获得奖励或避免惩罚），从而失去反思事件本身、获得道德和心理成长的机会。

2. 尽量轻的原则。因为发展性纪律关注的是违规学生的道德成长和发展，而不是通过违规学生所遭受的痛苦来恐吓其他未违规学生或弥补其违规

---

① Arsenio, W. & Lover, A. (1995). Children's Conceptions of Sociomoral Affect: Happy Victimizers, Mixed Emotions, and Other Expectancies. In M. Killen & D. Hart (Eds.), *Morality in Everyday Life: Developmental Perspectives* (pp. 87-128). Cambridge University Press.

行为的受损者，因此，会尽可能选择没有威胁性和惩罚性的方法。当控制或制止学生的违规行为时，也要尽量帮助学生从错误中吸取教训，把学生可能经受的痛苦或羞耻降到最低，尽量不伤害学生和老师或同伴的关系，不让学生丧失自主性或对自己的能力失去信心。研究发现，成人控制和学生服从行为存在非线性关系，即中等程度的成人控制与儿童的服从显著相关，而过高或过低的成人控制与儿童的服从不存在显著相关。这意味着在教师有效的行为管理过程中一定程度的控制或权力是必要的，但对教师权力的过分强调和使用却是有害的。① 再者，学校纪律从本质上来说是一种道德因素。"道德的产生是有助于个人的好的生活，而不是对个人进行不必要的干预。道德是为人而产生，但不能说人为体现道德而生存。"② 不能把惩罚或奖励学生当成是维持和体现学校纪律或规则权威的手段，而应该始终铭记，道德和纪律都是为了人的发展而存在的。

3.尽量对事不对人的原则。无论是奖励还是惩罚，都应该针对学生当下的违规行为，而不是针对学生的品格。就奖励而言，应该尽量使用鼓励性表扬。与鼓励性表扬相对的是控制性表扬。控制性表扬的目的在于通过表扬来控制学生的行为，使其行为符合表扬者的意愿或期待。例如中国人最喜欢用"好孩子""好学生"来表扬人，在很多情况下，儿童并不真正明白"好"的标准是什么，而且，"好"也未必是儿童真正能达到的水平（如"你是最棒的"，事实上，这表扬具有严格的语境限制，因为总是"山外有山，人外有人"，而儿童并不能理解这一点）。所以，他们只是通过揣摩表扬者的期望并努力去达到这种期望，而并不明白自己行为本身所具有的意义。鼓励性表扬针对的是行为或事件本身。如，你刚才陪伴同学的行为肯定让他很开心。这种表扬让学生对自己受到表扬的原因有清楚的意识（因为陪伴了同学），因而更可能在类似的情境中重复这一行为。而且，表扬也明确指出了其行为的意义（使同学开心），从而使他从内心认可这种行为的价值。就惩罚而言，针对行为本身的惩罚意味着惩罚是学生违规行为的逻辑后果。"所谓逻辑后果惩罚是指惩罚是以某种有意义的方式与违规行为的性质相联系。"③ 福

① Smith, T. E. (1983). Adolescent Reactions to Attempted Parental Control and Influence Techniques. *Journal of Marriage and the Family*, 45（3），533–542.

② ［美］弗兰克纳：《善的追求——道德哲学导论》，黄伟合译，辽宁人民出版社 1987 年版，第 247 页。

③ 刘丙元、张敏：《发展性：奖励与惩罚在德育中的运用》，《青少年研究：山东省团校学报》2006 年第 4 期。

柯说:"最理想的惩罚应该是直截了当地针对所惩罚的罪行。"①涂尔干则明确指出惩罚是"针对特定行为的责难"②。一般而言,这类惩罚具有非任意性和互惠性等道德因素,因而更容易促使学生从道德的角度,而不是社会习俗的角度来考量违规行为。逻辑后果的惩罚包括赔偿、剥夺使用物品及遭受团体排斥等。例如,当学生损坏了别人物品时请他赔偿属于逻辑后果惩罚,但让他去操场跑步就不是了。教师可以组织学生讨论如何减少教室违规行为来提高学生接受逻辑后果的可能性。当学生接受逻辑后果的惩罚后,他们应该重新被允许进入集体或群体,否则,逻辑后果的惩罚就会转变为赎罪式惩罚。

三、学校纪律与学生自由

纪律意味着对个体行为的约束和控制,学校纪律意味着学生必须限制自身的自由,必须遵守和服从学校的规则。那么,学校纪律和学生的自由是相互敌对、相互抵消的关系吗?对这个问题的回答与我们对纪律和自由的理解有着莫大的关系。如果我们从工具性的角度来理解纪律,认为纪律是控制学生行为、维持学校秩序的手段和工具,那可以说,在很大程度上学校纪律是对学生自由的约束;但如果我们从学生发展的角度来理解纪律,认为纪律的目的在于促进学生的道德发展和心理发展,那纪律和自由其实是相辅相成、相互促进的。正如有学者指出的:"学校纪律尽管在表面上看来具有约束与限制的特征,但从根本上说,这种约束与限制是儿童内在发展所必需的,这就是学校纪律的发展性本质之所在。纪律的这种发展性本质赋予了其存在的道德意义与人性基础。"③

英国著名哲学家和政治思想史家以赛亚·伯林(Isaiah Berlin)把自由分为消极自由(negative freedom)和积极自由(positive freedom)。消极自由"意味着不被别人干涉。不受干涉的领域越大,我的自由也就越大"④。可见,消极自由是指个体不受他人有意阻挠而从事某一活动的权利。消极自由的领域不管有多小,它都是人之为人的尊严庇护所和精神堡垒。这和领域理论所

---

① [法]福柯·米歇尔:《规训与惩罚:监狱的诞生》,刘北成、杨远缨译,生活·读书·新知三联书店1999年版,第118页。

② [法]爱弥尔·涂尔干:《道德教育》,陈光金等译,上海人民出版社2001年版,第162页。

③ 刘德林:《学校纪律的性质及其确立》,《教育科学研究》2009年第2期。

④ [英]以赛亚·伯林:《自由论》,胡传胜译,译林出版社2011年版,第171页。

主张的个人领域有某种相似性。领域理论认为，在道德教育中给个体留下适当的个人领域和个人事件的空间有益于个体形成自主性的观念，是发展习俗观念和道德观念的基础，也是个体保持心理健康的必备条件。积极自由是"我希望我的生活取决于我自己，而不是取决于随便哪种外在的强制力。我希望成为我自己而不是他人的意志活动的工具……"[①]在这一长段话中，伯林强调的是积极自由的自主性和主体性，个体都渴望成为自己行为的主人，注重对行为的自主选择和判断。

无论是消极的自由还是积极的自由，发展性纪律观念都给予了积极的响应和维护。发展性纪律以个体发展为中心，注重个体对纪律和规则的理解和认知，并鼓励学生参与纪律的制定和实施过程，充分发挥学生的主体性；关注个体违反纪律的深层原因，并针对不同原因采取相应措施，关注个性化需求；它注意营造关爱、和谐、信任的集体环境，而不是以威胁、压迫等方式来强迫学生；它不鼓励外在的奖惩措施，注重发挥个体内在的主动性和自主性；等等。这些都从不同方面体现了自由的含义。可以说，发展性学校纪律是实现学生自由的必要条件，而学生拥有自由是形成发展性纪律的基本前提。

第三节　学校纪律的领域审视

在探究了纪律、学校纪律的概念并对学校纪律进行伦理沉思后，我们尝试从领域理论的角度来解读学校纪律。领域理论认为，学校是大文化中的小社会，由规则和习俗构建而成。这些规则和习俗规范着学校生活中的情感、个人和道德因素。因此，学校的社会道德建设课程和文化课程很不一样，不能在固定的某个时间进行教导和学习，而是发生在学校和教室规则下的所有社会互动及发生在操场、食堂、走廊等地方的非正式互动中。但同时，领域理论也不赞成像涂尔干那样，将学校的所有规则都看成是有道德意义的，他认为把学校规则等同于道德规则是错误的，学校纪律和道德规则属于不同的认知领域，遵循不同的发展规律，学生对规则和纪律的感受和理解也会有质的不同。

---

① ［英］以赛亚·伯林：《自由论》，胡传胜译，译林出版社 2011 年版，第 180 页。

一、学校纪律的领域解读

在领域理论看来，学校纪律基本上归属于道德、习俗和个人（包括安全领域）三个领域。如前所述，儿童、青少年对这三个领域有关规则的理解是不同的，对于学校制定的这些规则的接受程度也存在差异。一般而言，他们更接受学校等权威在道德领域制定的规则，认为违反这些规则会给他人带来伤害，损害他人福利或权利，有严重的行为后果，在任何情况下都应该禁止。相比而言，他们对权威制定习俗规则的接受程度比道德规则要低，认为违反这些规则的后果不如道德违规严重，在某些特定的年龄阶段，儿童还只是把习俗规则视为教师等权威人物的主观意见，还不能认识到习俗规则对维持社会秩序和系统运行的重要意义，因而经常会挑战这些规则。对于个人领域的规则，儿童的接受程度更低，往往认为他们可以自己决定个人领域的事件，拒绝权威对个人领域作出限制。即使出于对权威的尊重或恐惧而接受了某些个人领域的规则，他们也往往并非从内心接受和认可这些规则。当权威的影响消失时，这些规则也随即失去约束力。而且，随着年龄的增长，他们的个人领域范围会不断扩大，期待把越来越多的事件归入个人领域，特别是到青春期，对于学校制定的有关个人领域的规则会表现出极大的抗拒，甚至有可能故意违反，以彰显自己的权利。基于儿童、青少年对不同领域的规则有不同的理解和接受程度，我们在制定学校规则的时候要充分考虑到这些，尽量制定符合学生心理认知的规则，从而提高他们对学校规则的认可和遵守程度。

二、学生纪律认知的领域性

学校规则涵盖了学生的学习、行为、交往、衣着及违反这些规则应该接受的处罚等各个方面的内容，是一个内容覆盖极其广泛的体系。那么，这些规则是否具有同等的重要性？学生对这些规则的理解和接受程度是否同质？对于自己或他人违反这些规则的感受是否相同？是否认为学校或老师有同样的权威来执行这些规则？同样的规则在学校和家里是否具有同样的效果？对这些问题的探究有助于我们更有效地制定学校规则，并能保证学校规则得到有效的实施。

（一）道德领域的纪律认知

根据领域理论的研究，个体在与环境的互动中会形成三个不同的领域——道德、习俗和个人领域。道德领域主要关注他人权利、公平和福利问题，注重行为对他人造成的内在后果。正因为如此，个体认为不管存在规则与否，不管权威允许与否，不管在何种情境中，道德违规行为都是不可接受的，是错误的。习俗领域主要关注社会组织和系统的正常运转，一般不会对他人造成内在的影响，因而其对错有赖于相关规则的存在或权威的允许。没有相关的规则或权威，这些行为就应该是被允许的。个人领域的行为主要只会对行为者本人造成影响，不会影响到其他人，因此，个体一般认为是他们个人选择和个人权利的问题。对道德、习俗、个人三个领域的规则个体也有不同的理解。个体一般都不会反对道德规则的实施，对于道德规则是期待和欢迎的态度。如学生一般都期待学校制定不许打人等道德规则，以保证每个人的权利和福利不受伤害。当违反道德规则的行为不能得到有效制止时，学生不但会受到伤害，对于学校的信任会有所下降，对于学校在其他事件上的权威也会心存疑问，从而很难从内心遵守学校制定的其他规则。因此，对于有可能对他人权利、福利等造成伤害，有可能导致不公平现象产生的规则学校要坚决实施。这些规则的实施不但不会引起学生的反感，反而会增加学校和老师的权威程度，增加学生对学校的信任。

（二）习俗领域的纪律认知

对于习俗领域的纪律和规则，首先我们要注意儿童、青少年关于社会习俗观念的发展模式。这一模式告诉我们，儿童、青少年对社会习俗的理解是在肯定和否定之间动荡的螺旋式上升过程。在小学1、2年级，儿童对社会习俗持肯定态度，认为社会习俗是社会行为一致性的描述，还没有看到社会习俗是社会组织和功能的有机组成部分，其目的就是保证社会系统的正常运行。因此，这一阶段的儿童对社会习俗有一种机械式的遵守，拒绝对社会习俗规则作出灵活的调整，因此，会出现学生执行规则比老师更为严格的现象。特别是班级干部，他们在执行学校、班级规则或老师的指示时往往会机械刻板，拒绝对规则作出灵活变通。这些行为往往会遭到高年级学生的嘲讽，认为他们是为了讨好老师而严格执行规则。事实上真正的原因在于这一阶段的儿童只看到社会习俗表面上的一致性，对这种一致性背后的原因还缺乏了解，因而无法根据具体的情境对规则作出调整。到3、4年级，儿童可能观察到了自己身边越来越多违反社会习俗规则的行为，转而否认社会习俗是社会的一致性要求，认为社会习俗是任意的，可以随着情境的变化而发生改变。因此，这一阶段的儿童倾向于不遵守社会习俗规则，违反学校规则的可能性大大增加。5、6年级的儿童已经注意到，社会习俗规则具有一定的任意性和随意性，并不是在所有情境中具有普遍性的规则，但他们已经能初步理解规则系统（但是还不能深入理解规则对于社会系统的功能），因而对社会习俗规则持肯定态度。12—13岁的孩子开始进入初中和青春期，个体能量的增加和自我能力的增强使他们渴望更大的自由空间。这一阶段的青少年认为社会习俗只不过是一种社会期望，不管有没有相关规则的存在，社会习俗都被认为是任意的、可以改变的，拒绝把社会习俗看成是社会规则系统的一部分。到14—16岁，青少年开始出现社会结构的系统观念，认为习俗是社会一致性、社会角色、等级社会组织的管理规则，因而社会习俗是社会系统不可缺少的组成部分，人们应该遵守社会习俗规则。随着青少年理智推理能力和逻辑思维能力的发展，17—18岁青少年开始对现有的社会习俗进行反思性思维，认为习俗只不过是已经存在的社会标准或社会期望，遵守现有的社会习俗未必就能很好地维持社会系统的运行，否认社会习俗就是社会标准。到18岁以后，青少年认识到习俗是社会互动协调的重要方式，社会成员共有的习俗规则能促进人们之间的互动和社会系统的良好运行，因而肯定社会习俗在社会交流和社会系统中的功能和作用。

　　社会习俗观念发展模式对道德教育的重要启示是：不要给某一阶段违反学校规则的学生贴上违纪的身份标签，因为这可能只是他们社会习俗观念发展过程中的一个必经阶段，具有暂时性和可能自动消失的特征。给这些学生贴上标签有可能强化他们的这些暂时性特征，使之成为其永久的性格特征之一。葛格尔（Geiger）和特里尔用纵向的方法研究了初中生在社会判断和社会行为之间的关系。[①] 他们选择22个有学校违规行为和反抗权威行为的学生作为被试，另外随意选择20名同龄学生作为对照组。所有被试都以访谈的方法评估其社会习俗观念的发展水平。1年后对有违规行为的被试再进行一次访谈，对其行为进行测评。发现学校违规行为和习俗发展第四阶段（否定习俗规则）部分相关。有违规行为的被试比无违规行为的被试更多的处于第四阶段。1年后，20个违规行为被试中13个已经没有违规行为。在

　　① Geiger, K. M. & Turiel, E.（1983）. Disruptive School Behaviour and Concepts of Social Convention in Early Adolescent. *Journal of Educational Psychology*, 75（5）, 677–685.

第二次测试中还存在违规行为的所有被试都没有发展到第五阶段（肯定习俗规则），而大多数没有违规行为的被试都发展到了下一阶段，即第五阶段。这一研究表明偏离习俗规则和社会期望的行为可能与学生对习俗规则的理解相关。有些初中生的违规行为可能与其习俗观念的发展正处于由对习俗持肯定态度的第三阶段转向对习俗持否定态度的第四阶段，因而有可能暂时出现更多的违规行为。而且，这也能合理地解释为什么有些学生在小学阶段能很好地遵守学校的各项规则，在初三或之后的时间也能遵守规则，唯独在刚进入初中的时候会频繁出现违规行为。作为教育者，我们应该了解学生社会习俗观念的发展阶段，对他们遵守规则的程度有合理的预期，并牢记：（1）学生的违规行为并不能说明这是个体稳定的、长期的特征，随着其判断水平的发展，他们的行为是可以发生变化的；（2）学生的违规行为具有领域特殊性，也就是说，一般的违规行为并没有泛化到所有的社会情境中。初中生的违规行为仅限于与学校生活相关的规则。对于道德规则初中生并不会否认和拒绝。

（三）个人领域的纪律认知

个人领域中比较特殊的一类是安全领域，主要指给行为者本人带来潜在的或实际伤害的行为。[①] 从行为后果来看，它和道德行为一样会给人带来伤害。也就是说，行为会引起客观的内在后果，这一后果不因规则的存在与否而改变。但与道德事件不同的是，这一伤害性后果不涉及社会关系中的他人，只对行为者本人产生影响。正因为行为后果不涉及他人福利和权利，安全事件包含一定的自由选择因素。然而，安全事件中包含的伤害性后果使得它和个人领域的其他事件有所区别。安全事件不像其他个人事件（如发型的选择或写日记的内容）一样可依个人爱好任意选择。如，乘车时必须系安全带，虽然不系安全带只影响行为者本身，但因其可能带来的严重后果，不但父母或其他成人会教导儿童系安全带，而且可能以法律的形式强制实行这一行为，而不是行为者可以自由选择的事情。值得注意的是，由于在校学生多是未成年人，有关安全领域的规则在学校规则中占了相当大的比例。

道德事件和安全事件有相似之处：都会对人造成后果。但道德事件涉及他人，会对他人造成后果，而安全事件只涉及行为者本身。另外，安全事

---

① Tisak, M. S. & Turiel, E. (1984). Children's Conceptions of Moral and Prudential Rules. *Child Development*, 55 (3), 1030–1039.

件的后果对行为者而言是直接的、即时的，而违反道德规则的后果对行为者经常不是直接的，需要对社会关系进行推理和判断。有研究探究了儿童能否区分伤害的社会互动方面（道德）和非社会性方面（安全）。结果发现，大多数儿童认为道德规则和安全规则都是有意义的，违反这些规则是不对的，行为的正当性不依赖于规则或权威，且具有普遍性，道德规则比安全规则更为明显地表现出这样的特征。但道德事件的判断关注行为后果和社会关系，而安全事件的判断只关注行为后果。他们也认为道德规则比安全规则更重要。①

　　另外，有一些个人事件如穿着、发型、什么时间说话等在学校这一情境中会具备习俗领域的性质。也就是说，对个人领域的事件作出规定和限制是保证学校各项工作正常运转所必需的条件之一。如学校一般会规定在课堂中要经过老师允许才能发言或走动，这些行为在其他情境中可能都是个人领域的行为，是个人可以选择和决定的，但在学校这一情境中却必须有一定的规则来管理这些行为，以使课堂教学有序有效进行。研究表明，儿童能区分在不同的情境中，如学校和家里，个人领域的范围有所不同。也就是说，他们能接受学校对一些个人领域的事件作出规定和限制，认为学校应该是限制和规则更多的地方。但同时，他们对于学校是否应该限制他们的个人事件还不是很确定，表现出犹疑的态度。无论在家里还是在学校，他们都会尝试与权威进行谈判和商量，儿童虽然知道他们在学校赢得有关个人事件谈判的可能性更少，但他们还是会尝试谈判。这说明在儿童的观念里他们有或者应该有一个他们个人控制的领域，在不同的情境中都会争取掌控这个领域。虽然儿童意识到对个人事件的控制随情境而有一定的变化（如在学校个人掌控的范围更是小），但他们并不认为个人事件（领域）如同习俗一样是依赖权威和社会规则而存在的。② 这类事件被斯美塔那称为情境性习俗事件（contextually conventional issues），③ 因为这些事件在学校可能会被纳入学校规则和习俗的管理范围，而在其他情境中一般被看成是个人事件。他们的研究表明，教师对道德事件的权威性最大，其次是习俗和安全事件，最后是情境

　　① Tisak, M. S. & Turiel, E. (1984). Children's Conceptions of Moral and Prudential Rules. *Child Development*, *55* (3), 1030–1039.

　　② Weber, E. K. (1999). Children's Personal Prerogative in Home and School Contexts. *Early Education & Development*, *10* (4), 499–515.

　　③ Smetana, J. G. & Bitz, B. (1996). Adolescents' Conceptions of Teachers' Authority and Their Relations to Rule Violations in School. *Child Development*, *67* (3), 1153–1172.

性习俗事件和个人事件。学生对老师在情境性习俗事件上的权威合理性很不确定，赞成和反对老师对情境性习俗事件作出规定的被试基本相当。而对于个人领域事件，被试比较一致地拒绝老师对其进行干涉和管理，认为个人事件属于他们的个人权限，是他们自己可以选择和决定的事情。

三、纪律认知领域性对道德教育的启示

这些有关儿童、青少年个人领域的研究对于如何制定符合其心理发展规律的学校规则，如何在实践生活中有效实施这些规则具有重要价值和极为宝贵的启示。首先，认识到个人领域对于儿童青少年健康心理发展的重要意义。努齐等认为，个体保持对一定个人事件的控制是一种基本的和普遍的心理需求，对个人权利的侵犯可能产生道德后果。[1] 韦布尔（Weber）发现，如果儿童对个人事件（如娱乐时间、喝水权限等）没有控制权，他们在教室的表现水平会下降。[2] 努齐也认为，个体保持对一定个人事件的控制是一种基本的和普遍的心理需求，具有跨文化的一致性。在制定学校规则的时候，一定要考虑到学生的这一普遍存在的心理发展需求，为他们个人选择和个人自主留出空间。其次，有关个人领域的规则不能过于严格。研究表明，学生对于有关个人事件规则的态度不同于对道德事件和习俗事件的态度。对于后两者，学生持肯定、支持和认可的态度，认为学校有权利管理这些事件。对执行这些规则的老师也赋予了权威合法性，认为老师有责任、有权利使这些规则得到实施，以保证所有人得到公平待遇，不受伤害，使学校的各项工作正常进行。对于个人领域事件，大多数学生认为应该是他们可以自己选择、自己决定的事情，拒绝学校和老师对这些领域进行管理和控制。即使学生能够理解和接受在学校这一环境中应该让出部分个人领域，接受学校的管理，但他们对哪些个人事件应该划入学校的管理范围，学校应该在哪种程度上规定这些事件及老师是否应该控制这些事件态度暧昧，不如对道德事件和习俗事件肯定和明确。因此，在制定有关个人领域事件的规则时我们应该特别谨慎。

---

[1] Nucci, L., Lee, J. (1993). Morality and Personal Autonomy. In *The Moral Self: Building a Better Paradigm*, ed. GG Noam, TE Wren, G Nunner-Winkler, W Edelstein, pp. 123–148. Cambridge, MA: MIT Press.

[2] Weber, E. K. (1999). Children's Personal Prerogative in Home and School Contexts. *Early Education & Development*, *10* (4), 499–515.

我们来看一些"奇葩"校规。

（a）上学期间学生不准看电视，周末在家不准看湖南卫视，要看中央电视台；生日不能跟同学过；不能使用电子产品，包括电脑、PSP、手机、MP3、MP4等。

（b）女生头发前不到眉，后不过领，侧不过耳，男生头发不能超过2厘米。

（c）雨天不能打伞，学生进出校园只能穿雨衣。

（d）严禁男女生在宿舍区、餐厅区、学校商店、操场、走廊、书店等任何地方单独或结对交往。

我们看到，这些规则基本上都是对学生的个人领域事件作出规定，如发型、交朋友、娱乐方式等。可以想象，学生对这样的规则本来就不认可，认为学校没有权力控制这类事件，而这些校规普遍的特征是不但对个人事件作出了规定，规定还特别详细和严厉。这自然会引发学生的抵制和反抗，即使学生出于对学校权威的屈服而不敢公然反抗，他们内心对这些规则的认可和接受是很低的。当有人违反这些规则时，学生有可能不但不感到愤怒，反而可能会赞许这样的行为，把这些违规的同学看成是自己的代言人，认为他们有勇气、有胆量。青少年正处于自我迅速成长的时期，对于个人领域的控制欲望也快速增长，过度控制其个人领域很可能会造成心理伤害，影响其道德发展。因此，当有必要对个人领域在学校的情境中作出规定时，一定要让学生清楚地理解对这些事件作出规定的原因，详细阐释个人行为在社会组织中有可能给他人带来的影响和伤害，充分论证其必要性，从而提升学生对这类规则的认可和接受。如果只是简单地作出规定，学生很可能会从内心拒绝这些规定，要真正实施也就极为困难。

第三章 教师权威的领域分析

如果说学校纪律是维持学校教学秩序正常运转的"硬件",那教师就是"软件"。纪律是制度性的存在,具有相对的稳定性、恒常性,能有效地规范学生的行为,但不可否认,有时候学校纪律缺少"温度",缺乏必要的弹性,有可能剥夺和控制受纪律约束的对象——学生的活力和生命力。而实施学校纪律的主体——教师则有可能弥补学校纪律的这一缺陷,使学校纪律的运行既有必要的刚性,也不缺乏必需的弹性,从而最大限度地促进学生的健康发展。其中,教师的权威在纪律的实施过程中具有特别重要的意义。不恰当地使用教师权威有可能异化学校纪律的目的,甚至走向其反面;也有可能使学校纪律无法给学生行为以必要的约束,从而阻碍学生的发展。我们以社会认知领域理论为基础,从领域和界限的角度来探究教师权威的问题。

第一节 权威的一般含义

在探讨教师权威之前,了解一般意义上的权威有助于我们理解教师权威,因为教师权威是权威的表现形式之一。

一、权威的定义和形式

权威是自人类社会伊始就存在的社会现象。对权威的研究也可谓源远流长。在中国,孔子面对"礼崩乐坏"的社会现实,针对当时存在的"君不君、臣不臣、父不父、子不子"的社会现象,就告诫人们应"畏天命,畏大人,畏圣人之言"[①]。"畏天命"指的是要遵循客观的自然规律和社会必然性,即敬畏自然权威;"畏大人""畏圣人之言"指的是遵从社会地位高、学识、

---

① 《论语·季氏》。

人品等方面突出的人士，即敬畏社会权威。在西方，关于权威的研究可以说肇始于柏拉图。他虽然没有明确提出权威的概念，但他认为国家应该由哲学王来统治，而哲学王应该具备理性和智慧，并善于把政治权力与聪明才智结合起来，这实质上是探讨权威在国家关系中的意义，是对权威的初步探究。

西方关于权威研究比较有名的是马克斯·韦伯（Max Weber）。韦伯从合法性的角度对权威进行了研究，他认为权威的本质在于合法性（legitimacy），而合法性可以分为三种类型：由长期传统因素影响而形成的传统权威（traditional authority）；由才能、品格等个人魅力所形成的感召权威（charisma authority）；由专业知识或官方规定而获得的法理权威（legal authority）。韦伯关于权威的分类对后来的研究者有极大的影响，之后的很多研究都试图从合法性这一角度来探讨权威。如在社会学家科尔曼（James Samuel Coleman）看来，权威意味着存在一种合法的支配关系，即处于权威系统中的人们认为权威主体是合法地行使权力。① 这里的"合法"并不是指符合现有的法律规章制度，而是指符合人们认可的内心法则，可以是法律，也可以是团体规则、文化传统等其他形式，即权威主体与权威对象共同认可的东西。基于共同认可的基础，权威一般被认为是外部因素和内部因素的结合。如雅斯贝尔斯（Karl Jaspers）认为，"权威来自于外部，但同时它在内部也向我说话。假如缺乏外在的权威，那我就是自己的权威，这其实是很荒谬的；但如果没有内在的权威，我就只能屈从于外在的权威，而这种外在的权威只是一种强制力。权威既来自于外部，但同时它又总是发自于人们的内心中"②。这段话明确说明了权威是内、外因素的结合。西蒙（Yves Simon）认为，"权威是一种属于一个人并通过一种命令而得到实施的作用力（an active power），该作用力通过被另一个拥有自由意志的人看作是行为规则的实践判断而得到实施"③。权威是一种"命令"，说明它具有一定的外在强迫性，但它通过"拥有自由意志的人"的实践而得以实现，这说明权威的实现必须得到人们内心的认可，是人们的自愿选择。

我国学者对权威的研究也呈现出日益繁荣的倾向。如著名心理学家朱智贤认为："权威是个人或群体对其他人或群体的影响，有两种表现形式，一是正式权威，也称官方权威，这种权威按法律、章程、条例等正式手续赋

---

① 邵莉、季金华：《权威关系的社会价值与合法性——对恩格斯、帕森斯和科尔曼之权威理论的解读》，《南京社会科学》2002 年第 3 期。

② ［德］雅斯贝尔斯：《什么是教育》，邹进译，生活·读书·新知三联书店 1991 年版，第 76 页。

③ ［法］耶夫·西蒙：《权威的性质与功能》，商务印书馆 2015 年版，第 7 页。

予某群体或个人某种权力，由掌握这种权力的人在解决具有社会意义的问题时产生影响，这种权威受主体在群体中的角色所制约。一是非正式权威，也称民间权威，具有这种权威的人本身没有权力，然而由于他的某些突出的个性品质、特殊的生活经历和某种学识在广大人民群众或社会组织中所产生的影响，或在非正式小群体中由于某个人在人际关系中的吸引力和所处的地位而产生的影响，并得到其他成员的自发承认。"[1] 这一定义指出了权威的两个主要来源，或两种主要的权威类别。第一种权威与权力直接相关，是权力赋予的权威；第二种权威与权力没有直接关系，是个体的某些特质或经历赋予的权威。王康认为，"权威是能够使人信从的力量"，并把权威和暴力相区别，认为权威是不以"纯暴力的形式达到的控制力量"，[2] 它依赖于人们服从的意愿和现有的信仰体系。

中外学者对权威的观点不尽相同，但我们可以发现其共同之处：首先，权威是一种使人信服和顺从的力量；其次，这种信服和顺从出自权威对象对权威者权力、品格、能力等方面的认可，而非权威者的暴力强迫。正是在这一点上，权威和权力是既相互关联又相互区别的概念。一般认为权威是权力的一种表现形式，它区别于权力最重要的特点是其非强迫性，或自愿服从性。从合法性的角度来看，权力的合法性主要来自外在的地位、职位等，权威虽然也与地位等外在因素相关，但主体内在的人格、能力等发挥着更为关键的作用，或者说，外在的因素只有经过内在因素的审查和认可之后才会产生权威。

二、权威与自由

从表面上看，权威和自由是相互对立的概念：权威是权威主体对权威受体的约束，是对自由的剥夺，两者是此消彼长的关系。但事实上"社会的幸福建立在权威和自由的巧妙结合的基础之上。尽管我们的权威和自由概念可能模糊不清，但我们马上意识到，权威和自由同时也是两个既相互对立又相互补充的术语。……就它们之间的互补性而言，我们可以清楚地看到，权威，一旦没有自由的合理平衡，就会变成专制；而自由，一旦没有权威的合理平衡，就会被滥用。其中任何一者，如果因其过度而摧毁另一者，它马上

---

[1]　朱智贤主编：《心理学大辞典》，北京师范大学出版社 1989 年版，第 512 页。

[2]　王康主编：《社会学词典》，山东人民出版社 1988 年版，第 139 页。

也必将摧毁它自身。所以，不受限制的自由和不受约束的权威都是虚假的概念。两者都隐含着对于其自身的否定以及对于社会的消解"①。由此可见，权威和自由这两个表面相互矛盾的概念实质上是相互补充、相互依存的。把两者对立起来的部分原因在于对这两个概念的错误理解。权威并非任意地对他人施加自己的意愿，而是以促进共同体或社会的福利为目的，也在最终意义上促进个体的自主和自由。而自由也并非任性，想干什么就干什么，而是适应自身能力和责任的一种理想状态，能正确地意识到自身肩负的责任，并根据自己的能力做适当的事情。

西蒙认为，权威的功能有辅助性功能和本质性功能之分。前者是指权威对服从者某种缺陷的弥补（如未成年人没有能力支配其自身，遵从权威就是可取的，甚至是必要的）；权威的本质性功能是确保一个联合起来的群体的联合行动。就权威所承担的辅助性功能而言，自由的进步意味着权威的隐退；就权威的本质性功能而言，自由的进步并不意味着权威的隐退。如果一个社会能更有效地组织其共同行动，那么这个社会就会更自由、更完善，也更幸福。因此，权威与自由并不是绝对对立的。权威和自由在形而上学层面上都完全是好的东西，因此，两者完全不是互相冲突的关系，它们的互补性显然要胜过它们的对立性。②

第二节 教师权威的定义与来源

一、教师权威的定义

对教师权威的研究是近年来的热点话题之一，学者们对教师权威的现状、教师权威消解的原因及重新树立教师权威等各个方面都进行了较为深入的研究。毫无疑问，教师权威是权威的一种表现形式，是存在于教育场域的一种权威，是指教师在教育教学中使学生信从的力量或影响力。③ 表现为"教师对学生的控制和管理，学生对教师的依赖和服从"④，也是"教师在教育教学过程中对学生产生的影响力，使学生对教师表现出一定程度的信赖和

---

① ［法］耶夫·西蒙：《权威的性质与功能》，商务印书馆 2015 年版，第 4 页。
② ［法］耶夫·西蒙：《权威的性质与功能》，商务印书馆 2015 年版，第 8—33 页。
③ 张良才、李润洲：《论教师权威的现代转型》，《教育研究》2003 年第 11 期。
④ 田国秀：《关于教师权威的辩证思考》，《教育理论与实践》1998 年第 3 期。

服从"①。"它不仅直接发挥着教育管理作用，还对教师的其他教育效果具有潜在的影响的功能。"② 由此可见，学者们普遍承认教师权威是对存在于教师和学生之间关系的一种描述，这种关系主要表现为教师的主导、控制和学生的信赖、服从。教师权威在教育教学过程中发挥着巨大的作用，是教育过程中不可或缺的因素。

二、教师权威的来源

关于教师权威的来源，最早涉及的是涂尔干。涂尔干认为，教育在本质上是一种权威活动。教师是社会的代言人，是他所处的国家和时代重要道德观念的解释者；与此同时，教师必须是具有坚强意志和权威感的道德权威。③ 这一观点隐含着权威的两个来源：一是社会，作为社会代言人和国家道德观念解释者的教师自然被赋予某种权威；二是教师个人所具有的意志和道德水平，或者说教师个人的人格力量。韦伯（Webb）将教师权威分为"地位的权威（positional authority）"与"个人的权威（personal authority）"。④ 前者指教师由于其职业或在学校组织中的地位而被赋予的权威，是学生因为教师是"老师"而给予的尊重和顺从，具有先在性和外在性；后者是学生出于对教师的能力、专业知识、爱心等各个方面的信任而产生的对老师的尊重和顺从，具有生成性和自发性。克利夫顿（Clifton）和罗伯茨（Roberts）以韦伯的权威学说为基础，提出教师权威具有四个层面：法定权威、传统权威、感召权威及专业权威。法定权威和传统权威来源于社会和教育制度，感召权威和专业权威来源于教师个人因素。总的来说，教师权威是这四个层面的权威相互作用的合力。

我国学者张良才和李润洲把教师权威分为"外在依附"的和"内在生成"的两类。外在依附性权威"是由一定社会赋予教师的职务、权力、地位及身份等因素所形成的，这种权威形成的基础在于其'法定'或'约定'，即社会赋予教师以一定的职务、权力和身份，带有'契约'或'法定'的性

① 彭阳红、沈翰：《"消解"还是"重构"——新课程改革背景下对教师权威的思考》，《教育科学研究》2004 年第 6 期。

② 于忠海：《权利和权力审视下的教师权威》，《高校教育管理》2005 年第 2 期。

③ 张人杰主编：《国外教育社会学基本文选》，华东师范大学出版社 1989 年版，第 21—23 页。

④ 吴康宁：《教育社会学》，人民教育出版社 1998 年版，第 208 页。

质，学生必须服从、遵循这种权威。换言之，教师让学生驯服这种权威是教师的权利，而学生驯从这种权威则是学生应尽的义务"。教师通常借助自己可支配的教育资源迫使学生服从，如表扬、批评、班干部任免、座位安排等。内在生成性权威"是由教师自身所具有的素质与素养，即教师所具有的'德、才、学、识'而产生的"。它通过学生对教师发自内心的信服和钦佩而转化为学生顺从教师教导的内在动力而产生教育的影响力，具有非强迫性和积极主动性。两位学者认为，现代社会正在经历由外在依附性教师权威向内在生成性教师权威的转换，教师依附于教育制度的权威已经"祛魅"，社会需要创立新的条件、教师也需要提升自身的学识、品德、能力等以提升内在生成性教师权威，确保新形势下教育活动的顺利进行。[①]

教师权威并非一成不变。无论从教师权威的主体（教师）、教师权威的受体（学生）和教师权威的背景（社会环境）来看，教师权威都处于变化之中。教师通过增长专业知识或提升人格魅力都可以使权威得到绝对提升。外部社会环境对教师权威的影响是广泛而深刻的。法定权威、传统权威、知识权威无不受到社会环境的影响。从法定层面来看，在某些极端情况下，外部社会环境的改变会使教师的法定权威受到极大影响，如"文化大革命"时期。从传统层面来看，现代社会功利主义观使收入不高的教师地位有所下降；同时，现代社会教育水平的整体提高使人们对教师的权威更加理性，不再是盲目遵从。从知识层面来看，信息化、网络化社会的来临使教师不再成为知识的主要来源，教师在专业领域很难再获得昔日的权威地位。从教师权威的受体来看，学生的年龄、居住地、家庭环境等因素都会在一定程度上影响教师权威的强度。

由此可见，教师权威是教师在教育过程中使学生愿意服从的一种力量，其来源既有外在的制度和传统，也有教师内在的知识、能力、品格等个人魅力。教师权威也是处于变化中的动态概念，随着社会环境、教师修养和学生特征的变化而变化。因此，要深入研究教师权威并不是一件简单容易的事情。

---

① 张良才、李润洲：《论教师权威的现代转型》，《教育研究》2003 年第 11 期。

第三节　教师权威的现代消解

教师的权威曾经是至高无上的。在中国，教师曾经处于与"天、地、君、亲"并列的崇高地位，"听老师的话"曾经是中国家长的肺腑之言。进入现代社会之后，教师的崇高地位遭受到前所未有的挑战，其权威也处于"消解"之中。有学者断言，建立在知识权威与制度权威根基上的教师权威也面临着从圣坛走向凡俗的恐慌。网络时代的教师权威面临着被彻底消解的危险。[①]

教师权威为什么会被削弱或消解？其被削弱或消解的命运是必然的吗？教师权威的削弱或消解必然给教育带来灾难性的后果吗？

一、教师权威消解的原因

（一）信息化：教师知识权威的边缘化

在传统社会里，受物质条件、技术水平和教育水平的限制，教师几乎是文化知识的唯一来源，"道之所在，师之所存"，知识和教师几乎是可以等同的概念。这使得教师在知识解读、判断、分析、传播等方面都获得了绝对的权威。但进入现代社会以后，教师的这一地位受到了极大的挑战。无可否认，现代社会是信息化的社会，即所谓"知识爆炸"的时代。面对成几何倍数增长的知识，作为个体的教师不可能吸收和消化所有的信息。虽然现代教师的绝对知识量比传统教师更多，视野和范围也更宽，但从个体知识和社会知识总量的占有比例来看，现代教师是大幅下降的，这无疑首先会影响到教师本人在知识掌握方面的信心和底气。从学生的角度来看，他们获取知识的途径比传统社会更为丰富和快捷，除了系统的学校教育，日益普及的大众媒体给学生提供了更为便捷的获取知识的途径，电视、手机、电脑等使学生越来越可能成为与教师平等的知识获取者。这无疑会弱化教师在知识获取上的重要性，也使学生对教师传授的知识不再是绝对信任的态度，极有可能对教师提出质疑和挑战，使教师在知识方面的权威日益边缘化。"在信息化发展时代，作用于学生社会化的过程的传递结构已与此前的时代迥然相异。……

---

① 罗红艳：《网络背景下教师权威的消解与重建》，《河南师范大学学报（哲学社会科学版）》2010 年第 5 期。

学校教育已不再稳固地占有中心地位了。"①

（二）多元化：教师感召权威的弱化

传统社会主要是一元化文化，一种文化占有绝对的统治地位，人们持有的价值观也相对单一和稳定。因此，人们很少会对社会现有的道德和价值提出质疑和批判，比较容易接受由长辈传授的价值观和道德观。作为文化价值观和道德观的代言人和传递者，教师自然享有非凡的感召力，因为他本身就代表学生认为是正确的事物。现代社会是多元文化的社会，传统文化和现代文化碰撞，西方文化和中国文化交流，主流文化和小众文化并存，这使得价值观和道德观也变成了多样化的选择。这使学生有可能以批判、怀疑的态度来对待学校传授的价值观，这无疑也会弱化教师的感召权威。

（三）民主化：教师法理权威的虚化

社会的发展基本上是由专制走向民主的过程。在传统社会，长者把握文化的话语权，也就是前面我们所说的后喻社会，长者的知识和经验具有极大的权威，尊老敬老是普遍的社会风气。作为文化知识的主要传递者，教师相对于学生来说当然属于长者，因而在传统社会受到无比的敬重，具有极大的权威。进入现代社会后，技术的发展、知识的普及、体制的改变都使得人们的观念发生了巨大的变化。学习能力强、反应快的年轻一代更加适应技术发展带来的便利，逐渐代替长者掌握了文化的话语权，也就是进入了我们所说的前喻社会，向后辈学习成为普遍和必然的现象。所有这些都促进了人与人之间平等的交流，民主、自由成为时代的主旋律。体现在教育领域，教育从传统以教师的"教"为中心逐步转变为以学生的"学"为中心，课堂从传统的教师"一言堂"转变为师生交流的场地，学生甚至处于更为重要的位置，因为教师的"教"是为学生的"学"服务的。而现代社会网络的日益发达在很大程度上促进了民主化的进程，因为在虚拟的网络世界，人人都具有同等的发言权，人人都是知识和消息的发布者，这从根本上转变了人们的思维方式和交往模式，使人们的主体性得到了极大的提升。这给教师传统的法定权威带来了极大的挑战。在传统社会，教师由于其身份便自然而然地具备了管理、处罚学生的先在权力，与其个人品格和魅力关系不是非常密切。在现代社会，由于民主化进程的加深，人们民主、自由、自主意识加强，这种

---

① 吴康宁：《教育社会学》，人民教育出版社1998年版，第110页。

先在的权威在很大程度上不再被承认。教师的权威只能在教育的过程中以自己的知识、经验、道德、情感等个人魅力来积累和获得。

二、教师权威的需求分析

教师权威作为一种文化现象，不可能是其自身的目的。也就是说，权威的存在不可能是为了权威自身，而是为了实现其他的目的。"需要"是事物合理性的重要来源。我们从主观和客观两个方面来分析现代社会教师权威的需求问题，以探究教师权威是否必然被消解。如果教师权威在现代社会中已经失去了存在的价值，那我们就可以断言，现代社会必然带来教师权威的消解；反之亦反。

（一）教师权威存在的客观需求

教育是培育人的实践活动，学校是培育人的实践场所，在学校进行教育实践活动需要一定的规则和制度。通过规则和制度的实施来规范学生和老师的行为，使之处于可以允许的范围之内，以保证教育教学活动的正常进行。学生是发展中的个体，正处于社会化的过程之中，这意味着他们更可能违反必要的规则和秩序。学校硬性的制度虽然能在一定程度上控制和规范学生的行为，但由于学生在学校的生活极为复杂，既涉及师生关系，也涉及生生关系；既有学习生活，也有集体生活。而且学生的家庭背景和社会环境多样，他们很可能把家庭里或社会上的问题带入学校，可以说，学校就是社会的缩影。如此复杂多变的关系和生活不可能通过有限的硬性制度得到彻底的规范。况且，学生是未成年人，规则的实施还必须考虑其理解能力和心理承受能力。而教师权威在这一过程中能发挥巨大的作用。如前所说，教师权威不仅仅是外在的制度性影响力，更是教师品格、能力、情感等散发出的个人魅力。这种个人魅力性权威能使学生更具体、直观、生动地感受到规则和秩序的意义，从更深层次理解规则的目的和价值，同时感受到规则所包含的人文意义，体验到规则的温度。这种教师权威使学生从内心信服，从而自愿服从老师的指挥，成为维持学校秩序的长久力量。

虽然现在我们提倡学生的自由发展，但"一个人赞成教育上的自由，并不是说让儿童整天为所欲为，教育必须施加纪律和权威的影响。问题在于纪律和权威的分量以及如何使用它们"①。事实上，真正的学生自由需要教师权威的引导和保障，因为学生只有理解、接受、遵循规则才可能获得真正的自由，否则自由就只可能是一时的随心所欲，很可能给个体的长期发展带来不利的影响。

（二）教师权威存在的心理需求

教师权威不但是保证学校正常教育教学秩序的必要条件，具有存在的外在客观基础，同时，它也是学生心理健康发展的保证和老师价值感的重要来源，具有满足师生主观心理需求的价值。

有研究发现，学生知觉到的教师教育风格和学生的心理健康之间存在显著相关：知觉到教师民主型教育的学生在心理健康水平上明显好于权威型和放任型，而权威型和放任型之间不存在显著相关。② 这里的民主型教师指的是在和学生的交流过程中既能尊重学生，又能给予恰当的指引和导向的教师；权威型教师指的是习惯于把自己意见强加于学生的专制、控制型教师；放任型教师指的是对学生既不提要求，也不做指导，任由学生自然成长的教师。这类教师其实是完全放弃了教师权威，给予了学生充分的自由。但结果表明，充足的自由并不能保证学生健康地成长，甚至和专制型教师一样，会在某种程度上伤害学生或阻碍学生的成长，从而影响其心理健康水平。因为没有权威指引的学生面对复杂的生活会茫然不知所措，产生无力感和焦虑感，长此以往，必然影响其心理健康。耶夫·西蒙认为，基于一个人无力支配其自身，受他人支配是可取的甚至必要的。……一个未成年人被看成是无法认识对他来讲是好的事物，这就是为什么他在追求自己的善的过程中必须要另一个人来归导他。③ 学生的认知能力和心理发展水平使得他还没有足够的能力为自己作出行为的选择，这时候以教师权威来归导其行为就能有效防止学生被其他不利的力量所主导、最终作出可能伤害其身心的决定和选择。

---

① ［英］罗素：《社会中的自由》，张永红、付维科译，文化艺术出版社 1998 年版，第 223 页。

② 范兴华等：《初中生知觉到的教师领导行为模式及其与心理健康的关系》，《中国临床心理学杂志》2007 年第 2 期。

③ ［法］耶夫·西蒙：《权威的性质与功能》，商务印书馆 2015 年版，第 11 页。

三、现代教师权威消解的真相解读

现代社会教师权威日益成为人们关心的话题。越来越多的人用"消解""式微"等来描述教师权威的现状。这一方面说明教师权威在现代社会确实发生了很大的改变，引起了人们的注意；另一方面说明教师权威在人们的心目中具有重要的意义，只有认为重要的东西，人们才会热情参与讨论，无论是赞成还是反对，表扬还是批评。但问题是，教师权威真的消解了吗？教师权威必然会消解吗？笔者以为，与其说教师权威被消解了，不如说被异化了。就如有学者指出的："这是我们误读了教师权威，因为仅从现代语境考察教师权威，可能导致我们放弃对教师权威真实的直观，遮蔽了我们对此问题的深层洞察，进而陷入一种'现代'的偏执。"[①]

（一）现代教师权威的消解是古典教师权威的失落

在古典哲学中，人是自然的一部分，和其他生命体共同构成自然这个巨大的有机生命体。在自然中，每个生命体都有其自身的目的和命运，每一个生命体在能动地朝向其自然目的和命运的过程中实现其生命的本质。这种目的论自然观导致了目的论的"人论"，即认为人类世界诸物都有其自身的目的和命运，诸多的目的构成了一个存在的链条，在这个链条的最顶端就是终极目的——至善或幸福。对至善的追求即是实现人的本质的过程。在这种视域中，老师和学生都是至善的追求者和实现者，只是因为追求至善之路充满艰难和诱惑，稍不小心就有可能陷入"伪善"的陷阱，因此，人们需要教师的指引。就如柏拉图《理想国》中率先走出洞穴的人，用对话的方式引导学生走出幽暗的洞穴，和学生一起拥抱真理的阳光。共同的追求造就了古典时期平等、亲密、友爱的师生关系。"教师和学生共同处在善、美的照耀之下，在追求真理的路上他们是伙伴、友人，是追求真理的共同体，彼此相互共勉，力求向善，都努力跋涉在成为'神圣者'近邻的途中。"[②] 正因如此，我们可以看到孔子和门徒在沐沐春风中畅谈人生理想，苏格拉底在街头"请教"路人，激发人们的反思和批判。在这里，教师权威完全没有强迫的意味，而是学生因对真理的折服而自愿追随老师，与老师共同行走在探究真理的路上。

---

① 孙银光、杜时忠：《教师权威的古典视域及其现代价值》，《教育发展研究》2015 年第 4 期。

② 孙银光、杜时忠：《教师权威的古典视域及其现代价值》，《教育发展研究》2015 年第 4 期。

　　进入现代社会后，现代哲学二元对立的思维方式使人们把自然看成人类征服的对象和获取资源的宝库，自然失去了其自身存在的目的，而只是为了满足人类的需求，实现人类的目的。理性的疯狂促使自然世界祛魅，而祛魅的自然世界导致了人的价值的失落。在社会关系中，人逐渐失去了其自为的目的性和价值感，沦落为他者的工具和手段。在师生关系中，老师和学生不再是探究真理的伙伴和同路人，而是实现功利目的的手段和工具。在教育中，教师从真理的追求者和引导者沦落为知识的贩卖者，教师由崇高的象征沦落为"教书匠"，从"天上"跌落"人间"。在学生眼中，教师"他卖给我他的学问和方法，为的是赚我父亲的钱，就像菜市场的女商贩向母亲兜售卷心菜一样"[①]。甚至有人提出学生就是上帝（顾客），老师是服务生，老师的任务就是让学生的学费物有所值，提供令其满意的服务。在教育市场化的浪潮中，这种观念日益强势，教师的权威也因此被摔得粉碎。在老师的眼中，学生也不再是陪伴自己追寻真理，甚至继承真理精神的人，教育体制的各种束缚、应试教育的巨大压力、现实社会的功利思潮使得有些教师把学生当成自己讨生计、评职称、得荣誉的棋子和手段。所以，明知机械的知识灌输除了得到漂亮的分数外一无是处，甚至有害学生的身心健康，越来越多的教师还是不遗余力地把学生扔进题海之中；明知学生是独特、丰富的生命，应该用不同的方法促进其生命的发展和成长，越来越多的老师还是用冰冷、统一的分数来衡量学生的价值，任由其生命之花日趋凋零。由此，教师的权威从学生发展的促进者异化为控制、约束学生的异己力量，"消解"也就成为其必然的命运。

　　由此可见，教师权威在现代社会中的消解实质上是古典教师权威在现代社会的失落，是现代社会哲学转向、政治转型、经济发展等各种因素抽离了古典教师权威存在的合理性，呈现出"消解"的态势。"当我们抛弃了外在的权威时，并不意味着继而抛弃一切权威，而是需要寻求一个更有效的权威源泉。"[②] 而且，"在教育中，教师权威是不可缺少的。因此，问题的实质不在于要不要教师权威，而在于要的是怎样的教师权威"[③]。由此，在现代语

---

　　① ［德］马克斯·韦伯：《学术与政治》，冯克利译，生活·读书·新知三联书店1998年版，第42页。

　　② ［美］杜威：《我们怎样思维——经验与教育》，姜文闵译，人民教育出版社1991年版，第251页。

　　③ 邓凡、王贤：《民主、平等、对话与理解——从哲学解释学视角解读师生关系》，《当代教育论坛》2007年第13期。

境下，教师必须检讨自身，重新树立起自身合理的权威。换言之，现代教师权威的消解是对新型教师权威的呼唤。

（二）现代教师权威的消解是对新型教师权威的呼唤

现代教师权威的式微和消解呼唤新型的教师权威，那么，我们能否回到古典的教师权威呢？答案是否定的。古典教师权威固然美好，但毕竟已经失去合适的生存土壤，要想回到过去，我们就必须把政治、经济、文化等各个方面都拨回历史，这显然是不可能的。然而，我们可以借鉴古典教师权威中的合理、积极因素，再结合当今的社会实践和教育实践，重新创立新的教师权威。我们认为，创立新型教师权威的关键在于把握领域和界限的概念。领域和界限其实是一个硬币的两个面：有领域必然存在界限；有了界限自然就存在不同的领域。所以，我们很多时候是交换使用这两个概念的。

我们在前面提到过，现代社会是一个多元、开放的社会，自由、民主、权利、平等是时代的主旋律。自启蒙运动以来，"人是生而自由的"[①]成为深入人心的思想观念。与自由紧密相连的权利也成为不可抗拒的时代强音，连几岁的孩子也知道维护自己的权利。无论是自由还是权利都是以个体的存在为基础的。没有独立的个体，也就无所谓人的自由和权利。这意味着人与人之间的分离和界限，人不再是在集体或团体中寻求自己的身份，社会由"单子式"的个体拼凑而成；人与人之间的关系不再以集体或团体为中介，而是两个个体之间的直接相连。人与人之间的交往也成为以个体为中心的具有明显界限的两个领域之间的交流。交流的任何一方都不得随意翻越彼此的界限，否则就是越权，会遭到对方的强烈抵制。在师生关系上，老师和学生也是独立的个体，有各自的权利，也有各自的自由，任何一方的权利都不能以对方的自由为代价，即不能随意侵犯对方的领域。教师权威是建立在教师和学生互动的基础之上的，很大程度上也是在师生互动的过程中生成的。因此，教师权威应该恪守不侵犯学生个人领域、不践踏学生权利的原则。只有这样才能建立起真正适合当今主流文化观念的教师权威。正如有学者指出的："教师权威的存在过程是一种权威与自由的动态抗衡、斗争中相互制约而相互生成对方的过程，抗衡的过程不是以一方压倒一方为目的，而是实现一种彼此包容的和谐状态。教师权威的存在使得学生拥有具有理性边界的自

---

① ［法］让·雅克·卢梭：《社会契约论》，何兆武译，商务印书馆 2001 年版，第 8 页。

由，而学生的自由抗衡则使权威不致走向极权和专制。"① 同时，"自由的领域是有其界限的，因而当'自由'蜕化为'放纵'的时候，那就要恰当地诉之于权威的作用来恢复平衡"②。雅斯贝尔斯更是直指权威的本质："本真的权威只有经由与它相关的自由才能建立。"③ 教师的权威，或教师权利的行使必须以尊重学生的自由和权利为前提。

第四节　教师权威的领域探究

现代教师权威应该以领域和界限为基础，这具体可以从两个方面来加以理解和阐述：一是从教师权威的主体（教师）的角度，二是从教师权威的受体（学生）的角度。从教师的角度来看，教师应该意识到自己作为教师的权威影响范围是有限的，不能无限扩大教师权威的范围；从学生的角度来看，学生对权威的接受和认同会受到教师施加权威的事件的性质影响，不同的社会事件学生会给予不同的权威赋值。

一、主体的视角：教师权威施加的领域分析

（一）每个领域都有主人：权威的领域性

权威是权威主体施加的使权威受体自愿服从的力量，因而存在合法性的问题。虽然政治、法律、制度等外在的因素能赋予权威以合法性，基于权威与权力的区别，权威则强调权威受体的自愿服从，而并非外力直接的强迫作用，权威合法性更多的是权威受体对施加于其身上的权威的认可和接受：受体认可和接受权威，权威便具备了合法性；反之则不具备合法性。如果权威主体意志确定，受体对主体意志的认同程度在很大程度上决定了权威受体范围的大小和数量。在一定的范围内，人们认可了某种意志，便会形成体现这一意志的权威，并确定其合法性地位，认可即合法性。在这里，最关键的是一定的范围或系统：在某一特定的范围或系统内，权威由于人们的认可而

---

① 蔡辰梅：《延缓不信任——教师权威的后现代解读》，《当代教育科学》2006 年第 12 期。

② ［美］杜威：《人的问题》，傅统先、邱椿译，上海人民出版社 2005 年版，第 78 页。

③ ［德］雅斯贝尔斯：《什么是教育》，邹进译，生活·读书·新知三联书店 1991 年版，第78 页。

具有了合法性；一旦超出这一范围或系统，其合法性也随即消失。因此，权威都是某一特定领域或范围内的权威，超出这一范围，就可能导致权威的陨落或错位，实质上是丧失权威。

（二）学校：教师权威的合理范围

教师权威作为权威的一种特殊形式，自然也具有其范围限制。教师对权威的误用主要有两种方式，即权威领域的误用和权威对象的误用。前者是指教师试图在其权威所不及的范围内使用权威；后者是指教师试图将权威施加于某些并不属于他们权威范围的对象身上。从普遍意义上来说，教师作为学校教育系统的重要因素，其权威范围主要在学校生活中。如图 3-1 所示，教师权威的范围可以用三个同心圆来表示。教师权威由内圈到外圈逐步减弱。最里面是学生和老师都接受和认可的教师权威范围，具有最强的合法性，包括解释规则、规范学生行为、布置家庭作业、惩罚违规学生，等等。中间的圈指的是教师以不合理的方式实施教学管理，在一定程度上破坏了正常的师生关系，其行为可能遭到学生的否认和拒绝。因此，在这一范围内教师和学生对教师是否具有管理学生的权威合法性存在分歧：教师认为自己有权实施管理，而学生在一定程度上否认教师的权威性。最外面的圈表示学校之外的世界，如告诉学生怎么穿衣服、和谁交往、去哪里玩，等等。在这一范围内教师最多只有建议权，或者可以在某些极端的情况下（如学生遭到暴力袭击）进行干预，保护受害者。在学校之外教师不应该干涉和控制学生的行为。

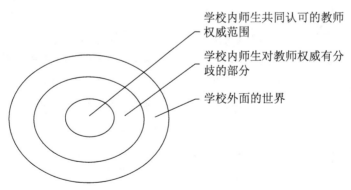

图 3-1　教师权威范围示意图

（三）职位：教师权威的影响因素

上文从一般意义上来分析教师的权威，是将教师作为一个整体来看待的。但事实上教师群体是包含多种身份的个体集合，在教育系统中具有不同的职位和功能，如校长、教导主任、班主任、普通任课教师，等等。职位的不同导致了其权威范围和大小的区别。如校长对整个学校的事都具有合法权威，班主任主要对本班具有话语权，而任课教师更多的是在自己的课堂和专业领域实施权威的影响力。在同一范围内，这些不同职位的教师的权威合法性存在差异。

二、客体的视角：教师权威认知的领域分析

（一）权威认知的领域性

认知是指对事物的理解和认同，权威认知即权威受体对权威的感知、理解、接受和认同。我们前面提到，权威是一种权威主体和权威受体之间的关系存在，"只有在权威双方的相互作用中才能实现真正的权威。如果说，权威包含着一定的影响力、作用力，那么它就应该有作用和影响的对象。同时，由于权威实现的双方都是由一定的人作为主体的，或者是某种人格化的事物，因而，作为权威受体的从方，绝不可能只是消极、被动地接受主方、支配方的支配"[①]。因此，从权威受体的视角（即权威认知的视角）来研究权威是必不可少的角度，缺少这一角度，对权威的研究就是片面的、不完整的，就如厨师费尽心力制作精美的食物，却从不过问食客对于食物的感受和建议，只会导致厨师在自我的世界里孤芳独赏，无法根据食客的口味来调制合适的味道。

关于权威认知的研究始于皮亚杰。在《儿童的道德判断》一书中，皮亚杰认为儿童对规则的认知有一种"道德实在论"（moral realism）倾向，即把规则当成先在的、既定的和外在的，由成人解释、强加于儿童身上，因此，他们任何服从于规则或执行成人规则的行动都是好的，任何不符合规则或成人要求的行动都是坏的。也就是说，由于成人年纪大、块头大或力量大等因素，儿童对成人权威有一种"单向度"的尊重。随着年龄的增长和思维能力的发展，儿童逐渐摆脱依赖外在特征来尊重权威的倾向，开始理解公

[①]　薛广洲：《权威论》，中国社会科学出版社 2013 年版，第 44 页。

平、公正的道德原则对权威的决定意义，并因此可能对权威采取批判的态度。科尔伯格发展了皮亚杰的道德发展理论，提出了著名的"三水平六阶段"道德发展理论。在道德发展初级阶段（阶段一），儿童主要是惩罚和驯服导向，行为的好坏取决于其直接的物理后果，而不考虑行为主体（人）的意义或行为所包含的价值意义，逃避惩罚和绝对维护权威是这一阶段儿童的是非观。10—12 岁的儿童一般持有这种权威观。

戴蒙（Damon）通过访谈、观察、追踪研究等多种方法研究了 4—9 岁儿童权威观念的发展，得出了和皮亚杰、科尔伯格不同的结论。他发现即使年幼儿童，他们对成人权威也不是绝对的服从，而体现出对公正、公平等基本原则的尊重。如 4—9 岁的儿童会接受父母关于诸如整理房间之类的指令，但对于去偷或其他会伤害别人的行为指令会拒绝。[①] 尤尼斯（Youniss）和斯摩勒（Smoller）研究发现，儿童一方面尊重父母的权威地位，另一方面也试图从父母那里争取到更大的独立和更多的自由。因此，他们对父母权威合法性的接受只发生在一定范围之内，在某些领域会对父母权威的合法性提出怀疑和挑战。如在如何穿衣服、如何选择朋友、如何参与社会交往等问题上，随着年龄的增长，儿童会越来越不乐意接受父母的管辖（parental jurisdiction）。Laupa 进一步探讨了儿童对一般权威特征（authority attribute）的理解。他发现，儿童在判断命令的合法性、决定是否服从权威时更多的是考虑权威的社会地位和知识，其成人身份并非他们考虑的重点。这意味着儿童并不像皮亚杰认为的那样对成人是"单向度"的尊重，而是同时会关注权威的社会或组织功能及其具备的相关知识。[②]

在我国，张卫等发现儿童在对权威形象的评估中最看重知识；对社会职责的评价随年龄增长逐渐提高，而对成人身份的评价随年龄增长稳中有降。[③] 安秋玲发现 7—17 岁儿童的权威认知发展具有明显的层次性，经历"外部信息定向→工具价值定向→合理化认知协调期→个人自主发展定向"的发展过程。[④]

领域理论在此基础上对权威认知的领域性进行了系统、细致的研究，

---

① Damon, W. (1977). *The Social World of the Child*. Jossey-Bass Publishers. 170.

② Laupa, M. (1991). Children's Reasoning about Three Authority Attributes: Adult Status, Knowledge, and Social Position. *Developmental Psychology*, 27 (2), 321–329.

③ 张卫、王穗军、张霞：《我国儿童对权威特征的认知研究》，《心理发展与教育》1996 年第 3 期。

④ 安秋玲：《儿童对权威关系的认知发展初步研究》，华东师范大学硕士学位论文，2001 年。

特别是通过对父母权威认同的研究，发现儿童对权威合法性的认同存在明显的领域差异。如斯美塔那探究了离婚家庭和完整家庭关于父母权威的观念，发现虽然处于不同的家庭环境，但妈妈和青少年都认为父母在道德领域和习俗领域具有更大的权威，而在个人领域的权威最小。[1] 提萨克（Tisak）也发现，儿童认为父母的权威是有限的。儿童在评估父母的权威合法性时会考虑权威行为的性质或社会事件的性质。具体来说，儿童认为，和违反做家务的规则及有关友谊的规则相比，父母在制定禁止偷窃和要求报告看到的偷窃行为在规则上具有更大的权威合法性。而且，当儿童面临遵守道德规则和个人愿望、父母权威之间的冲突时，改变判断的儿童更少（也就是说，儿童认为还是应该遵循道德规则，而不是实现自己的愿望或听从父母的指令）。[2] 王婷发现，青少年与其父母在合法性、遵从和个人权限认知的评定上均存在显著的领域差异。相对地，青少年更加不认可父母在个人领域的权威，尤其在友谊领域。[3] 总体而言，儿童认可成人在道德领域的权威合法性，认为成人有权利对其违反道德的行为进行纠正。对成人在习俗领域权威合法性的认同不如道德领域高，但比个人领域的权威合法性的认同要高。

儿童对权威的认同情况可以用下面的图式表示：

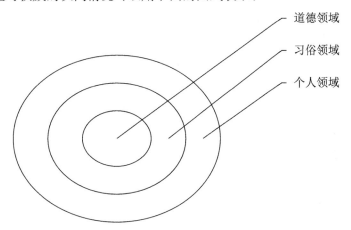

道德领域

习俗领域

个人领域

图3-2　儿童权威认知领域示意图

① Judith C. Smetana. (1993). Conceptions of Parental Authority in Divorced and Married Mothers and Their Adolescents. *Journal of Research on Adolescence, 3* (1), 19–39.

② Tisak, M. S. (1986). Children's Conceptions of Parental Authority. *Child Development, 57* (1), 166–176.

③ 王婷：《青少年期父母权威认知及其对亲子关系影响的机制》，浙江大学硕士学位论文，2006年。

儿童对处于中心的道德领域的权威合法性的认同最高。但值得注意的是，这是在权威指令符合普遍的道德原则的前提下才发生的情况；如果权威在道德领域的指令有悖于基本的道德原则，是反道德的，那儿童很可能不服从权威的指令。儿童一般也认可权威在习俗领域的合法性。如前所述，不同年龄段的儿童、青少年的习俗观念不同，但总体而言，权威在习俗领域的合法性普遍比较高。权威在个人领域的合法性是最低的，随着年龄的增长，权威在个人领域的合理性会进一步下降。

（二）教师权威认知的领域性

教师权威认知是从权威的受体——学生的角度来看待权威，探究学生是如何理解、接受教师的权威行为的。换言之，学生是如何"同意"教师将权威施加于他们身上的。

总体而言，教师权威的认知和父母权威及社会权威的认知具有类似的倾向，即从道德领域到习俗领域到个人领域，学生对教师权威的认同逐步降低。例如，雅尔（Yariv）研究发现，70% 的学生认为老师永远不应该在校外干涉学生的个人事务，另有 19% 的学生认为，除非极特殊的情况，老师在校外和普通的成人一样，不应该干涉他们；只有 10% 的学生认为老师在校外应该在某些方面干涉他们，只有 1% 的学生认为老师在任何地方都有责任教育他们。大多数学生认为父母是家里唯一的权威，只有父母才有权在任何地方教育孩子。学生还认为教师的下列五类行为是不可接受的：（1）干涉与学生身份无关的个人事务，如要求学生给老师做杂事，要求学生与自己不喜欢的人交往，等等；（2）违背自由、自尊等公民权利，如打学生，歧视学生等；（3）使学生处于道德两难的境地，如让学生做不道德的事情，让学生做不恰当或与其他权威人物要求相反的事情，等等；（4）要求学生做超出其能力范围的事情，如让学生买贵重物品，让学生做大量的家庭作业，让学生长时间站在教室角落接受惩罚等；（5）违反学校规则的行为，如同一天进行两场考试，没有通知家长下午把学生留堂，让学生翻越围墙去捡球，等等。[①] 按照特里尔的分类，学生所认为的这些老师的不恰当指令或要求包括以下行为：违反道德的指令；违反习俗观念的指令，如干涉个人领域；违反学校规则等；违背学生心理需求的指令。

---

① Yariv, E.（2009）. Students' Attitudes on the Boundaries of Teachers' Authority. *School Psychology International, 30*（1）, 92–111.

第五节　教师权威的领域性与道德教育

从上面的分析中我们可以看到，教师权威影响的范围具有特定性。一般而言，教师在学校范围内具有最大的权威，而对学校之外的事件不具有权威合法性。从学生对权威认知的角度来看，学生认为教师对不同的社会领域或社会事件具有不同的权威。具体而言，学生一般都认可教师在道德领域和习俗领域的权威合法性，希望教师能在这两个领域发挥管理和协调的功能，如果教师在道德领域中缺席（对道德领域发生的事件不闻不问、置之不理），甚至会降低学生对教师的信任，进而有损教师的权威。对于个人领域事件，因为学校这一情境的关系，学生在很多事件上会作出让步，承认教师对这些原本属于个人领域事件的管理权，但其合法性具有模糊性和不确定性，不如道德和习俗这两个领域事件确定。至于其他个人领域的事件，学生基本上拒绝教师的参与和管辖，不承认教师在这些事件上的合法权威。教师权威和学生对教师权威认知的领域性对道德教育有极为重要的意义。具体而言，注重教师权威的领域性能促进学生道德判断、道德自律、道德自我和道德情感的发展，使道德教育取得更好的效果。

一、教师权威的领域性与学生道德认知的发展

认知是对现象的再认识，道德认知即对社会道德现象的再认识。这种再认识不同于对道德现象的直观、经验、日常的认识，而是对丰富、繁杂、多变的道德现象进行本质抽象之后的深度理解和认识。因此，道德认知带有明显的理性特征。一般认为，道德认知应该包括：道德概念的掌握、道德判断能力的训练、道德信念的确立。[①]道德概念是对道德现象本质特征的概括，道德知识是道德概念形成的基础。道德判断是个体根据个人或社会的价值观念和道德标准对他人或自己的行为作出善恶的判断。科尔伯格认为，道德认知是个体对是非善恶的认识，在个体的道德认知过程中，最能体现道德认知水平的是道德判断，因为道德判断是道德情感、道德意志和道德行为的前提条件，它引导、规定和驱动道德个体采取一定的道德行为。[②]道德判断能力的高低是判断个体道德水平高低的重要标志，它在道德信念的形成和道德概

[①]　张大均：《教育心理学》第 2 版，人民教育出版社 2004 年版。

[②]　［美］科尔伯格：《道德发展心理学》，郭本禹等译，华东师范大学出版社 2004 年版，第 1—2 页。

念的深化过程中都具有非常重要的意义，而理性的批判思维能力在道德判断中具有决定性作用。正因如此，以科尔伯格为代表的认知发展心理学家都试图通过提升道德认知的水平来促进个体道德的发展。

道德认知和道德行为之间的关系一直是道德哲学家和心理学家争论的热门话题。认知发展心理学坚信道德认知和道德行为之间存在正相关，道德认知的提高会促进道德行为的发生；而道德情感派则认为道德认知与道德行为属于两个范畴，并用生活中大量存在的知行不一的现象来证明两者之间的微相关或不相关。笔者认为，道德认知和道德行为并非同步关系，道德认知的提高并不必然导致道德行为的增加，但不可否认的是，道德认知是道德活动的起点。也就是说，没有道德认知，道德情感、道德意志等过程都可能停滞不前。可以说，任何可以被称为道德活动的人类活动必然是在一定道德认知的前提下进行的。道德认知也是道德主体有意识规约自己行为的前提条件。很多人用"知法犯法"的现象来说明知道某规则并不一定会遵守的情况。笔者认为，这只能说明这里的"知"只是表面的了解，没有达到深刻理解之后的认同水平，属于"伪知"，这恰恰说明其认知水平是低下的。正如有人指出的："一个人没有军事知识就不能成为一个成功的将领；没有对国家性质和目的的洞察力也就不可能成为一个政治家；一个道德盲很难保证自己行为的合道德性，成为一个道德高尚者。"①

从上面的论述中，我们可以知道，道德认知对于提升学生的道德水平具有非常重要的意义。那道德权威的合领域性是怎么通过促进道德认知的提升来促进学生的道德发展的呢？

（一）教师权威的合领域性促进学生对道德原则的理解

我们知道，学生对教师在道德、习俗、个人领域的权威合法性的认同程度是不同的，对老师在各个领域事件中作出的反应也会有不同的感受。如果教师能意识到这些，就会在各个领域以适当的方式实施权威，并作出适合各个领域的反应，从而促进学生的道德发展。例如，对于道德违规事件，教师应该明确指出行为可能导致的内在后果，即指出行为对他人权利、福利的损害或伤害，这实质上是在不同的道德情境中让学生反复练习对公平、公正等道德原则的理解和尊重，长此以往，学生就会逐渐把握道德事件背后隐藏的道德原则，使道德认知上升到更高水平，不再只根据表面的惩罚或奖励或

---

① 吴俊、木子：《道德认知辨析及其能力养成》，《道德与文明》2001年第5期。

其他外在的特征来判断行为的善恶好坏，而是能透过纷繁的道德事件，直接抓住事件的本质，作出恰当的道德判断。

（二）教师权威的合领域性促进学生对社会系统的理解

社会习俗是社会系统和组织正常运转的重要保证。由于思维水平、认知水平和生活经验的限制，儿童、青少年对社会习俗的重要功能的认知需要一个长期的过程。如果教师在学生违反社会习俗规则时不只是简单的命令和禁止，而是耐心详细地说明这些习俗规则所背负的重要意义，并依据学生的认知水平以适当的方式解释习俗的重要功能，学生就能逐步认识到习俗规则并非表面上看起来那么随意、可变。并且能逐步以理性批判的态度对待社会习俗：既不贬低社会习俗的作用，也能认识到社会习俗可能具有的滞后性和不合理性，从而能根据具体的情境予以必要的灵活变通。

二、教师权威的领域性与学生道德自律的发展

道德自律是人人自愿约束自身行为、使自身行为符合道德规范的要求。康德极其推崇意志自律，也就是道德自律，认为"一切和意志自身普遍立法不一致的准则都要被抛弃，从而，意志并不去简单地服从规律或法律，他之所以服从，是由于他自身也是个立法者，正由于这规律，法律是他自己制订的，所以他才必须服从"①。于是，人之所以服从道德法则，是因为这是他自己意志的体现，人自身就是立法者，是主体。这样，就避免了人盲目服从道德法则而导致的对人的主体性的贬低。皮亚杰认为，道德自律是道德发展的高级阶段，儿童一般经由道德他律发展为道德自律，成为道德水平更高的个体。

传统教师权威由于过分注重教师对学生的管控，以外在的控制手段来规范学生的行为，导致学生的道德水平长时间停留在道德他律的水平，很难发展到道德自律的阶段。这也是为什么很多学生是"两面派"（老师在场与不在场会有完全不同的表现）的重要原因。由于对学校规则缺乏清晰的理解，对规则背后所蕴含的道德原则及其所背负的社会功能没有深刻的理解，学生对学校规则的遵守就只能是出于权威的强力控制；一旦外在的控制力消失，对规则的服从也就荡然无存了。

---

① ［德］康德：《道德形而上学原理》，苗力田译，上海人民出版社1986年版，第83—84页。

　　社会认知领域理论注重对不同领域的违规作出不同的反应。如前所述，当学生出现道德违规行为时，教师一定要指出其行为给他人带来的伤害，这符合学生对道德领域的理解，因而更能使学生理解和信服教师的干预行为，同时增强道德自律的意识。当学生出现习俗违规行为时，教师应该跟学生解释习俗规则对于维持社会、组织、团体生活的重要意义。如制定不可以在走廊跑的规则是因为这可能使学生处于混乱之中，导致他们受伤。当理解了这些规则所承担的社会功能及这些功能对于社会生活的重要意义时，学生就从内心认可这些规则，而不会把规则当成老师对自身的控制和强迫，逐步发展出自律的道德，并有可能自愿增加一些必要的规则来维持秩序。反过来，当规则是由学生自己制定时，他们遵守规则的意愿就会更强、积极性就会越高，规则执行的情况也就会更好。因此，有经验的班主任会尽量调动学生参与班级的管理，让学生自己制定班级管理的规则。当然，能否自己制定规则与学生的认知水平和心理发展水平密切相关。一般来说，太年幼的儿童还无法制定有效的规则。

三、教师权威的领域性与学生道德责任的发展

　　"道德责任是人在社会交往中与他人、社会之间关系的规定，它规定了在这样一种关系中应当怎样对待才是合理的。"[①] 由此可见，道德责任存在于人与人或人与组织的关系之中，是关于人与人之间应该如何相互对待的规定。道德责任具有强制性和主体性，在伦理体系中占有重要地位，"责任所包含的道德强制力和道德理性，是所有道德规范中最多的，也是社会的道德要求和个人的道德信念结合得最紧密的。从这个意义上说，责任在道德规范的整个体系中，是处于最高层次的道德规范"[②]。因此，道德责任在道德发展中具有十分重要的意义。

　　道德责任与道德主体是紧密相连的：道德责任的形成是道德主体的逻辑后果；没有道德主体，道德责任就会成为空中楼阁，无处安放。而主体的形成与自我的形成密切相关，即个体区分自我与他人、明确自我的存在是主体形成的必要条件。努齐认为，个体对个人事件的掌控或个人领域的建构源于个人与他者建立界限的需要，对于个体自主性和同一性的建立也非常重

①　曹凤月：《解读"道德责任"》，《道德与文明》2007年第2期。
②　罗国杰：《伦理学原理》，人民出版社1989年版，第187页。

要。[1]当个体缺乏必要的个人领域，缺乏对某些事件的控制和主导，就无法形成自我与他人之间的界限，难以理解对他人的尊重，也不懂保护自身的权利以获取别人的尊重，更无法形成对他人或集体的道德责任。努齐还认为，对个人领域的侵犯有可能会影响青少年的心理健康，使其表现出焦虑、好斗等负面心理。哈瑟比和努齐也发现，美国和日本中产阶级青少年父母对个人事件（不是道德或习俗事件）的过度控制与青少年自我报告的心理疾病病症相关。[2]虽然个人领域的范围或具体内容在中西文化中可能存在巨大的差异，可以肯定的是，个人自主的出现和个人领域的建立并不局限于所谓的西方个体主义文化，在东方文化中也同样存在。可以说，个人领域的建立是一种普遍的心理需求，是保持心理健康的必要条件。况且，随着年龄的增长，特别是在青少年时期，个体会逐渐扩大和巩固个人领域，这不是西方社会独有的现象，而是具有跨文化的普遍性。[3]

由此可见，教师在教育过程中不应该过分控制学生，给学生留出自我决定、自我做主的空间特别重要。由于学生对教师在个人领域的权威合法性认同度最低，因此，教师在干涉这类事件的时候一定要谨慎，方法稍有不当或力度过大就很可能激起学生的反抗。如有些老师可能以讽刺的语调评价学生的衣着，或强迫要求学生改变发型，等等。即使学生出于某些原因没有表现出显性的反抗，但他们内心不会真正认可教师的干涉，这可能为将来埋下爆发的种子，也很可能妨碍学生发展出健全的道德责任感。

四、教师权威的领域性与学生道德情感的发展

领域理论虽然主张道德认知才是道德发展的最终动力，但并不否认道德情感在道德认知中具有积极意义，认为道德情感是推动和组织判断的能量和动力，儿童的情感体验会影响他们社会认知的发展，因为情感体验能影响

---

[1]　Nucci, L. Morality and the Personal Sphere of Actions. In Reed ES, Turiel E, Borwn T, editors. *Values and Knowledge*. Erlbaum; Hillsdale, NJ: 1996. pp. 41–60.

[2]　Hasebe, Y., Larry Nucci & Nucci, M. S. (2004). Parental Control of the Personal Domain and Adolescent Symptoms of Psychopathology: A Cross-national Study in the United States and Japan. *Child Development*, 75 (3), 815–828.

[3]　Yau, J. & Smetana, J. G. (1996). Adolescent-parent Conflict among Chinese Adolescents in Hong Kong. *Child Development*, 67 (3), 1262–1275.

儿童对违规行为的理解、解读和记忆。[①]"当人感觉到另一个人能使其形成亲密感、自我价值感、安全感，并通过这个人认识到自己的能力或潜能时，就会报以对方信任与合作，而不会事先要求对方保证这种信任会物有所值。权威就是这种根植于关系中的信任而产生的影响和控制。"[②] 由此可见，道德情感对于学生道德水平的发展具有非常重要的意义。

　　教师对道德、习俗、个人领域事件的准确把握和适当回应有利于促进学生的道德情感发展。如果老师依据各个领域事件的性质来处理问题，老师和学生之间、学生和学生之间发生冲突的可能性会大大降低。例如，教师如果能理解个人领域对学生心理健康的重要性，对学生的个人领域事件给予宽容的态度，师生间的冲突就会大大减少。对于发生在学生与学生之间的道德冲突，如果教师能依据公平、公正的原则来进行坚决的处理，不给学生在道德违规事件上存有侥幸的心理，学生之间的冲突很可能就会大大减少。师生之间、生生之间的和谐相处自然会营造出安全、友爱的学校环境，使学生感觉自己生活在一个"美好的世界"，从而以更积极的心态面对生活，形成健康的道德情感。

　　以领域为基础，认识和理解学生对教师权威认知的领域性有助于从道德认知、道德自律、道德责任、道德情感等各个方面积极促进学生的道德发展，提升道德教育的有效性。

---

　　① Smetana, J. G.(1997). Parenting and the Development of Social Knowledge Reconceptualized: A Social Domain Analysis. *Parenting and Children's Internalization of Values: A Handbook of Contemporary Theory*, 162–192.

　　② Harjunen, E.(2011). Students' Consent to a Teacher's Pedagogical Authority. *Scandinavian Journal of Educational Research*, 55（4）, 403–424.

第四章 青少年关于教师权威的认知及其与学校违纪行为关系的实证研究

第二章我们探究了学校纪律和规则的领域性，指出学生对学校纪律的认知存在领域区分。第三章我们探究了教师权威及学生对教师权威认知的领域性，认为在道德、习俗、个人等不同的领域，学生对教师权威的认同程度存在差异。本章我们通过一个实证研究来验证这些观点。

第一节　研究设计

一、研究目的

（一）探究青少年关于教师权威的认知是否存在领域性，即是否在道德、习俗、个人领域中赋予教师权威以不同程度的合法性。

（二）探究青少年的教师权威认知与其学校违纪行为是否存在相关。

（三）探究青少年学校违纪行为的有效预测因素。

二、研究方法

（一）被试

被试为 297 名 7、9、11 年级的青少年，平均年龄分别为 13.06（$SD = 0.62$）、15.00（$SD = 0.59$）和 17.18（$SD = 0.59$），其中男生 131 名（44.1%），女生 166 名（55.9%），142 名来自城市（47.8%），155 名来自农村（52.2%）。大多数青少年和亲生父母生活在一起（69%），其他的或者与祖父母居住（8.9%），或者与继父 / 母居住（3%），其余 19.1% 的青少年独自居住或寄居在其他亲戚家。

（二）刺激事件

为了使我们使用的刺激事件适用于来自不同学校的被试，我们在问卷调查前采访了准备施测的学校的部分学生和老师，收集他们所在学校典型的违纪事件。本研究所用的刺激事件即来自访谈收集的事件，选择的标准是事件具有普遍性，在所有或大多数学校都存在。最后，我们编写了 19 件虚拟事件作为刺激事件，其中道德事件、习俗事件、情境性习俗事件和个人事件各 4 个，安全事件 3 个。情境性习俗事件（contextually conventional items）是指某些本属于个人领域的事件在学校这一特定的情境中具有了习俗领域事件的性质，受到学校的管束。[①] 如什么时候去洗手间本来是个人领域的事件，但在学校上课这一情境中就需要经过老师的允许。表 4-1 呈现了本研究的所有事件。

表 4-1　学校教师权威问卷刺激事件

领域	刺激事件
道德事件	考试的时候偷看、抄袭别人答案 偷其他同学的钱 嘲笑同学 和别的同学打架
习俗事件	上学迟到 上课讲小话 吃午餐的时候插队 穿拖鞋去学校
个人事件	留短头发 佩戴耳环和项链 吃午餐的时候和朋友坐在一起 如何花自己的零花钱
情境性习俗事件	上课的时候不经老师同意去洗手间 上课的时候给朋友递纸条 在教室使用手机 在学校向男生／女生示爱

---

① Smetana, J. G. & Bitz, B.（1996）. Adolescents' Conceptions of Teachers' Authority and Their Relations to Rule Violations in School. *Child Development*, 67（3）, 1153–1172.

续表

领域	刺激事件
安全事件	在学校吸烟 在学校喝酒 去网吧上网

（三）学生问卷

第一部分：背景信息。在问卷的最前面是被试的个人信息，包括年龄、性别、父母的婚姻状态（初婚、再婚、离婚）、居住地区（城市或农村）、学习成绩（很好、一般、不太好）及对学校的喜欢程度（五点量表，从 1 非常不喜欢到 5 非常喜欢）。

第二部分：对各个领域的刺激事件进行判断或评估。这一部分包括四个维度：行为和规则评估（4 个问题），权威来源（1 个多选问题），学校环境评估（2 个问题），违纪行为自我评估（1 个问题）。所以，每个事件都有 8 个问题需要被试进行判断或评估。

1. 行为和规则评估。给被试呈现一系列事件，请其判断"教师是否有权"制定每一个事件的相关规则，以测量教师在这一事件中的权威合法性。"1"表示教师有权制定相关规则，"0"表示教师没有权力制定相关规则。然后，被试在五点量表上判断这一规则的合理程度，"1"表示很不合理，"5"表示非常合理，以测评被试对规则合理程度的评估。然后，被试要求判断这一行为"是否可以由个体自己决定"，以测评被试对个人自主性的判断。"1"表示可以由个体自己决定，"0"表示不能由个体自己决定。最后，被试要求以三点量表来判断行为的严重程度，以测评其对违纪行为严重程度的评估，"1"表示不严重，"2"表示一般，"3"表示非常严重。

2. 权威来源。被试选择有权力制定每一事件相关规则的个人或机构（自我、教师、父母、校长、法律），或判断谁有权威来管理这一事件。被试可以多选，"1"表示被试认为个人或机构有权力制定规则，"0"表示被试认为个人或机构没有权力制定规则。

3. 对学校环境的评估。接下来的两个问题是关于青少年对于学校环境的感受。要求被试评估学校对每一事件的管理程度，"1"表示没有相关规则，"2"表示有相关规则，但管理不太严格，"3"表示管理非常严格。然后被试在五点量表上判断他们对制定每一事件相关规则的参与程度，"1"表示没有参与，"5"表示有很大程度的参与。

4.学生违纪行为的自我评估。最后，被试要求报告最近一年来参与每一事件的违纪行为的频率，"1"表示从来没有，"5"表示经常参与。

从学生访谈中收集问卷所用的 19 个事件，然后请领域理论的相关专家根据领域区分的标准把事件归属到道德、习俗、个人、情境性习俗和安全领域，即确定问卷的 5 个维度，确保问卷的效度。数据分析显示，这 5 个维度的内部一致性系数大部分都在 0.7 以上，总量表的一致性系数在 0.9 以上（见表4–2），表明问卷具有良好的信度。

表4–2　量表内部因子一致性系数（α 系数）

因素	道德事件	习俗事件	个人事件	情境性习俗事件	安全事件	总量表
α 系数	0.739	0.747	0.634	0.777	0.725	0.928

班主任对被试在过去一年中参与每一事件的违纪行为的频率进行评估，这和学生的评估项目是一致的。以五点量表进行测量，"1"表示从来没有，"5"表示经常参与。

（四）研究程序

我们到城市和农村的初中和高中邀请学生和老师参与我们的研究，参与研究的学生获得一份价值 10 元的礼物。出于方便的原则，我们基本以班级为单位进行测试。在测试过程中，老师和其他学校管理人员被要求离场，以免影响学生完成问卷的客观性。学生在完成问卷的过程中可以随时向研究者提问，完成问卷没有时间限制。

由班主任完成教师问卷，因为班主任对学生的表现最为了解。参与研究的教师获得一份价值 200 元左右的礼物，共有 14 位教师参与了这一研究。

（五）分析

所有数据录入 SPSS18.0 进行分析。每个维度的领域得分 = 所有事件的得分 / 事件数目，即所有事件得分的平均数。如，被试道德领域规则合理性评估的得分 = 被试对 4 个道德事件规则合理性评估的总分 /4，即总得分的平均数。然后分别对每个判断或评估的平均数进行 3（年级：7/9/11）×2（性别：男 / 女）×2（地区：城市 / 农村）×5（领域：道德 / 习俗 / 个人 /

情境性习俗 / 安全）的重复测量方差分析法（ANOVAs），其中年级、性别和地区为被试间因素，领域为重复测量因素。然后用多元回归分析法来探究不同因素和学校违规行为之间的相关关系。在分析中对百分比数据进行反正弦处理，以满足方差分析对数据的方差齐性要求。

第二节　研究结果

一、行为和规则评估

分别对教师制定规则的合法性判断、个体自主性判断、行为严重性评估和规则合理性评估进行单因素方差分析，结果显示，被试对这四个项目的判断都存在明显的领域主效应，$F（4，1136）= 310.96，357.38，407.31，357.36，P < 0.0001$。从表 4-3 的数据可以看到，与其他领域相比，教师在道德事件上具有更大的权威合法性（$M = 0.95$），即学生认为老师更有权力管理和干涉道德领域的事件。教师在安全领域和习俗领域事件中的权威合法性高于其在情境性习俗和个人领域事件中的权威合法性。相反，被试在个人领域的自主性得分（$M = 0.76$）高于其他所有领域的得分，说明被试在个人领域具有最高的自主性；而被试在情境性习俗领域事件的自主性高于其在安全领域、习俗领域或道德领域的自主性。

与此类似，被试对道德领域和安全领域的规则比其他领域的规则持更为积极和肯定的态度，更认可这些规则的合理性；而对道德领域和安全领域的违规行为比其他领域的违规行为的态度更为否定和反对。在对规则的肯定性方面，习俗领域大于情境性习俗领域，而情境性领域又大于个人领域；在对违规行为的否定性方面也是如此。表 4-3 呈现了所有数据。

表 4-3　权威合法性判断和个人自主性判断（%）及规则合理性评估和

行为严重性评估均值（年级）

	年级			
	7	9	11	M
权威合法性判断 [a]				
道德事件	92.8	97.0	95.9	95.2
习俗事件	89.2	83.0	80.0	84.4

续表

	年级			
	7	9	11	*M*
个人事件	53.4	35.3	27.9	39.6
情境性习俗事件	78.4	67.0	63.0	69.9
安全事件	91.6	85.6	82.3	86.9
个人自主性判断				
道德事件	29.3	44.7	56.3	42.2
习俗事件	35.1	50.2	65.8	49.1
个人事件	61.1	81.9	87.3	76.2
情境性习俗事件	38.9	53.5	72.8	53.6
安全事件	31.1	51.4	65.0	48.0
规则合理性评估 [a]				
道德事件	4.37	4.30	4.09	4.27
习俗事件	4.15	3.83	3.70	3.91
个人事件	3.34	2.71	2.54	2.71
情境性习俗事件	3.83	3.46	3.27	3.54
安全事件	4.00	4.10	3.85	4.14
行为严重性评估 [b]				
道德事件	2.72	2.70	2.53	2.67
习俗事件	2.36	2.06	2.03	2.16
个人事件	1.87	1.54	1.49	1.64
情境性习俗事件	2.29	2.04	1.86	2.08
安全事件	2.36	2.18	2.07	2.21

注：[a] 五点量表，从 1（非常不合理）到 5（非常合理）；[b] 三点量表，从 1（不严重）到 3（非常严重）。

单因素方差分析结果也显示，被试在教师权威合法性、个人自主性和规则合理性评估和行为严重性评估这四个方面的判断都存在年级主效应，$F(2, 287) = 9.23, 24.79, 15.76, 20.61, P < 0.0001$。7 年级学生比 9 年级和 11 年级学生更认可教师在除道德事件外的领域的权威合法性，而 9 年级和 11 年级学生则比 7 年级学生更主张自己在所有行为上的自主性（均值见表

4-3）。7年级学生对安全事件除外的各领域规则的态度也比9年级和11年级学生更为肯定和积极，对违规行为的否定态度则更为强烈。

被试在教师权威合法性、个人自主性和规则合理性评估和行为严重性评估这四个方面的判断也存在地区主效应，$F(1, 287) = 21.71, 16.46, 26.53, 34.26, P < 0.0001$。来自农村的被试比来自城市的被试更认同教师在习俗领域、个人领域、情境性习俗领域和安全领域制定规则的权威合法性，$F(1, 301) = 6.80, 26.11, 40.00, 8.59, P < 0.05, 0.0001, 0.0001, 0.01$（均值见表4-4），但在道德规则方面不存在显著差异，绝大多数被试（95%）都认同教师在道德事件上的权威合法性。相反，在个人自主性方面，农村被试比城市被试在习俗事件、情境性习俗事件、个人事件和安全事件方面给自己的自主权更少，$F(1, 301) = 12.63, 23.73, 57.09, 12.80, P < 0.0001$，但在道德事件上不存在显著差异（均值见表4-4）。单因素方差分析也显示，在规则合理性评估上，所有领域都存在显著差异，$F(1, 301) = 4.26, 5.28, 47.72, 51.39, 9.34, P < 0.05, 0.05, 0.0001, 0.0001, 0.01$。最后，和城市被试相比，农村被试认为道德领域、习俗领域、个人领域和情境性习俗领域的违规行为更为严重，$F(1, 301) = 5.92, 18.64, 40.80, 46.61, P < 0.05, 0.0001, 0.0001, 0.0001$，但在安全领域的违规行为方面差异不显著。

表4-4　权威合法性判断和个人自主性判断（%）及规则合理性评估和行为严重性评估均值（地区）

	地区		
	农村	城市	M
权威合法性判断 [a]			
道德事件	95.3	95.1	95.2
习俗事件	88.0	80.1	84.3
个人事件	46.9	31.3	39.5
情境性习俗事件	80.0	58.7	70.0
安全事件	90.4	83.0	86.9
个人自主性判断			
道德事件	39.2	45.6	42.2
习俗事件	41.4	57.7	49.1
个人事件	67.5	85.8	76.2
情境性习俗事件	38.6	70.3	53.6

续表

	地区		
	农村	城市	M
安全事件	39.8	57.1	48.0
规则合理性评估 [a]			
道德事件	4.33	4.20	4.27
习俗事件	3.99	3.80	3.91
个人事件	3.05	2.35	2.71
情境性习俗事件	3.87	3.16	3.54
安全事件	4.26	4.00	4.14
行为严重性评估 [b]			
道德事件	2.71	2.62	2.67
习俗事件	2.26	2.03	2.16
个人事件	1.78	1.47	1.64
情境性习俗事件	2.25	1.88	2.08
安全事件	2.25	2.16	2.21

注：[a] 五点量表，从 1（非常不合理）到 5（非常合理）；[b] 三点量表，从 1（不严重）到 3（非常严重）。

二、权威来源

从图 4-1 我们可以看到，绝大多数被试认为老师和校长是道德事件和习俗事件的权威来源，但拒绝他们在个人事件上的权威。大约一半的被试认为法律、父母和他们自己在道德事件上有自主权；一半的被试认为他们自己在习俗事件上具有自主权。绝大多数被试认为自己在个人事件上具有自主权。有趣的是，大约一半（46%）的被试认为父母在个人事件上有权威合法性，教师被认为在情境性习俗事件（71.2%）和安全事件（71.7%）上有最大的权威，而被试认为自己和父母在个人事件和安全事件上比除教师外的其他个人或组织具有更大的权威（约 50%）。

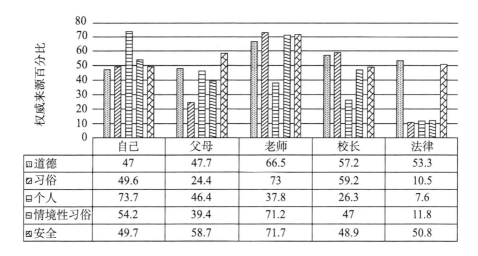

	自己	父母	老师	校长	法律
道德	47	47.7	66.5	57.2	53.3
习俗	49.6	24.4	73	59.2	10.5
个人	73.7	46.4	37.8	26.3	7.6
情境性习俗	54.2	39.4	71.2	47	11.8
安全	49.7	58.7	71.7	48.9	50.8

图 4-1　教师权威来源的平均认同率（%）

三、学校环境评估

总体来看，学生感到学校规则对行为的管理具有普遍性（$M = 2.21$），他们对规则制定的参与程度只有中等（$M = 2.39$）。对规则存在程度的评估和参与规则制定程度的评估分别进行单因素方差分析，结果显示两者都存在领域主效应，$F(4, 1108) = 115.81, 60.90, P < 0.0001$。被试报告学校的道德和情境性习俗规则比其他领域的规则更多；而习俗领域和安全领域的规则比个人领域更多（均值见图 4-2）。在参与规则制定程度方面，被试报告在习俗领域的参与程度最高，接下来依次是道德领域、安全领域和情境性习俗领域，个人领域的参与规则制定程度最低（均值见图 4-3）。

在规则存在程度评估和参与规则制定程度评估方面也具有地区和年级主效应，分别为 $F(1, 282) = 48.50, 13.47, P < 0.0001$；$F(1, 282) = 27.92, 6.25, P < 0.0001, 0.01$。7 年级被试与 9 年级和 11 年级被试报告的学校规则、参与规则制定的程度存在显著差异，$MD = 0.53, 0.49, P < 0.01$；但 9 年级和 11 年级之间不存在显著差异。

在学校规则的存在方面，男生和女生的报告有显著差异，$F(1, 282) = 4.89, P < 0.05$。在所有领域，男生报告的规则都比女生更多，$MD = 0.16$。但在参与规则制定程度方面不存在显著的性别差异。

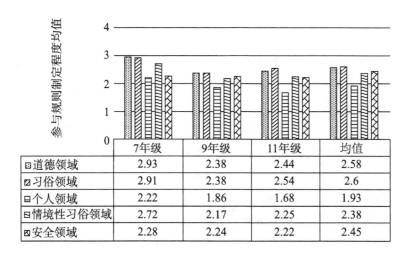

图 4-2 规则存在程度评估均值

注：三点量表，1= 没有规则，3= 严格执行规则。

	7年级	9年级	11年级	均值
道德领域	2.55	2.31	2.16	2.35
习俗领域	2.46	2.24	1.99	2.25
个人领域	1.95	1.86	1.61	1.83
情境性习俗领域	2.43	2.45	2.11	2.35
安全领域	2.51	2.13	2.04	2.24

	7年级	9年级	11年级	均值
道德领域	2.93	2.38	2.44	2.58
习俗领域	2.91	2.38	2.54	2.6
个人领域	2.22	1.86	1.68	1.93
情境性习俗领域	2.72	2.17	2.25	2.38
安全领域	2.28	2.24	2.22	2.45

图 4-3 参与规则制定程度评估均值

注：五点量表，1= 没有参与，5= 很大程度参与。

四、自我报告的违纪行为

总体来看，学生报告的违纪行为很少（$M = 1.70$）。单因素方差分析显示，自我报告的违纪行为存在显著的主效应，$F(4, 1092) = 403.18$，$P <$

0.0001。除了个人领域，被试报告的习俗领域的违纪行为比其他领域更多。安全领域报告的违纪行为比其他所有领域都少，报告的道德违规行为比习俗和情境性习俗违规行为更少（均值见表4-5）。

领域和年级 $F(4, 1092) = 9.25$，$P < 0.0001$，领域和地区 $F(4, 1092) = 13.29$，领域和性别 $F(4, 1092) = 9.82$，$P < 0.0001$ 之间都存在显著的交互效应。11年级被试报告的违纪行为为总体上比9年级多；9年级被试报告的违纪行为为总体上比7年级多。农村被试报告的违纪行为一般比城市被试更多。最后，男生在道德和安全领域报告的违纪行为比女生更多，而女生在习俗、个人、情境性习俗领域报告的违纪行为更多。

表 4-5 教师和学生违纪行为评估均值

	年级			
	7	9	11	M
学生违纪行为评估[a]				
道德领域	1.43（0.42）	1.51（0.46）	1.61（0.49）	1.51（0.46）
习俗领域	1.76（0.58）	2.13（0.62）	2.18（0.76）	2.02（0.67）
个人领域	2.43（0.78）	3.06（0.73）	3.55（0.83）	2.97（0.88）
情境性习俗领域	1.44（0.50）	1.63（0.54）	2.07（0.74）	1.68（0.63）
安全领域	1.32（0.57）	1.50（.63）	1.46（0.61）	1.43（0.58）
教师违纪行为评估[a]				
道德领域	1.20（0.37）	1.94（0.72）	1.34（0.38）	1.46（0.60）
习俗领域	1.38（0.39）	1.98（0.59）	1.59（0.63）	1.62（0.58）
个人领域	2.26（0.60）	1.81（0.40）	3.09（0.66）	2.36（0.74）
情境性习俗领域	1.28（0.26）	1.53（0.41）	1.87（0.91）	1.51（0.60）
安全领域	1.16（0.30）	1.45（0.31）	1.74（0.73）	1.40（0.51）

注：[a] 五点量表，1（从来没有）到5（非常频繁）。

五、教师评估和学生评估之间的相关分析

教师对学生在各个领域的违规行为评估的均值也呈现在表4-5中。所有被试的教师评分和自我评分在习俗领域和个人领域是中等程度的显著相关（$rs = 0.31, 0.30$，$ps < 0.001$），而在道德领域、情境性习俗领域和安全领域的行为评估微弱相关，但也达到了显著水平（$rs = 0.12, 0.19, 0.13$，$ps < 0.05$）。

相关检测表明，学生在所有领域报告的违纪行为都比教师评估的更高。

表 4-6　总体行为回归分析中自变量相关表

	2	3	4	5	6	7	8	9	10	11
1. 规则合理性评估	0.71***	0.80***	0.30***	0.54***	−0.35***	−0.04	−0.24***	−0.16**	−0.07	−0.32***
2. 行为严重性评估		0.57***	0.27***	0.52***	−0.23***	−0.08	−0.29***	−0.10*	0.02	−0.31***
3. 教师权威合法性			0.18**	0.39***	−0.27***	−0.06	−0.18**	−0.05	0.06	−0.30***
4. 参与规则制定程度				0.43***	0.11*	0.02	−0.13*	−0.03	−0.02	−0.23***
5. 规则存在程度					−0.29***	−0.10**	−0.32***	−0.21***	−0.01	−0.41**
6. 是否喜欢学校						0.08	0.21***	0.02	0.04	−0.02
7. 成绩							0.24***	−0.01	0.11*	−0.03
8. 年龄								0.12*	0.10*	−0.15**
9. 性别									−0.02	0.09
10. 父母婚姻状态										−0.13*
11. 地区										

注：*p < 0.05，**p < 0.01，***p < 0.001。

六、对违纪行为的多元回归分析

接下来用多元回归分析法来探究青少年对规则的评估（通过行为严重性、规则合理性评估和权威合法性判断来测量）、对学校环境的评估（通过对规则存在程度和参与规则制定程度的评估来测量）、背景因素（性别、年龄、地区、父母婚姻状态）和对学校的态度（自我报告的成绩和对学校的喜欢程度）与其最近一年来在学校的违纪行为之间的关系。为了减少自我报告数据的偏差，违纪行为的得分我们是取学生违纪行为自我报告分数和老师对学生违纪行为评估分数的均值，因为相关分析表明这两者是显著相关的，所有领域的总得分和各个领域的得分都是如此。我们采用的是逐步回归法，表 4-6 呈现了各自变量之间的相关情况。虽然有些自变量之间相关显著，但在之后的共线性分析中，发现容忍度（tolerance）值和方差膨胀因素（Variance Inflation Factor，VIF）值都在可接受范围之内，不存在多元共线性问题。[①]

表 4-7 呈现的是进入模型的自变量及其相关数据。

表 4-7　各个领域的多元回归分析

自变量 / 因变量	可决系数 （R^2）	增加解释量 （ΔR）	净 F 值	标准化 回归系数
违规行为（总体） $R^2=0.412$				
年龄	0.245	0.245	80.422	0.407
教师权威合法性	0.399	0.155	81.216	−0.370
是否喜欢学校	0.412	0.012	57.393	0.117
道德领域违规行为 $R^2=0.169$				
规则存在程度	0.075	0.075	22.417	−0.204
性别	0.115	0.039	12.264	0.215
规则合理性评估	0.152	0.037	12.062	−0.200
是否喜欢学校	0.169	0.017	5.169	0.317
习俗领域违规行为 $R^2=0.238$				
年龄	0.095	6.095	29.759	0.265
教师权威合法性	0.161	0.066	22.219	−0.150
性别	0.195	0.034	11.790	0.199
是否喜欢学校	0.213	0.018	6.274	0.116
参与规则制定程度	0.224	0.012	4.226	0.140
规则合理性评估	0.238	0.014	4.987	−0.161

---

① 吴明隆认为，回归模型中如果容忍度（tolerance）值大于 0.10，方差膨胀因素（Variance Inflation Factor，VIF）值小于 10，则自变量间多元共线性问题就不存在。参见吴明隆：《问卷统计分析实务》，重庆大学出版社 2010 年版，第 390 页。

续表

自变量 / 因变量	可决系数（R^2）	增加解释量（ΔR）	净 F 值	标准化回归系数
个人领域违规行为 R^2=0.505				
教师权威合法性	0.288	0.288	112.776	−0.292
年龄	0.409	0.121	57.146	0.398
地区	0.482	0.072	38.661	−0.253
规则存在程度	0.498	0.017	9.157	−0.135
性别	0.505	0.007	3.933	−0.086
情境性习俗领域违规行为 R^2=0.314				
年龄	0.207	0.207	75.666	0.387
教师权威合法性	0.257	0.050	19.643	−0.256
参与规则制定程度	0.284	0.026	10.527	0.174
规则存在程度	0.299	0.016	6.474	−0.175
地区	0.314	0.015	6.267	0.142
安全领域违规行为 R^2=0.254				
规则合理性评估	0.125	0.125	41.639	−0.317
年龄	0.192	0.067	23.995	0.291
性别	0.254	0.062	24.019	0.252

从表 4-7 可以看出，根据被试的年龄、他们对教师权威的认同程度和他们是否喜欢学校能有效预测被试总体的违纪行为（R^2 = 0.412）。除了道德领域，被试在所有领域的违纪行为随着年龄的增长而有所增加。对教师权威合法性认同程度低的被试表现出更多的违纪行为。学生对学校的喜欢程度越高，报告的违纪行为越少。从表 4-7 可以知道，这三个因素在大多数领域违纪行为的回归分析中都能显著预测教师—学生评估的违纪行为，能预测总体违纪行为的 41.2%。

在道德领域，学生对规则存在的评估、对规则合理性的评估、对学校的喜欢程度和性别（就如前面提到的，男生比女生所犯的道德违纪行为更多）是预测这一领域的违纪行为的有效因素。这些因素总体能预测 16.9%

的道德违纪行为。

在习俗领域，学生对教师权威合法性认同程度越低、在规则制定的参与度越低、对规则合理性的评估越低，他们在这一领域的违纪行为就越多；随着年龄的增长，学生的习俗违纪行为有所增加；男生的习俗违纪行为比女生更少；学生自我报告喜欢学校的程度越高，这一领域的违纪行为就越少。这6个因素能解释23.8%的习俗违纪行为。

在个人领域，学生对教师权威的认同程度越低、对规则存在程度的评估越低，他们在个人领域的违纪行为就越多；随着年龄的增长，个人领域的违纪行为有所增加；城市被试报告的个人领域的违纪行为更多；男生比女生报告的个人领域的违纪行为更少。这些因素能解释50.5%的个人领域的违纪行为。

在情境性习俗领域，和其他领域一样，随着年龄的增长，这一领域的违纪行为有增加；对教师权威认同的程度越低、对规则制定参与程度和规则存在程度的评价越低，学生在这一领域的违纪行为就越多；城市被试报告的情境性习俗违纪行为更多。这些因素能解释31.4%的情境性习俗违纪行为。

在安全领域，学生对规则合理性的态度越消极和否定，其安全违纪行为就越多；随着年龄的增长，学生在安全领域的违纪行为也有所增加；女生报告的安全领域的违纪行为比男生更少。

第三节　讨论与启示

一、行为和规则评估

和预期一样，青少年对学校和老师的权威认知存在领域差异。绝大多数青少年认可教师在道德、安全、习俗领域的权威合法性（80%以上），对教师在情境性习俗事件上的权威合法性认可程度低很多（不到70%），在个人领域对教师的权威的认可程度更低（不到40%）。这和之前的很多研究结果是一致的。斯美塔那、提萨克等发现，儿童和青少年在不同领域对父母权威的认知是不同的：他们一般认为父母在道德事件、习俗事件、安全事件上具有合法权威。然而，随着年龄的增长，青少年逐渐把个人事件和交叉领域事件归入个人管辖的范围，不再划分到父母合法的权威范围之内。[1] 特里尔发现，学生所认为的老师的不恰当指令或要求包括以下行为：违反道德的指令，违反习俗观念的指令，如干涉个人领域、违反学校规则等，违背学生心理需求的指令。[2] 由此看来，青少年对教师权威的认知和父母权威的认知存在诸多相似之处。在权威来源的选择方面，70% 左右的学生都认为教师是道德、习俗、情境性习俗和安全领域的权威，而且是这些领域最被普遍接受的权威来源。学校管理的代表校长在道德、习俗、情境性习俗和安全领域也具有较高的权威认可度，大约一半的学生认可他们在这些领域的权威性。但在个人领域，学生认为自己是主要的权威来源，其次是父母，学生普遍不认可教师和学校在个人领域事件中的权威。

对于教师制定规则的合理性判断上，道德领域被认为是合理性最高的，其次是习俗领域和安全领域，给个人领域制定规则被认为是最不合理的。这和之前的研究是相符合的。如 Braine 等的研究发现，学生期待学校和老师制定管理道德事件（如打人、伤害人或偷窃等）的规则；如果教师对这些行为听之任之，学生认为这是教师的失职，因为这些行为会给人带来伤害。[3] 同时，学生也认为学校和教师在某些与习俗相关的行为（如穿衣服的方式、课堂上讲小话等）和与学习相关的活动（如按时完成家庭作业、书写清楚或解决数学问题的方式等）上也具有合法制定和实施学校规则权力。[4] 当学生认可教师和学校在某一领域制定规则的合理性时，他们接受这些规则的可能性就更高；反之则可能遭到他们或明或暗的违反和反抗。与此相应，青少年在个人领域的自主性要求最为强烈，之后依次是情境性习俗领域、习俗领域、安全领域和道德领域。学生自主性要求似乎与其对教师权威的认可是反方向变化的：学生在某个领域的自主性要求越高，他们在这一领域对教师权威合法性的认可就越低；反之亦然。因此，学校和教师在制定规则的时候一方面要考虑到规则所属的领域，另一方面也要考虑到学生在这一领域对自主性的要求。道德领域、习俗领域和安全领域的规则得到学生的高度认可，教

① Smetana, J. G., Asquith, P. (1994). Adolescents' and Parents' Conceptions of Parental Authority and Personal Autonomy. *Child Development, 65* (4), 1147–1162.

② Yariv, E. (2009). Students' Attitudes on the Boundaries of Teachers' Authority. *School Psychology International, 30* (1), 92–111.

③ Braine, L. G., Pomerantz, E., Lorber, D. & Krantz, D. H. (1991). Conflicts with Authority: Children's Feelings, Actions, and Justifications. *Developmental Psychology, 27* (5), 829–840.

④ Blumenfeld, P. C., Pintrich, P. R. & Hamilton, V. L. (1987). Teacher Talk and Students' Reasoning about Morals, Conventions, and Achievement. *Child Development, 58* (5), 1389–1401.

师制定相关规则后实施的效果会更好。学生在个人领域自主性的要求很高，对相关规则的认可程度很低，因此，教师在制定与学生个人领域相关规则的时候要特别谨慎。

这些对我们进行道德和纪律教育具有重要启示意义。柯林等发现，儿童和青少年对成人道德、习俗原则和规则的接受或拒绝有赖于他们对这些规则、要求或期望的评价和判断。即使判断它们是合理正当的，儿童和青少年还会积极评价成人传递这些规则的方法，看这些方法是否与事件的领域相契合。当成人的解释与行为的领域一致时（domain-appropriate），青少年接受这些规则和解释的可能性更大；不一致时（domain-inappropriate）拒绝的可能性更大。① 具体而言，当教师处理学生的道德违纪行为时，指出其行为可能给别人带来的伤害、对他人权利的损害，或可能导致的不公平更可能得到学生的认可，从而促使其终止违纪行为；当学生出现习俗违纪行为时，教师应当重点指出这一习俗规则在维持班级秩序、保证学校正常运转等方面的重要意义，而不要只是简单地命令或禁止；对于安全违规行为，教师应该重点指出该行为可能给他们自己带来的伤害及严重的后果。至于情境性习俗违纪行为或个人领域的违纪行为，教师在干预的时候要特别谨慎，因为学生在这两个领域对教师权威的认可度比较低，如果教师的方式方法还与学生认知的领域不一致，很可能导致学生的抵制和反抗。情境性习俗事件只有在某些情境中才是习俗事件，在其他情境中是属于个人领域的，因此，其习俗性，或在某些特定情境中的重要组织功能对于学生来说不如习俗事件明显，教师需要重点向学生解释这些规则对于某些组织运行的重要意义，这些事件在某一情境中需要加以管理的原因，等等。至于个人领域事件，教师应该尽量让学生做主。我们在前面也提及，个人领域是发展学生自主性、责任心的重要因素，也是保持学生心理健康的必要条件。当必须干预学生的个人领域事件时，教师应尽量多给建议，不要命令或强迫。当教师实施权威的时候与学生对教师权威合法性的认知具有领域契合性时，教师的权威就能发挥最佳的效果，也能在维持纪律和秩序的同时促进学生道德心理和道德水平的发展。

在教师权威合法性、个人自主性、规则合理性评估和行为严重性评估方面都存在明显的年级主效应。青少年的个人自主性在各个领域随着年龄的

---

① Killen, M. & Sueyoshi, L.（1995）. Conflict Resolution in Japanese Social Interactions. *Early Education and Development, 6*（4）, 317-334.

增长都呈现出明显上升的趋势，特别是安全领域和情境性习俗领域。这和之前的研究存在一致性：青少年时期自我迅速成长，他们感觉自己"长大了"，在各个方面的自主性要求增多。斯美塔那发现，在青春前期（5、6年级）和青春期（7—12年级）的学生认可的父母权威合法性下降，而个人自主性增强，特别是在个人领域和交叉领域。[①]加上青少年时期生理方面的剧烈变化，青少年对自己身体的控制欲望和能力都增强，喜欢从事一些冒险的活动，因此，在安全领域的自主要求急剧增加。而父母从安全的角度出发，经常要控制这一类冒险活动，这也是青春期亲子冲突的主要原因之一。教师应该认识到青少年对于自主性的要求，在可能的范围内尽量给他们自己做主的权利，不要试图全方位控制学生的行为。对于安全领域事件，教师应该让学生明白由于其自身生理变化而导致的冒险冲动，同时多用事例来说明这些冲动可能导致的严重后果，而不要一味地强迫、控制，那只会导致青少年强烈的反抗。教师在管理学生的时候要注意到学生对于教师权威合法性、教师制定规则的合理性、个体自主性要求等方面的发展变化。

除道德领域外，农村和城市的青少年对于教师权威合法性、个人自主性、规则合理性评估和行为严重性评估存在明显的领域差异。总体而言，农村青少年比城市青少年更认可教师在习俗、情境性习俗、安全、个人领域的权威合法性，个人自主性要求的程度更低。Georgas 等研究发现，即使在同一文化中，城市被试更倾向于个体主义，传统的农村被试更倾向于集体主义。[②]也就是说，城市青少年更加具有自主性，能坚持按自己内心想法来行动。这可能与城市学生成长经历和家庭环境有关。一般而言，城市家庭的经济水平和文化水平都更高，父母对孩子的教育可能更加民主，更注意培养孩子的自主意识和批判意识，因而孩子对权威的服从带有更多理性的成分，少了盲目的成分。农村青少年更倾向于服从学校和教师的指令，为集体的目标而压抑自己个人的想法。这一方面提示教师，学生不同的文化背景可能会影响他们对教师权威的认知和理解，教师应该根据学生的实际情况进行处理；另一方面也说明学生对教师权威认可降低未必就是坏事，这说明他们理性批判思维的能力有所增强。

---

① Smetana, J. G. (2013). Concepts of Self and Social Convention: Adolescents' and Parents' Reasoning about Hypothetical and Actual Family Conflicts. In *Development During the Transition to Adolescence* (pp. 79-122). Psychology Press.

② Georgas, J. (1989). Changing Family Values in Greece. *Journal of Cross-Cultural Psychology, 20* (1), 80-91.

学生对教师权威合法性的评估能有效预测他们在大多数领域的违纪行为。一般而言，学生对教师权威合法性的认可程度越低，出现的违纪行为就越多。

二、学校环境评估

7 年级被试在情境性习俗领域以外各个领域报告的规则都比 9 年级和 11 年级被试更多；参与制定规则的程度也更高。这和斯美塔那的研究结果具有某种程度的一致性。可能的解释是 7 年级学生刚刚从小学进入中学，来到一个全新的环境需要适应更多的规则，因而感觉到更多规则的存在；同时，全新的班集体可能需要制定更多的规则，学生参与制定规则的可能性也就更高。在之后对 7 年级班主任老师的访谈中证明了这一点。与此类似，农村被试报告的各个领域的规则更多，在规则制定方面的发言权也更大。

在感受到的学校规则的存在方面，男生和女生存在显著差异。在所有领域，男生报告的规则都比女生要多，这说明男生在学校感受到的纪律约束比女生更强烈。但在参与规则制定程度方面不存在显著差异。这证实了之前很多研究的结论。雷蓓尔（Loeber）等发现，一般而言，与男生相比，女生在违反纪律方面不如男生普遍。[1] 卡提那红（Coutinho）和欧斯沃尔德（Oswald）发现，即使控制了种族等其他变量，男生被诊断为行为异常的概率也是女生的四倍。[2] 研究也多次证明，男生更倾向于通过生理的或语言的攻击来伤害他人，而女生更倾向于通过关系来伤害他人（如把他人排挤出某个团体或活动）。[3] 可见，男生的攻击方式更为显性，与学校纪律和规则的要求冲突更加明显，因而经常能感觉到纪律的约束。而女生通过关系来控制和伤害他人具有一定的隐蔽性，与学校纪律要求之间的冲突不如男生明显，因而可能感觉较少受到纪律的约束和老师的控制。另外，研究还表明，男

① Loeber, R. & Keenan, K. (1994). Interaction Between Conduct Disorder and Its Comorbid Conditions: Effects of Age and Gender. *Clinical Psychology Review*, *14*（6）, 497–523.

② Coutinho, M. J. & Oswald, D. P. (1999). State Variation in Gender Disproportionality in Special Education. *Remedial and Special Education*, *26*（1）, 7–15

③ Dodge, K. & Crick, N. R. (2005). Social Information Processing bases of Aggressive Behavior in Children. *Personality and Social Psychology Bulletin*, *53*, 1146–1158.

生和女生在冲动性水平上存在显著差异。[①]墨菲特（Moffitt）等发现，男生在情绪控制水平上明显低于女生；而在愤怒、沮丧等负面情绪上明显高于女生。因此，他认为这很可能是由男生和女生性格特征的差异造成的，特别是冲动性水平的差异导致了男生和女生不同的行为模式。教师在实施纪律的时候需要考虑到男生和女生的这些差异，在可能范围内对男生的违纪行为给予更多的理解和宽容。

三、学生学校违纪行为的预测因素

　　虽然学生自我报告的违纪行为可能比实际的违纪行为更少，有意思的是，在所有领域，教师报告的违纪行为比学生自我报告的更少。可能的原因有二：一是有些违纪行为，如抽烟、喝酒等大多是老师不在场的情况下发生的，教师并不知情；另一个原因可能是教师更倾向于提供社会所期待的答案。学生是教师教育的对象，教师有可能把学生的不良行为看成是自己教育效果的体现；或者因为教师经常和学生交流，产生了所谓的光环效应。但不管如何，教师评估的违纪行为和学生自我报告的违纪行为之间存在显著相关，用两者的均值作为学生违纪行为的测量指标能在一定程度上减少自我报告数据的主观性问题。在将来的研究中如果能加入一些观察数据可能使研究更为客观、科学和全面。

　　总体而言，年龄是预测学生违纪行为的有力因素，能解释24.5%的在学校违纪行为。除了道德领域，其他各个领域的违纪行为都随着年龄的增长而有显著增加，特别是在情境性习俗领域（$R^2 = 0.207$）、个人领域（$R^2 = 0.121$）和习俗领域（$R^2 = 0.095$），年龄能在很大程度上预测这些领域的违纪行为。这说明这一阶段的青少年正处于观念快速发展的时期，特别是有关个人领域和习俗领域的观念。随着年龄的增长，青少年在情境性习俗领域的违纪行为有较大幅度的增加，这说明他们的自主性有所增强，因而更可能把这些事件归入自己做主的个人领域。个人领域违规事件也随年龄增长有较大幅度的增长从另一方面证明了这一点。因此，学校在实施纪律的时候要考虑到青少年这些心理发展的特点，充分考虑他们对自主性的发展要求。同时，教师应该始终铭记，出现违规行为是青少年心理发展过程中的正常现象，很可

---

　　① Moffitt, T. E., Caspi, A., Rutter, M. & Silva, P. A.（2001）. *Sex Differences in Antisocial Behavior: Conduct Disorder, Delinquency and Violence in the Dunedin Longitudinal Study*. Cambridge, UK: Cambridge University Press.

能随着年龄的增长自然消失，教师不应该给他们贴上"坏学生"的标签。

教师权威合法性也能有效预测青少年的违规行为，能解释总体违规行为的 15.5%。就领域而言，教师权威合法性是习俗领域、个人领域、情境性习俗领域违规行为的有效预测因素，特别是在个人领域，能解释 28.8% 的违规行为；但不能有效预测道德领域和安全领域的违规行为。这和领域理论所主张的各个领域的特征是相符合的。道德领域和安全领域的行为判断标准是行为的内在后果，道德违规行为是对他人的伤害，安全违规行为是对行为者本人的伤害，因此，对教师权威合法性的评估并不能从根本上影响学生对这些行为的判断，对教师权威合法性的评估自然也就不能有效预测道德领域和安全领域的违规行为。与此相反，习俗领域、个人领域、情境性习俗领域的违规行为的判断标准具有外在性，而不是行为本身带来的后果。因此，对教师权威合法性的认同程度能在很大程度上影响学生的行为。当学生在这些领域对教师权威合法性的认同程度高时，这些领域的违规行为就会少；反之，当学生在这些领域对教师权威合法性认同程度低就可能导致更多违规行为的发生。可以说，教师在这些领域的权威合法性需要得到学生的认同之后才能有效影响学生的行为。如何获得这些领域的权威合法性是学校和教师需要重点考虑的问题。

是否喜欢学校也是预测青少年违纪行为的有效变量，特别是在道德领域和习俗领域。学生越喜欢学校，出现的违纪行为就越少；反之则越多。这和之前的研究具有一致性。如斯美塔那、孔娜尔（Connel）等发现，青少年对学校生活的评价越积极、对学校活动的参与度越高，违纪行为就出现得越少。[1] 阿森尼奥等认为情感在道德发展中具有重要意义：当儿童和青少年处于温暖、公平的环境中时，就会体验到"世界是美好的"，从而促进其道德发展。[2] 而当儿童进行帮助他人等道德行为时会体验到一种积极、快乐的情绪，从而更加相信世界是美好的。相反，如果儿童和青少年长期遭受欺骗和同伴排斥，就会偏离正常的道德互惠的行为模式，出现对他人的侵犯行为。这也是道德领域高度重视情感因素的原因所在。教师在实施学校纪律的时候一定要关注学生的情感需求，学生只有形成对学校的积极情感，才更可能乐

---

[1] Smetana, J. G. & Bitz, B. (1996). Adolescents' Conceptions of Teachers' Authority and Their Relations to Rule Violations in School. *Child Development*, 67 (3), 1153–1172.

[2] Arsenio, W. & Lover, A. (1995). Children's Conceptions of Sociomoral Affect: Happy Victimizers, Mixed Emotions, and Other Expectancies. In M. Killen & D. Hart (Eds.), *Morality in Everyday Life: Developmental Perspectives* (pp. 87–128). Cambridge University Press.

意遵守学校的各项规则和制度。

　　另外，我们看到，在道德、习俗、个人和安全领域，性别也是有效预测违纪行为的因素。男生在道德、习俗和安全领域的违纪行为更多，这可能和我们前面分析过的男女生的行为模式差异有关。女生在个人领域的违纪行为更多，这可能和女生更关注发型、首饰佩戴等个人事件有关。

第五章　在课程教学中进行道德教育的领域探究

学校纪律和教师权威的实施都属于学校社会生活和环境氛围的范畴，它们为学生的道德和社会发展提供了直接的实践机会和体验感受，但这毕竟是很有限的。学校特有的机构性质使得学生体验到的道德和习俗事件都受到很大的限制。还有研究显示，小学之后，老师对学生违反道德或习俗规则的反应有减少的趋势。[①] 况且，在传统学校环境下，专门用于讨论和反思道德或习俗事件（社会事件）的时间也不是很充裕。虽然学校可以通过我们前面所说的发展性纪律等方式来提升管理和教导的效率，教师权威的恰当使用也能在一定程度上促进学生对社会事件的理解，但再完美的学校纪律也不可能对社会事件有广泛的讨论和反思。格林贝尔格（Greenberg）等还指出，单独实施的情感或道德发展项目对儿童几乎没有什么长期影响，只是在短时间内有效。[②] 这可能也是现在很多学校"运动式"的道德教育收效甚微的原因。况且，虽然道德发展也是学校教育的主要目标之一，但学校更显性的目标是传授各科知识，使学生掌握各个领域的知识和技能。如果我们能找到一种方法，在不占用学生额外时间的基础上可以促进其道德发展，甚至可能促进其学业成绩，这是学校和家长都乐于看到和接受的。

同时，我们可以看到，各类课程中有大量关于道德和习俗的内容，也有关于个人选择和同一性的内容。因此，学校可以把道德教育和常规的学科教育相融合。这一做法在小学3年级后显得尤其重要，因为学生的反思能力日益增长，而教师对学生道德和习俗生活的参与却越来越少。学业课程不但可以补充和拓展学生直接的社会经验，帮助他们获得关于道德、习俗和个人事件的观念，学到遵守道德和习俗规则的知识和技能，也能使学生以批判的

---

① Nucci, L. P. & Nucci, M. S.（1982）. Children's Responses to Moral and Social Conventional Transgressions in Free-play Settings. *Child Development*, *53*（5），1337-1342.

② Nucci, L. P.（2009）. *Nice is not Enough: Facilitating Moral Development*. Merrill/Prentice Hall. 91.

态度应用这些知识来评价其周围的社会事件。

第一节　在课程中进行道德教育的现状分析

一、理论上认识到在课程教学中进行道德教育的重要性

在理论上，教育管理部门已经认识到在各科教学中进行道德教育的重要意义。我国多个文件明确规定各科都有进行道德教育的任务和责任。如国家教委在 1988 年发布的《中共中央关于改革和加强中小学德育工作的通知》中指出："德育要与传授科学文化知识相结合，渗透、贯穿在各科教材和教学过程及学校各项活动中。"《小学德育指导纲要》规定：各科教学是向学生进行思想品德教育最经常的途径。思想品德课是向学生比较系统地进行思想品德教育的一门重要课程。……其他各科教学对培养学生良好的思想品德素质具有重要作用。……任课教师要按各科自身的教学特点，自觉地、有机地在课堂教学中渗透思想品德教育。《中学德育大纲》规定：各学科教学是教师在向学生传授知识的同时进行德育的最经常的途径，对提高学生的政治思想道德素质具有重要的作用。各科教师要教书育人，为人师表，认真落实本学科的德育任务要求，结合各学科特点，寓德育于各科教学内容和教学过程之中。各学科和教材、教学大纲和教学评估标准，要坚持正确的思想导向；教学主管部门和教研人员要深入教学领域，指导教学工作同德育有机结合。《教育部关于培育和践行社会主义核心价值观 进一步加强中小学德育工作的意见》规定：各级教育部门和中小学校要充分发挥课程的德育功能，将社会主义核心价值观的内容和要求细化落实到各学科课程的德育目标之中。2010年《国家中长期教育改革和发展规划纲要（2010—2020 年）》第二章"战略主题"中指出：坚持德育为先。立德树人，把社会主义核心价值体系融入国民教育全过程。把德育渗透于教育教学的各个环节，贯彻于学校教育、家庭教育和社会教育的各个方面。①

从这一系列文件可以看到，教育管理部门认识到了课程教学在道德教育中的重要性，普遍认为课程教学应该成为实施德育的经常性途径。但我们

---

① 教育部：《国家中长期教育改革和发展规划纲要（2010—2020 年）》，《中国教育报》2010年 7 月 29 日。

可以看到，管理部门的德育目标主要还是意识形态的教育，对于如何结合各科教学进行德育尚未提出明确的指导。

二、在学科教学中渗透道德教育

虽然我国的教学大纲明确规定了思想品德教育的要求，但在实际工作中，并没有将这一要求贯彻到底。出现这种现象的一个重要原因是教师缺乏相关的道德教育理论知识，也没有掌握切实可行的教学方法。有学者调查得出，大约有三分之一的教师因缺乏德育理论指导而影响德育渗透。[①] 如果教师只具备专业的学科知识，对学生的道德发展缺乏系统科学的了解，不知道如何在学科教学中渗透道德教育也就是必然的结果了。

有学者对这种德育渗透观念提出了质疑。如田保华认为，学科德育不是外部渗透问题，而是本身固有的东西如何自然而然地呈现的问题。每一个学科都有自己的学科思想，都有"情感态度与价值观"的因素。教师应该做的是，把教材（学材）中隐含的固有的育人内容和因素挖掘出来，自然而然地呈现出来，让学生体验到、感受到，从而获得价值认同。[②] 潘希武认为应该重构学科教学的德育内涵，不把学科教学看成是某种知识的传授和获得，甚至也不仅是知识的理解、建构和创新，而是通过理解世界，通过做事，通过交往与合作，获得意义的构造和行为方式的构造，进而更好地理解和通达世界，获得更为丰满的自我。[③] 这些学者认为，"渗透说"实质上是先假设道德教育不是学科教学的内容和任务，只是出于现实的需要把本来不属于学科的德育内容渗透到学科教学的过程中。这个假设从根本上是错误的。在他们看来，道德因素本来就内在于学科内容和学科教学之中，只是由于人们的错误认识而遮蔽了这些重要的内容和因素，我们现在要做的是把有关道德的内容和因素呈现在教学过程中。

不管是主张"渗透说"还是"呈现说"，面临的共同问题是"如何可能"，即方法论问题。前者面临着如何渗透的问题，后者面临着如何呈现的问题。这不仅仅是中国的情况，在西方国家也存在类似的现象。如舒提娜（Schuitema）等通过分析 1995 年到 2003 年有关在课程教学中进行道德教育的研究发现，很多研究只关注在课程教学中进行道德教育的目标是什

---

① 马芳：《学科教学中渗透德育的现状调查研究》，《学理论》2011 年第 13 期。

② 田保华：《学科德育不是渗透》，《中国教师报》2011 年 3 月 2 日。

③ 潘希武：《重构学科教学的德育内涵与方式》，《教育学术月刊》2013 年第 11 期。

么（what）和为什么要在课程教学中进行道德教育（why），很少有研究关注如何在课程教学中进行道德教育（how）。从社会建构主义的观点来看，有关价值观的讨论必须是在某个具体的科目领域内进行，提升学生的批判性思维技能也应该在有意义的、丰富的、某个特定科目主题的环境下进行。但到目前为止，道德教育主要还是在课程之外的领域进行。因此，作者建议发展在课程中进行道德教育的教学设计，使学生的亲社会行为和道德发展与其具体的学习科目紧密联合起来。真正的道德教育应该促进学生同一性的发展，借助于具体领域的知识和技能，教会他们如何以一种道德的方式参与社会之中。[①]

第二节　与领域相适应的课程准备（人的准备）

对于大多数教师和学生而言，社会认知领域理论是崭新的理论。要想以此理论为基础在课程实践中进行道德思维的训练、促进道德的发展，首要的条件是让课程的承担者——教师理解、接受领域理论，并指导他们在教学实践中运用这一理论。对于学生而言，教师上课的方式和传统的方式会有比较大的差别，特别是谈判式讨论（transactive discussion）的经常使用，可能使学生的适应存在一定的难度，因此，教师和学生都需要专门的训练。

一、教师的理论和实践培训

（一）理论培训：领域理论

主要包括以下几个方面的内容：

1. 领域理论的核心——道德、习俗和个人领域。为了使教师更清楚地理解这一理论核心，一方面应该让教师明白领域理论的发展历史，简单介绍领域理论与科尔伯格道德发展理论及皮亚杰道德发展理论的历史渊源；另一方面，应该用具体的道德、习俗、个人领域的事例来加深教师对三个基本领域的理解。

---

① Jaap Schuitema, Geert ten Dam & Wiel Veugelers. (2008). Teaching Strategies for Moral Education: A Review. *Journal of Curriculum Studies*, *40* (1), 69–89.

2. 领域理论关于道德认知发展的总体观点。 如领域理论认为道德、习俗、个人领域具有自身的发展模式，而不是统一的模式；随着年龄的增长和生活经验的增加，个体在复杂社会情境中考虑、融合、平衡不同领域的能力逐渐增长；道德、习俗、个人等各个领域之间的融合没有固定的发展模式。

3. 分别介绍道德、习俗领域的发展模式。 在这一过程中，也要运用教师生活中熟悉的例子来印证这些发展阶段，加深教师对这些发展阶段的印象。另外，应针对教师上课的年级进行训练。如果培训的对象是初中教师，就要重点介绍习俗发展水平 4 和水平 5，因为初中生正处于从水平 4（对社会习俗的否定阶段）向水平 5（对社会习俗的肯定阶段）的转变过程中。关于公正的道德，初中阶段的孩子开始理解公正并不意味着绝对的平等，开始考虑不同人的不同需求。关于伤害和帮助的道德，初中阶段的学生正处于模糊、不确定的阶段，即"U"型发展模型的最底端，既不像 8 岁左右的儿童那样只看到情境中的道德因素，因而能毫无困难地作出道德的选择；也不像高中生那样对道德有了更深一步的理解，在看到情境的复杂性之后依然能够作出道德的选择。

4. 道德、习俗、个人领域之间的融合。 用具体事例让教师理解在现实生活中，实际上很少有单纯的道德、习俗、个人事件，多数事件都是几个领域的混合。在发展的不同阶段，个体会看到和理解到领域间融合的水平是存在差异的。

5. 信息假设与文化。 当个体进行道德判断和推理时总以一定的信息为前提，即总是假定某个信息是正确的、真实的。信息假设不同导致的道德判断就会完全不同。而信息假设在不同文化之间的差异特别大，不仅仅是不同国家、民族之间的文化差异，在同一个国家的不同地区也存在不同的文化差异。因此，要让教师充分意识到信息假设的重要意义，在引导学生讨论的时候要让学生充分理解所讨论的问题的信息假设。

6. 情感发展在道德发展中的重要意义。和皮亚杰和科尔伯格不重视情感不同，领域理论非常重视情感在道德发展中的重要作用，认为塑造良好的道德氛围，让学生感觉到"这个世界是非常美好的"能在很大程度上促进学生的道德和心理发展。因此，要让教师理解良好的师生互动和师生关系本身就是在进行道德教育，也是学生道德认知发展的重要条件。只有在教学中关注学生的情感需求、挖掘其主动性、发展其同一性及移情能力和自我管理能力等，才能更有效地进行道德认知的教育，从根本上促进学生的道德发展。

（二）实践培训：以领域为基础的道德教育（Domain Based Moral Education，DBME）

主要包括以下几个方面的内容：

1. 明白 DBME 的总体目标。只有理解 DBME 的总体目标，才能保证在复杂的实践活动中不迷失方向。总体目标包括：发展学生对他人福利 / 权利的关注；理解 / 尊重合理的社会习俗；发展协调道德和非道德因素的能力；发展从道德的角度批判性地评价社会的能力；发展从道德的立场采取行动的能力。

2. 具体的实践步骤。首先，了解如何对日常的课程进行领域分析；其次，了解如何精心设计问题来激发和引导学生讨论；再次，了解如何使学生投入谈判式讨论；最后，知道如何评估学生的社会认知发展，包括领域内发展和跨领域协调发展。其中，第一步（从教学内容中提取适合领域的材料）和第二步（以材料为基础针对各个领域设计适合学生心理发展水平的问题，以激发学生的讨论热情）是最难的，因为教师普遍接触领域理论的时间不长，对领域理论缺乏深度的理解，在面对材料的时候往往手足无措，好不容易提取了相关的材料却又不知道如何设计问题。而且因为中国教师往往习惯于引导学生从讨论中得出标准答案，但这是谈判式讨论的大忌。如果教师无法摆脱这种惯性，就无法设计出能让学生真正投入讨论，并能真正触发他们进行思考的问题；没有真正的讨论和触动，学生的道德发展就只能是伪命题。因此，在教师培训中一定要强调这种观念的转变。

3. 体验谈判式讨论。谈判式讨论是 DBME 常用的教学方法，教师需要对学生进行专门的训练。因此，在教师培训中首先要让教师体验、理解谈判式讨论，以更好地引导学生的讨论。具体的内容我们会在下面的学生讨论培训中介绍。

二、学生谈判式讨论的培训

（一）什么是谈判式讨论

通过道德讨论（moral discussion）来促进个体道德发展的方法得到了广泛的应用，人们对于影响道德发展的变量也进行了各种假设，如领导模式、指导话语、"+1 阶段运用" 等。其中认可度最高的是 "+1 阶段运用" 的方法，即个体和比自己道德阶段高一个阶段的人进行讨论是促进道德发展最有效的手段。但贝尔科沃兹（Berkowitz）等认为，这些变量虽然能在某种程度上解释个体前后道德发展阶段的变化，但却无法解释这种阶段变化的主体部分。[1] 贝尔科沃兹等请 30 对同性别的本科生进行连续每周或每两周道德讨论，讨论前和讨论后都用科尔伯格式的道德判断访谈法进行测量。组队的根据有：（1）不同内容（在道德两难中的不同选择）；（2）不同阶段（以讨论前的阶段为标准）。类别一组的成员处于同一发展阶段；类别二组的成员之间相差三分之一阶段；类别三组的成员相差三分之二到一个阶段。结果发现，类别二组进步比类别一组和三组都要大。这说明被人们普遍接受的"水平 +1"的小组讨论并不是最有效的讨论方法，最有效的是"水平 +1/3"。他们还分析了讨论或对话本身，发现"成功"的小组成员有些道德水平发展了，而有些没有发展；"不成功"的小组有些成员却有了较大的发展。因此，可以推测，是不同的讨论模式导致了这种所谓的"错误变量"[2]。或者说，讨论的质量和深度决定了学习的质量，并不是所有的讨论都能促进学生的学习和发展，只有符合某些特点或标准的讨论才能有效促进学生的发展。Schuitema 等认为，对公民教育或道德教育具有重要作用的对话或讨论应该具有以下特征：对他人观点进行进一步的解释或发挥；所有组员同等参与讨论；有确认行为（包括确定问题和各种形式的肯定、接受或否定的反应）；对道德价值观进行详细的解释，即提供论据来证明自己的观点。[3]

　　贝尔科沃兹把这种讨论模式称为谈判式讨论（transactive discussion），是"在他人推理的基础上进行推理"[4]。transactive discussion，或 trans-action 一词来自杜威，杜威试图用这个词语来取代人们一般用的"互动（interaction）"，以表达人类关系中更加"互渗（interpenetrative）"和"互惠（reciprocal）"的观点。互动（interaction）经常指连续的动作：A 作用于 B，然后 B 作用于 A，如此循环。杜威用"谈判式讨论（trans-action）"

① Berkowitz, M. W. & Gibbs, J. C. (1983). Measuring the Developmental Features of Moral Discussion. *Merrill-Palmer Quarterly (1982-), 29* (4), 399-410.

② Berkowitz, M. W. (1980). The Role of Transactive Discussion in Moral Development: The History of a Six-year Program of Research—Part 2. *Moral Education Forum, 5*, 15-27.

③ Schuitema, J., Boxtel, C. V., Veugelers, W. & Dam, G. T. (2011). The Quality of Student Dialogue in Citizenship Education. *European Journal of Psychology of Education, 26* (1), 85-107.

④ Berkowitz, M. W. & Gibbs, J. C. (1983). Measuring the Developmental Features of Moral Discussion. *Merrill-Palmer Quarterly, 29* (4), 399-410.

来专指同时的、共有的、双向的关系。① 这种谈判式讨论强调以别人的言论或推理为基础来进行自己的推理；或者进一步解释、补充别人的观点；或者反驳、批判别人的观点；或者综合别人的观点。科尔伯格等认为，青少年在道德讨论中接触比现有水平高一级的发展水平是促进道德发展的必要条件，教师或专家应该尽量提供这种榜样性的差异。但贝尔科沃兹等发现，道德讨论促进道德发展所需要的这种水平差不是来自教师或专家，而是来自同伴。贝尔科沃兹等还发现，当讨论者在讨论中不仅仅是轮流发表各自的观点，而是尽力理解搭档的观点，并在此基础上进行自己的推理，那么所有参与讨论的人都会取得道德阶段上的进步。② 这和皮亚杰和涂尔干所主张的道德发展主要来自同伴之间的互动是吻合的，本质上是外界不同观点和思想的输入改变了个体原有认知的平衡，正是这种新的不平衡推动了个体道德推理的发展。

　　贝尔科沃兹等还对谈判式讨论进行了进一步的分类研究，从大量数据中确认了 18 种谈判行为（transactive behavior），也被称为商谈（transacts）。这 18 种商谈可以分为两大类：陈述商谈（representational transacts）和运作商谈（operational transacts）。陈述商谈由于讨论者彼此卷入的程度有限（例如他们只是引用或陈述对方的观点，而不是对其观点进行扩展、解释或反驳），因而属于低级层次的商谈行为；运作商谈是最具代表性的谈判行为，完全符合谈判行为的定义。表 5-1 呈现了 18 种商谈行为。

表 5-1　商谈行为 ③

A. 陈述商谈
1. 要求反馈意见：你们理解或同意我的观点吗？
2. 重复解释：
（a）我能理解和重复你的观点或推理。
（b）我对你的推理的解释正确吗？
3. 要求说理由：你为什么那么说？
4. 并列：你的观点是 X，我的观点是 Y。
5. 双重解释：这是对共同观点的解释。
6. 矛盾观点并列：我承认你说的有一定的道理，但我也坚信我的观点是正确的。

---

　　① Dewey, J. & Bentley, A. F. (1949). *Knowing and the Known.* Boston: Beacon Press.

　　② Berkowitz, M. W. Gibbs, J. C. (1983). Measuring the Developmental Features of Moral Discussion. *Merrill-Palmer Quarterly*, 29 (4), 399-410.

　　③ Berkowitz, M. W. & Gibbs, J. C. (1983). Measuring the Developmental Features of Moral Discussion. *Merrill-Palmer Quarterly*, 29 (4), 399-410.

续表

B. 混合商谈
7. 补充完整：我能补充你的推理 / 继续你的推理。
8. 对抗性解释：这是对你的推理的解释，凸显了你的推理中的不足之处。
C. 运作商谈
9. 澄清：
（a）不，我想表达的是这样的。
（b）我把我的观点再澄清一遍，以帮助你理解。
10. 矛盾观点澄清：我的观点并不是你理解的那样。
11. 完善：
（a）我必须承认你的立场或观点可以完善我的立场或观点（从属模式）。
（b）我会对我的立场进行进一步解释，说明你的批评是没有道理的（控制模式）。
12. 拓展：
（a）我这是对你立场的进一步解释。
（b）你的推理暗含着下面的意思吗？
13. 矛盾：你的推理中有一个逻辑错误。
14. 对推理提出批判：
（a）你的推理没有注意到一个重要的差别，或包含不必要的区分。
（b）你的立场暗含着一个有问题的假设（"前提攻击"）。
（c）你的推理并不能必然得出你的结论；或你的结论论证不充分。
（d）你的推理同样适用于相反的观点。
15. 对抗性的拓展：
（a）你能推理出这么不合情理的极端结论吗？
（b）你的推理可以延伸为下面的极端结论，任何人都不会同意这样的结论。
16. 举出反例：我这里有一个想法或看法和你的观点 / 立场不一致。
17. 共同的立场 / 融合：
（a）我们的立场可以达成一致。
（b）我们的立场有一个共同的前提条件。
18. 对比性批判：
（a）你的推理不如我的充分，因为和这里的一个重要条件不符合。
（b）和我的立场一比较，就知道你的立场做了不必要的区分；或你的立场没有顾及一个重要的差别，而我的立场考虑到了。
（c）通过分析你的例子就知道它并不能对我的立场造成威胁。

  理解各种形式的商谈及其对促进学生道德发展的不同作用具有重要意义：使我们能有意识地帮助学生进行运作商谈，认真听取别人的观点和意见，并在此基础上进行自己的推理和判断。

（二）如何训练学生谈判式讨论的能力

谈判式讨论并不能自发形成，需要有意识地训练和练习。首先，我们要根据学生的年龄特征、认知水平、生活环境等选择他们能够理解而且具有争议性的事件。只有这样的事件才能真正激发学生参与讨论的热情。其次，对事件的描述也非常重要。总的原则是要有必要的细节，让学生充分感受到事件主人公的为难之处；同时，描述不应该带有强烈的情感色彩及引导意图。如果教师事先已经对问题的解决预设了一个正确答案，那肯定不能真正激发学生投入讨论的热情，只是跟着老师的暗示给出标准答案，中小学生尤其容易受到老师的影响。现以我们对初一学生的思维训练为例来说明讨论材料的选择和描述。

经过多次收集材料、访谈，我们首先确定了事件。下面是对事件描述的几个版本：

版本一：

小高的父亲现已 80 多岁，因身体欠佳已经在医院住了很长一段时间。昨天病情加重，医生建议住进重症加强护理病房（ICU），并接受手术。医生要求小高签字，但小高拒绝了，理由是父亲即使接受手术，生命也很可能只能得到短暂的延续，而且手术后也要住进 ICU，家属每天只能在规定的时间内进行 30 分钟的探视，无法长时间陪伴。

版本二：

小高为一名普通工薪阶层女性，有一女儿刚读大学。其父现年 80 岁，中风瘫痪卧床多年。近日，其父病情加重，医院向家属下达了病危通知。医生强烈建议患者住进 ICU 观察治疗，ICU 每日的消费大约在 6000—10000 元，禁止陪护，每日允许 1—2 名亲属探视，探视时间一般不超过半个小时。作为家中长女，小高需要在其父亲的治疗方案上签字。小高就父亲的病情与医生进行了细致的沟通，得知父亲的病情已无法医治，即便进入 ICU，也只能延缓父亲的死亡，而治疗的过程对病人而言是非常痛苦的。小高冷静思索后，最终拒绝签字，决定让其父亲在普通病房进行治疗，由家人对父亲进行精心照顾和陪伴。

版本三：

小高为一名普通工薪阶层女性，有一女儿刚读大学。其父现年 80 岁，中风瘫痪卧床多年。近日，其父病情加重，医院向家属下达了病危通知。医生强烈建议患者住进 ICU 观察治疗，ICU 每日的消费大约在 6000—10000 元，禁止陪护，每日允许 1—2 名亲属探视，探视时间一般不超过半个小时。作为家中长女，小高需要在其父亲的治疗方案上签字。小高就父亲的病情与医生进行沟通后得知，进入 ICU 只能暂时缓解父亲的病情。小高冷静思索后，最终拒绝签字，决定让其父亲在普通病房进行治疗。

版本一缺少必要的细节，使得事件的冲突性不突出、不具体。如没有对小高的家庭状况、经济状况进行必要的描述，学生必须先自己设定情况，事实上这些因素在很大程度上会影响到学生对于小高行为的判断。

版本二感情色彩过于强烈，具有明显的导向性。如 "即便进入 ICU，也只能延缓父亲的死亡，而治疗的过程对病人而言是非常痛苦的"，"由家人对父亲进行精心照顾和陪伴"，着重部分的词语很明显倾向于支持小高不签字的决定。

版本三相对而言既有细节描述，又没有过于强烈的情感色彩，比较准确、客观地描述了小高面临的两难处境。

选择了适当的事件之后，要准备 1—2 次课让学生接受专门的讨论训练，具体步骤如下。

1. 听的游戏。这个游戏的目的是让学生学会倾听他人的意见。对年龄小的孩子这个游戏要单独进行，对年龄大一些的孩子，可以和后面的两个游戏结合。学生 1 悄悄对学生 2 说一些秘密的事情，然后学生 2 大声说出学生 1 告诉他／她的事情，学生 1 看看他／她说的是否准确。组内所有成员轮流听和说，直到所有人都练习到。

2. 解释的游戏。给学生一个有争议的事件。学生 1 给出自己的观点和理由（只说一个理由，以免复述的同学难度太大，也避免把所有理由都讲完，后面的同学很难补充）。如：我认为小高应该签字让父亲住进 ICU，因为这样他父亲还是有希望活下去的。父亲只有一个，我们应该尽力挽救。学生 2 尽量准确地重复学生 1 的观点，并在此基础上进行补充说明或拓展。依次类推，直到所有的学生都讲完。

3. 反驳的游戏。过程和游戏 2 类似，不同之处在于学生 2 在复述学生 1 的观点和理由后，提出一个理由对其观点进行反驳，依次类推，直到所有同学都完成。如：我认为小高不签字是有道理的。进入 ICU 不仅意味着巨额医药费，对病人而言也是非常痛苦的过程，与其在痛苦和绝望中多延续一点生命，不如让人在爱的氛围中温暖平静、有尊严地离开。

4. 组内自由讨论。学生选择自己的真实立场，轮流给出理由，力求通过讨论得到组内认为是最好的观点。

5. 教师就两难事件组织全班讨论，让学生听到更多不同的声音。

以上这些游戏的目的是训练学生倾听的能力，以及如何回应或利用别人的观点。学生接受了这些训练之后就可以开始开放地讨论。在开放地讨论之前，一定要让学生听到各种不同的观点，包括支持的和反对的观点。在训练中，教师一定要强调在讨论中不可以进行人身攻击，所有的言论应该都只针对观点，不要针对发表观点的人。努齐认为，好的讨论应该遵循以下几个原则：

①经过思考之后再发言。

②仔细听取别人的意见。

③当别人在发表意见的时候不要打断。

④当轮到你说话的时候多引用别人的观点。

⑤只说你自己真正相信的东西。

⑥不要保持沉默，尽量参与讨论。

⑦留机会给别人表达观点。不要在讨论中只顾自己说话，当你说完之后，至少等另外两个人表达观点之后你再说。

⑧即使别人的观点和你不同，只要是好的观点，都要表示支持。

⑨不要抱着之前的想法不放，寻求最佳的解决问题的办法。[①]

第三节　与领域相适应的课程准备（材料的准备）

教师和学生都为讨论做好准备后，接下来的事情就是从所教授的科目教材中找到适合的讨论材料，然后设计问题，引导学生进行讨论。

一、辨别学科内容中有关道德、习俗和个人领域事件的内容

为了设计有效促进学生道德和社会发展的课程，教师需要识别事件中包含的道德、习俗、个人等领域因素，并确定课程关注的重点因素。这样做的原因之一是保证学生的讨论和活动与讨论事件的性质一致。另一原因是保证学生面对的事件是包含几个领域因素的，而不只是道德或习俗领域，或

---

① Nucci, L.P. (2009). *Nice is not Enough: Facilitating Moral Development*. Pearson Education, Inc. 105.

者只考虑复杂的交叉领域事件，而没有机会理解、澄清、辨别单个领域的观念。

大多数真实的社会事件中都包含多个领域的因素。例如，能否对老师直呼其名是习俗事件。但是，社会习俗所表达的对他人的尊重却包含道德因素。设计关注单个领域（如社会习俗）的课程就需要选择与这一领域相符合的社会事件。下面我们介绍教师辨别不同领域事件的标准。

（一）道德事件的标准

1. 行为会影响到他人的权利吗？如果回答是肯定的，那这一事件很可能就是道德事件。

2. 如果没有相关的规则或标准，某一违规行为还是错误的吗？如果是，那这一行为就涉及道德事件。

（二）社会习俗事件的标准

1. 如果没有相关的规则或标准，某一违规行为还是错误的吗？如果回答是否定的，那这一行为就属于社会习俗领域。

2. 能否以不同的方式实现某一规则的目的？例如，为了区分男女，可以让男生留长头发，女生留短头发。如果回答是肯定的，那这一规则就是社会习俗领域的。

3. 规则的主要目的是为了协调人与人之间的互动或以某种方式组织系统吗？如行人都靠右是为了更有效的活动。如果回答是肯定的，那这一规则就是社会习俗领域的。

（三）个人事件的标准

1. 行为主要只影响行为者本人吗？对行为者的影响是良性的吗？如果对两个问题的回答都是肯定的，那就属于个人领域事件。如果对第一个问题的回答是肯定的，对第二个问题的回答是否定的，那就属于安全领域事件。儿童和青少年早期一般把安全领域事件看作父母或老师可以控制的事件，但随着年龄的增长，到青春晚期或成年期，一般把安全领域事件也看作个人领域事件。

2. 行为是有关个人隐私的吗？如果对这一问题及上面的第一个问题的回答都是肯定的，那这就是个人事件。

3. 行为是否属于建构自主或自我同一性的一个方面？如果对这一问题

和上面的第一个问题的回答都是肯定的，那这一行为属于个人领域事件。

（四）交叉或多领域事件的标准

以上各个领域的标准可以用来辨别复杂社会事件中多个领域的因素。例如，有关选举的法律和规则有助于社会组织选举的进行。因此，这些规则与社会组织相关。这些规则也可能因社会的改变而改变，因此，选举的法律和规则属于社会习俗领域。但同时选举的法律或规则也以不同的方式对待人们，赋予一部分人（有选举权的人）更多的权利，因此，它也包含很大的道德因素。

二、设计适合各个领域和学生心理发展水平的问题

找到了合适的材料并根据各个领域的标准辨别材料的内容之后，就要考虑怎样针对各个领域设计合适的问题，以引导学生进行有效的讨论。设计问题总的原则是问题要具有讨论性。要使问题具有讨论性，做到以下几点特别重要。

（一）教师不要对问题具有任何导向性和引导性

如果教师试图通过问题来使学生接受某种教师认可的道德观或价值观，这种讨论就是伪讨论，因为不管讨论的形式如何变化，都只能得出早已确定的答案。这样的问题不可能激发学生对问题进行深入的思考，并真正触发他们的思想和情感，从而实现道德和心理的发展。如果教师的导向性过于明显，学生甚至有可能在内心特意否定教师试图传达的价值观念，与教师的初衷背道而驰。

（二）从道德、习俗等不同的领域提出问题，促使学生从不同的角度考虑事件

一般来说，事件中包含道德、习俗等各个领域的因素，而且这些因素之间经常是相互冲突的，应当通过问题的设计使学生清楚地看到这些冲突，并通过讨论来获得解决冲突的最佳办法和途径。这实质上是引导学生（特别是低年级学生）克服只从某一个领域来考虑问题的简单、片面的做法，在综合考虑问题的过程中提升协调各个领域的能力，这是学生道德发展的重要表现，也是以领域为基础的道德教育的重要目标。

（三）根据学生在各个领域的发展水平来设计问题

不同年龄阶段、不同发展阶段的学生对于社会、道德的理解是不同的，对知识的处理也存在差异，因而对社会和道德事件会有不同的解决办法。教师必须选择适合学生年龄和发展水平的事件，并设计适合学生对于社会和道德理解水平、能最有效促进学生反思和思考的问题和活动。根据领域理论的研究，在道德、习俗、个人领域学生的认知发展具有不同的模式和规律，只有根据学生在各个领域的认知发展水平来设计问题才会切合学生的认知水平，也才有可能引导学生发展到更高一级的水平。如初中阶段的学生处于对社会习俗持否定态度的阶段，针对习俗领域的问题就可以引导学生认识到习俗在社会运转中的重要作用，为他们发展到下一阶段做准备。

（四）尽可能把问题和学生的生活实际联系起来

这样做的目的是避免问题的抽象化和虚无化。学生由于年龄的关系，其阅历和经验比较有限，而他们的思维又很大程度上具有直接性和形象性，特别是低年级学生。因此，把问题和他们的生活实际联系起来才能促进他们对问题的理解，也才能更高地激发他们对问题的思考，真正触动他们的心灵，促进其道德观和价值观的发展和进步。

我们以 7 年级历史课程的材料来具体说明问题的设计。材料来自《中国历史》7 年级下册（人民教育出版社 2016 年版）第二课"从'贞观之治'到'开元盛世'"。根据课本的内容，我们选择了"玄武门之变"这一事件作为讨论的材料。选择这一事件的理由是其中包含习俗领域（长子继承制）和道德领域（杀死自己的兄弟）的冲突。

玄武门之变

唐高祖即位以后，封李建成为太子，李世民为秦王，李元吉为齐王。三个人当中，李世民的才略最高，功劳也最大。太原起兵，原是他的主意；在以后几次战斗中，他立的战功也最多。李建成的战功不如李世民，但因为他是高祖的长子，便被立为太子。

李世民有勇有谋，手下有一批人才。在秦王府中，文的有房玄龄、杜如晦等，号称"十八学士"；武的有尉迟敬德、秦叔宝、程咬金等著名勇将。太子李建成自己担心威信比不上李世民，会被李世民夺走皇位，于是联合弟弟齐王李元吉，一起排挤李世民。626 年李世民在皇宫的北门玄武门设计杀死了太子李建成和齐王李元吉，史称"玄武门之变"。之后李世民被高祖立为太子，后继位成为唐太宗，开创了"贞观之治"的盛世局面。

我们先从习俗和道德领域设计了两个问题：（1）封建社会"立长"的制度主要考虑的是继承人的年龄，而不是才能。你认为年龄在社会组织中起到什么作用？社会看重年龄是好事还是坏事？这样的社会系统有什么优势和劣势？你想生活在这样的社会系统里吗？为什么想或不想？（2）李世民杀死了自己的哥哥和弟弟，你觉得他为了成为一个好皇帝而伤害别人公平吗？他杀害他的兄弟和皇帝杀害威胁他皇位的人有什么不一样？什么情况下杀害／伤害别人是可以被接受的行为？

这两个问题其实是两类问题。第1个问题是从社会习俗领域提出的，第2个问题是从道德领域提出的。第1个问题先描述封建社会"立长"的事实，然后引导学生思考年龄在社会组织中的意义，让学生认识到这一制度存在的合理性和局限性，而不是简单地否定或肯定这一社会制度和传统。这是根据7年级学生习俗观念发展的水平来设计的，因为这一阶段的学生对社会习俗多持否定态度，认为社会习俗只不过是权威人物或社会组织的规定或期望，具有任意性和随意性，并不是必然如此的事情，因此也不那么重要。通过多次这样的讨论，学生逐渐就会理解社会习俗和制度在社会系统中的重要意义，对社会习俗规则的遵从意识也自然就会增强。同时，也使学生认识到社会习俗本身并不是目的，实现社会和组织的运转才是习俗规则存在的真正意义，从而形成批判性看待社会习俗的态度，而不是盲从社会权威或社会规则。最后再把问题和学生的生活实际联系起来，让他们设身处地地想一想这种社会制度和自身的关系。第2个问题让他们思考剥夺别人生命这一严肃的道德问题。为了另外的目的剥夺别人生命是否可以接受？什么情况下剥夺别人生命是可以接受的？相信通过这样的讨论，学生对于这一问题会有更深一步的思考。

分别从习俗和道德领域触发了学生的思考和讨论之后，我们就要思考如何引导学生综合考虑各个领域的因素，提出解决问题的最好办法。为此，我们设计了问题3：考虑到当时的情况，如果你是李世民，你会怎么做？为什么？有什么更好的办法来处理当时的情况吗？如果上课的时间安排比较紧张，这一部分也可以作为书面的课后作业，让学生在课后进一步思考和总结课堂讨论的内容。

第四节　与领域相适应的课程实施

当教师和学生都为上课做好了准备，也选择了适当的材料用于课堂教学，接下来的事情就是在课堂活动中体现以领域为基础的道德教育的基本精神，以实现迅速增长知识和发展社会观念的"一石二鸟"目标。

一、选择适当的上课形式

有多种上课形式能有效促进学生的道德和社会发展。在课堂中也可以综合使用多种上课形式。但所有这些上课形式中都应该包含一个共同的因素——反思性讨论或谈判式讨论。在大多数情况下，我们建议课程包含反思性写作或解释，可以作为家庭作业，也可以作为堂内作业。这一方面有利于学生对所讨论的问题进行进一步的反思，认识到课堂讨论是需要认真严肃对待的学术活动。另一方面，这也是学生的学业成绩的表现，教师可以以此为依据对学生的学习表现进行评估。当然，对于不同年龄段的学生我们应该提出不同的写作要求，如最好不要求低年级学生写长篇大论，而是明确要求用几个完整的句子来表达自己的看法。另外，有些课程，如艺术课，可以要求学生表演或制作艺术作品，并对自己的表演或作品加以解释，这也可以作为评估学生学业成绩的依据。

具体的上课形式有以下几种：

1. 讨论与课程相关的事件。这是最常用的一种上课形式，尤其是语言艺术和社会学习课程中包含的内容特别适合使用这一形式。使用这一形式时，老师通常在课前辨别出教学材料中所包含的道德、习俗、个人领域因素，并设计与这些领域相适应的反思性问题，用以在课堂讨论中引导学生。这些材料可以来自学生的课本，也可以是老师提供的有关事件的摘要。老师也可以根据单元主题虚构故事和情境，使得本单元的有关价值导向得以显现或便于讨论。我们前面提到的 7 年级历史课程的案例就是这种情况，这也是使用最为普遍的形式。

2. 角色扮演。在这一形式中，社会价值观内隐于教师创造或教师与学生共同编写的对话中。由学生把对话表演出来，在此基础上进行相关的讨论，或布置家庭作业。角色表演的内容应该与课程学习内容相关。

3. 艺术表现。艺术可以在两个方面促进学生的道德和社会发展。首先，艺术可以作为讨论的基础。如要求学生思考、表达艺术作品（包括美术作品、音乐或戏剧）所表现的社会或道德主题。另外，艺术有助于学生用可视媒体、音乐、戏剧或舞蹈等来表达社会或道德事件的观念。文学和戏剧能给学生提供一种刺激性情境，使其可能对道德难题进行思考和推理。有学者认为文学和戏剧能避免道德相对主义，因为"解决"道德难题并非呈现正确的理由或答案，而是将价值放入具体的历史和文化情境中。[①] 通过文学，学生体味其内容的价值观。戏剧极有可能触动学生的情感，使他们认同道德主体，理解道德两难情境中复杂的、"真实"情感内容，发展和形成同情他人的能力和行为。

4. 通过数学表现。数学与社会、道德事件融合的方式有几种。首先，要求学生思考与数学相关的社会事件。如思考贫穷和坐牢的可能性之间的关系，然后用数学的方法去收集有关两者之间关系的数据。其次，数学可以用于日常生活中与分配正义相关的事件。如四个学生共同完成了一项工作，得到了一笔报酬，如何分配报酬才是公平的呢？这些课程通常要用到统计、图表、建构方程等。学生也可以用图表的方式表达复杂事件中包含的道德、习俗、个人因素及交叉领域的因素，以更清楚地思考事件中的不同因素。

5. 社会实践调查或图书馆查找资料。调查与道德事件潜在相关的信息也是一种很好的上课方式，特别是对于高年级学生。可以要求学生利用图书馆和网络收集与讨论相关的资料，或与社会和道德事件相关的艺术作品和数学知识。这种方法往往能帮助学生把科学知识的学习和社会/人文知识的学习结合起来。如学生可以利用统计学的知识来研究一些社会事件，在学习、熟练统计知识的同时思考和探究社会事件所包含的道德和价值因素。

6. 社区服务学习。社区服务学习是学生积极参与社会和社区活动进行学习的方法。当然，这一方法必须和学校课程融合起来，所以，这里的"服务学习"是与学生的学业课程紧密相关的活动。

二、开展课例研究／授业研究

（一）什么是课例研究

课例研究是一种教师联合起来计划、观察、分析和提炼真实课堂教学

---

① Doyle, D. P. (1997) . Education and Character: A Conservative View. *Phi Delta Kappan, 78* (6), 440–443.

的过程。^①课例研究有时候也称为"授业研究"，其发源地是日本，在日本广泛实施的历史已经超过一个世纪。它是以教师间的合作为基础的教师专业发展方法和途径。从 20 世纪末开始，课例研究开始引起国际社会的注意，2002 年成为第九届国际数学教育大会（ICME）的主题之一。之后被传到多个国家，先后举办了十多次国际会议或工作坊来交流不同文化中实施课例教学的经验和成果。^②

（二）课例研究的优势

课例研究在全世界范围内的日渐流行是因为它有自身独特的优势。首先，课例研究被认为是促进教师专业发展最有效的途径。课例研究的整个过程都注重教师之间的相互合作和讨论，相互观察课堂是其最重要的一个环节。这种讨论一方面有利于教师拓展自己的专业知识领域，特别是研究团队中有专家和学者加入的时候更为明显；另一方面，相互的课堂观察及与此相关的讨论也有利于教师提升理解学生思维、思想、认知等各个方面的能力，因为课例教学从课程设计、课堂观察到教学反思都是以学生的学习为中心的，是以学生对知识的吸收和反应为基础来调整和提升课例教学，其中最关注的就是学生的学习过程。如有学者总结的："课例研究既重视教师的行为跟进，又重视教师的理论提升；既重视教师的技能训练，又重视教师的能力提高；既重视教师的个体反思，又重视教师群体的共同成长。"^③另外，课例教学有利于教师形成有效的教学团队，开展合作教学。很多情况下，课例研究团队是由行政领导、课程专家和一线教师组成的，成员对团队有不同的作用和功能。如学校领导主要是保障团队研究时间和研究所需的硬件及起到管理团队的作用；课程专家主要是提供理论指导和专业支持；一线教师具体实施教学计划，弥合理论与实践之间的差距。团队成员之间生活中需要取长补短、互相协作、相互支持，有助于实现真正意义上的团队合作。

其次，课例研究有利于促进学生的学习和发展。在课例教学中，教学被看成是一个互动的过程，在这一过程中，学生对知识和内容的学习是通过教师来有效促进的。这种互动式的教学要求教师必须理解学生典型的思维和

---

① 谌启标：《基于教师专业成长的课例研究》，《福建师范大学学报（哲学社会科学版）》2006 年第 1 期。

② Hart, L. C., Alston, A. S. & Murata, A.（2011）. *Lesson Study Research and Practice in Mathematics Education*（p. 10）. Dordrecht：Springer.

③ 齐渝华：《怎样做课例研修》，高等教育出版社 2010 年版，第 5 页。

表达思想的方式，这样教师才有可能通过统合不同的思想和知识来促进学生的学习。然后再鼓励学生把这些知识和思想连接起来。对学生学习的关注贯穿课例研究的始终，从设定学生发展目标，到研究与主题相关的课程材料，到收集数据及之后的讨论都是以学生的活动及学习、发展为中心的。这样，教学就成为一系列探究学生学习的活动。可以说，课例研究有助于培养新的教学态度，不再把教学看成是单向的教学过程，而是教师有意促进学生现有思想和所要学习的知识、内容之间融合的互动过程，是极具挑战性的。这种始终以学生的学习为中心的教学毫无疑问能更有效地促进学生的知识学习和其他方面的发展。

（三）课例研究的流程

课例研究的流程一般是：制定学生学习目标及长期发展目标；教师一起设计"研究课程"，以实现这些目标；由一个教师实施这一课程计划，其他教师观察、收集学生学习和发展的材料；教师集体反思、讨论收集的材料；如果需要，在反思和讨论的基础上提升课程计划，然后由同一教师或另外的教师再次实施计划。这是一个可以无限循环的教育过程。[①]可以用图 5-1 来表示这一过程。

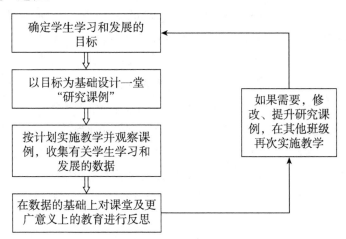

图 5-1　课例研究流程图

在课例研究中，从教学目标的设定、教学内容的选择到教学计划的设

---

① Hart, L. C., Alston, A. S. & Murata, A.（2011）. *Lesson Study Research and Practice in Mathematics Education*（p. 10）. Dordrecht：Springer.

计和课堂教学的实施及对课堂教学的反思都是以团队的形式进行的。由于领域理论对于教师来说是比较陌生的理念，研究者在这一过程中发挥的作用更大，把握着研究的总体方向。

第五节　与领域相适应的课程评估

由于以领域为基础的课程要实现"一石二鸟"的目标，课程的评估也包括了知识学习的评估和社会观念发展的评估这两大块。知识学习的评估还是可以按照传统的评估方式来进行，如试卷考试、论文写作等。我们重点介绍社会观念发展的评估。

一、确定问题测验

确定问题测验（Defining Issues Test，DIT）是由科尔伯克的弟子莱斯特（James Rest）提出的，采用纸笔问卷的形式，只用于团体测验。DIT 通过被试对 5/6 个道德两难故事的反应来测量其道德发展水平。DIT 现在已经发展到 DIT2，在全世界范围内得到了广泛的使用，其信度和效度比较高。但 DIT 只能用于 12 岁以上的青少年，因为 5 个故事的阅读和理解对于低年级学生难度太大。我们在对少量 7 年级的学生进行过 DIT2 测试后又对其进行了访谈，了解他们对问卷的理解程度，发现这一问卷对于中国的 7 年级学生难度还是太大，超出了他们的理解水平。教师可以根据自己学生的年龄和理解能力选择是否选用 DIT 作为测验手段。

二、道德能力测验

道德能力测验（Morality Competence Test，MCT）是由德国心理学家林德提出的。MCT 也是采用两难故事的方式来考察个体道德认知的发展水平，但只包括两个两难故事，故事后面的问题设计也与 DIT 有所不同，要求被试对各个论点（包括正面和反面的论点）的道德质量在 –3（绝对不同意）到 3（绝对同意）的七点量表上给予评分。最后得出 C 分数，代表受试的道德发展水平。与 DIT 相比，MCT 更为简洁，对被试理解能力的要求有所降低。

三、社会推理测评手册

前面两种测量手段都是测试个体总的道德发展水平。但根据领域理论的观点，道德、习俗、个人领域有不同的认知发展规律，因此，在严格意义上，DIT 和 MCT 都不是完全适合领域发展的测量手段。但是，测量工具的有效性对于以领域为基础的课程的教学效果具有非常重要的意义，在某种程度上决定了我们设计课程的方向和方法。正因如此，努齐教授和他的团队开发了社会推理测评手册（Reasoning About Social Issues）。首先，我们必须承认这一测评手册还处在开发的初级阶段，其信度和效度还有待进一步的检验。努齐教授也坦言，他期待更为精细的测量工具，能测出道德发展的微发展（micro-development），而不只是大的发展阶段（macro-development）。他本人也正尝试和在中学教授文学的女儿合作开发更精细的量表。但是，我们还是应该看到这一量表的可贵之处：它是从不同领域的视角来设计手册的，对不同领域具有针对性。

与 DIT 和 MCT 客观的选择题不同，社会推理测评手册主要是主观的问答题。努齐教授认为，客观选择题虽然具有方便统计、节省时间等优势，但却在很大程度上不能准确表达受试的观念和思想，因为人的思想是十分复杂的，用少量几个选项来概括复杂多变的思想只能是削足适履，难以测量出真正的道德发展水平。

（一）问卷构成

社会推理测评手册由四个情境故事及问题组成。一个是关于道德领域的，一个是关于习俗领域的，一个是关于个人领域的，一个是交叉领域的。其中个人领域事件不列入计分，只是为了不让受试形成导向性倾向。在翻译成中文的时候，我们根据中国的实际情况进行了适当的修改。如在道德情境的故事中，原故事是主人公为了去看棒球比赛而犹豫要不要交还在公交车上捡到的钱，因为棒球在中国并不为大众所知晓，所以我们把情境改成了演唱会，其他情节不变。个人领域事件原情境是政府是否应该限制销售某种含糖量高的软饮料，我们改成了更为生活化的例子——应该穿什么样的服装去参加妈妈的同学聚会。在每个问题的后面跟有 2—4 个小问题，主要要求给出原因或解释。我们以一个情境故事为例来说明。

独立战争结束后，英国不承认美国是一个独立的国家。这意味着在英美之间无法互派使者，或建立贸易往来。因此，英国国王乔治给美国总统华盛顿发了一封信，开始就这些事情进行谈判。然而，他在信封上对华盛顿的称呼是"华盛顿先生"，而不是"华盛顿总统"。当华盛顿收到这封信后，没有打开就退回去了，因为他认为这封信不是写给华盛顿总统的。

1. 当华盛顿看到信的称谓是"华盛顿先生"，而不是"华盛顿总统"时，没有拆开信就退回去了，他这样做是否正确？（　　　）

A. 华盛顿把信退回去是错误的。

B. 华盛顿把信退回去是正确的。

在对华盛顿的行为作出判断之后，受试被要求陈述正确或错误的理由。接下来是第2个问题和第3个问题：

2. 你认为华盛顿没有打开信就把信退回去的原因是什么？

3. 信封上的称呼（"华盛顿先生"）和英国是否承认美国是一个主权国家有关系吗？请对您的答案作出适当的解释。

（二）问卷施测

问卷由老师或研究者在教师统一安排时间完成，不限制完成时间，在答题过程中碰到任何不理解的地方都可以发问。一般进行前测和后测，前测在实施领域相适应的课程之前进行，在一个学期或一个学年之后进行后测。通过前后测的对比来看学生的社会推理能力是否得到了预期的发展。

（三）问卷的编码和分析

类型一：从属于某一个领域。

对情境进行评估时只注意到了某一个领域的突出事件，因此在解决问题时也只考虑到这一个领域。

从属于道德领域。如"每个人都有接受教育的权利，领导不同意建立学校，不让低种姓的人上学就侵犯了他们的权利"（具体情境见附录，下同）。

从属于习俗领域。如"村领导是对的，如果他们的文化中是这样的习俗，那就应该遵守"，"领导可以决定怎么做，不用管其他人怎么说"。

类型二：部分协调。

被试关注到了道德和习俗两个领域的因素，但在他们的评估或提供的解决方案中并没有完全解决两者之间的对立和冲突，或者没有充分注意到两者之间的不确定性。

类型三：协调两个领域的因素，形成和谐一致的解决办法。

"村里领导不让建立学校是错误的。所有种姓的人都有接受教育的权利，他们拒绝建立学校就否定了他们作为人所具有的接受教育的权利。村里的领导应该认识到，印度也在不断地进步，他们的某些传统需要改变，不是所有传统都应该坚守。"

"最好的解决办法是印度政府免除村里领导的职位（这样这个村庄就和印度其他地方一样，低种姓的人也有接受教育的权利）。"

通过编码和分析，我们就可以知道被试在道德、习俗及交叉领域的发展状况。

在课程教学中实施以领域为基础的道德教育是一项需要长期探索的艰巨工程，本书介绍的只是一些基本的原则和方法。要想有效地进行以领域为基础的道德教育，还需要更多的教师和研究者加入这一行列。

第六章　我国家庭道德教育困境的领域解读

家庭是人类社会生活基本的组织形式，是社会的细胞，家庭稳定、和谐、幸福是社会稳定和谐的前提和基础。家庭道德是维系和协调家庭成员关系、维持家庭正常运转的重要保证，也是个体道德的重要组成部分。我国当前正处于社会变化、发展的转型时期，社会的政治、经济、文化等各个方面都在发生广泛而深刻的变化，这给家庭道德领域带来了前所未有的影响。和学校道德教育一样，领域理论对家庭道德教育的领域解读为应对相关情况提供了一条可能的路径。

第一节　家庭道德教育及其当代困境

一、家庭道德教育的含义与特点

（一）家庭教育

家庭教育是指发生在家庭环境中的教育行为。赵忠心指出："狭义的家庭教育是指在家庭生活中，由家长，即由家庭的长者对其子女及其他年幼者实施的教育和影响。广义的家庭教育，应当是家庭成员之间相互实施的一种教育。在家庭里，不论是父母对子女，子女对父母，长者对幼者，幼者对长者，一切有目的有意识施加的影响，都是家庭教育。"[1] 孙三俊认为："家庭教育就是家长（主要指父母和家庭成员中的成年人）对子女的培养教育。即指家长在家庭中自觉地、有意识地按照社会需要和子女身心发展的特点，通过自己的言传身教和家庭生活实践，对子女施以一定的影响，使子女的身心

---

[1]　赵忠心：《家庭教育学》，人民教育出版社1994年版，第5页。

发生预期的变化的一种活动。"[①]家庭教育发生于家庭这一私人场域，它源于私人生活，但是家庭教育并非孤立于社会。相反，家庭教育与社会其他各个领域都息息相关，是"发生于私人场域中的社会教育，这是完整、真实的人的教育。理想的家庭生活完全可以迁移到大社会中"[②]。我国自古以来一直非常重视家庭教育，追求家庭和睦，推崇"家和万事兴"。自 2022 年起施行的《中华人民共和国家庭教育促进法》更是把家庭教育从"家事"提升为"国事"。因此，家庭教育虽然主要发生在家庭生活中，是父母或其他长辈对孩子实施的教育，但它影响到孩子在社会中的功能和表现，因而对社会整体的发展有着深远的影响。

（二）家庭道德教育

家庭道德教育是家庭教育的重要组成部分，是在家庭生活环境中实施的道德教育，与学校道德教育、社会道德教育相呼应。家庭道德教育也有广义和狭义之分，广义上的家庭道德教育"是道德教育的一个重要组成部分，它以家庭为基本形式，通过家庭成员之间，按照一定阶级的道德原则和规范，互相施加道德影响，从而达到培养和提高人们道德品质的目的"[③]。狭义上的家庭道德教育是指"家庭生活诸因素影响子女品德发展的过程"[④]。本书主要使用狭义上的家庭道德教育，认为家庭道德教育是父母或其他长辈对家庭中的晚辈或孩子施加道德影响的活动。它包括提高道德认识、确定道德信念及养成道德习惯等。它的受教育对象主要是年轻一代，家庭道德教育的核心是品德教育。表现在侧重于家庭亲情的感化、良好行为习惯的引导，让子女养成尊老爱幼、遵纪守法等良好品行，使他们从家庭中获得初步的道德社会化。

家庭道德教育是个体接受道德教化的开端，为个体的道德发展奠定重要的基础。家庭道德教育是以家庭为载体进行的，而家庭是在血缘关系基础上形成的基本的社会组织单位，这种血缘特性使其具有不同于学校和社会道德教育的特点和优势。

1.家庭道德教育具有天然性。俗话说，家庭是孩子的第一所学校，父

---

①　孙俊三主编：《家庭教育学基础》，教育科学出版社 1991 年版，第 1 页。

②　缪建东：《家庭教育》，北京师范大学出版社 2015 年版，第 5 页。

③　乔德福主编：《家庭道德新论》，中国社会出版社 2008 年版，第 188 页。

④　骆风、吴立德：《家庭德育类型及其对子女品德影响的实证研究》，《山东教育科研》2000年第 6 期。

母是孩子的第一任老师。父母一旦生育了孩子，就自然承担起了抚养和教育子女的责任和义务，且终生不可逃避和更换。在学校里，老师可以更换班级和学生，学生也可以选择老师，且老师和学生的关系具有一定的时间期限。一旦学生从学校毕业，师生之间的责任和义务就可以解除。但父母和子女的关系不一样，一旦形成两代关系，便不能任意选择和更换。无论父母学历水平、个性品格如何，无论孩子乖巧还是顽劣，父母都注定是孩子的启蒙老师，在孩子的教育中，特别是在道德教育中承担着不可推卸的责任。父母不但有责任给孩子提供必要的物质生活条件，还有义务给孩子创造良好的家庭氛围，陶冶、培养孩子的道德品质和道德情操，使他们成为身心健康的社会人。

2. 家庭道德教育具有示范性。苏联教育家马卡连柯说："不要以为只有你们在与儿童谈话，或教育儿童、吩咐儿童的时候，才是在进行教育。你们是在生活的每时每刻，甚至你们不在家的时候也在教育着儿童。你们怎样穿戴，怎样同别人谈话，怎样议论别人，怎样欢乐或发愁，怎样对待敌人和朋友，怎样笑，怎样读报——这一切对儿童都有重要的意义。"[①]通过观察、模仿学习是儿童的天性，而家里的长辈，特别是父母，是儿童观察、模仿和学习最重要的对象。从我们出生起，父母的言行举止将家庭道德风气、道德行为、生活方式、价值观念等潜移默化地渗透给我们。因此，无论怎样，父母在家庭德育中承担着不可推卸的责任，其自身言行对孩子的道德发展和品格形成具有重要的示范作用。

3. 家庭道德教育具有情感性。家庭道德教育最大的优势在于家庭成员朝夕相处、共同生活，彼此之间具有自然的情感连接。具体而言，家庭教育主要依赖的不是父母或长辈的渊博知识或恰当方法，而是他们与孩子之间的情感关系。正因为孩子在经济上和情感上对父母的依赖，他们才愿意接受父母的教诲和影响，正所谓"同言而信，信其所亲"。建立在血缘上的亲情关系使得家庭成员之间建立了牢固的信任关系，这种情感性使家庭道德教育具有得天独厚的条件，是学校和社会道德教育所无法企及和超越的。

4. 家庭道德教育具有长期性。蔡元培先生曾说："家庭者，人生最初之学校也，一生之品行，所谓百变不离其宗者，大抵胚胎于家庭之中。"家庭教育是我们出生后接受的最早的教育，也是贯穿于我们一生的、连续的、全程的教育。这和学校教育的阶段性形成了鲜明的对比。很多基本的价值观、

---

① ［苏联］马卡连柯:《马卡连柯全集》第3卷，人民教育出版社1959年版，第400页。

做人的道德准则都来自家庭的影响。家庭道德教育以先入为主的方式为个体道德的发展奠定了基础，形成了一种长期的定式。这种道德教育的长期影响甚至可以跨越代际，形成代代相传的家风。家风是家庭道德教育具有传承性代表的家庭传统，在历代家庭演变中逐渐形成，并通过父母把家风所承载的价值观传给子女，形成世代相传的家庭价值观和道德观。

5. 家庭道德教育具有发散性。学校道德教育具有系统性和规划性，是教育者根据一定的教育大纲、选取恰当的教育方法和材料对受教育者进行的有目的、系统的教育活动。相比而言，家庭教育缺乏系统的规划性，它常常发生在家庭的日常生活中，是父母或长辈根据当时的生活情境对孩子实施的即兴的、非计划的、非系统性的教育活动，有时甚至只是对某个事件发表自己的见解，具有隐秘性和非直接性。但是这种教育无处无时不在，具有发散性的特点。

二、家庭道德教育的现状

（一）重视家庭道德教育的传统依然具有重要影响

我国传统的家庭教育非常重视道德品质的培养，以道德为安身立命之本，家庭教育的重心就是教育孩子为人处世的道理，重视教育孩子与人相处之道，重视孩子待人接物的学习，认为"养不教，父之过"。可以说，传统的家庭教育约等于道德教育，家庭的重要功能就是教孩子做人。现代家庭依然认为父母是孩子的第一责任人，认为父母有责任教给孩子是非善恶的判断标准，并在生活中不断强化这些标准，让孩子"做好人"。

随着社会经济的发展，孩子参加劳动已经不是家庭运作的必要条件，但很多父母还是很重视孩子劳动意识、劳动技能和劳动习惯的培养，认为参加劳动是培养孩子良好品质的重要途径。同时，很多父母认为让孩子学会感恩非常重要。认为如果孩子把自己得到的一切当成理所当然，这会让他们成为很自私的人，是家庭道德教育的失败。特别是孝顺老人的教育，依然是很多父母关注的重要内容。在现代家庭中，很多父母很注重孩子良好行为习惯的培养，包括生活习惯、学习习惯、与人交往的习惯，等等。还有些父母特别注重挫折教育，认为让孩子承受一定的挫折有利于磨炼其心智，促进良好品德的形成。

总而言之，与传统社会相比，虽然现代社会在政治、经济、文化等各个方面都发生了很大的变化，但我国传统文化中注重家庭道德教育的观念依然发挥着重要影响，对现代家庭的道德教育理念、内容、方式等有着不可忽略的影响。

（二）现代家庭道德教育面临挑战

虽然传统文化对家庭道德教育依然发挥着重要的积极作用，但不可否认的是，由于社会的快速发展，家庭道德教育也遇到了一系列的挑战。如何克服这些挑战对于孩子的发展具有非常重要的意义。

首先，重智轻德的教育理念。当今社会由于经济的快速发展，在功利主义思想和社会压力的影响下，很多家庭把教育的焦点放在孩子的学习成绩上。"望子成龙""望女成凤"的急切心理让很多家庭把大量的时间、精力和金钱花在培养孩子的知识和技能上，以保证孩子将来在社会有立足的资本，而不易被量化的道德教育边缘化。

其次，简单陈旧的教育方法。相比之前，当今社会在政治、经济、文化、生活方式等各个方面都发生了翻天覆地的变化。但是很多父母使用的方法和手段却并没有随着社会的变化而进行更新和优化，很多家庭要么承袭传统的、已经不适应当代社会的教育方法，要么实施非传统的、但不科学的教育方法，从而影响孩子良好的品德、习惯及健全人格的养成。

最后，关系紧张的教育氛围。这里的关系主要指家庭关系，主要包括夫妻关系和亲子关系。社会的巨变使得夫妻关系的维持更加艰难，日益攀升的离婚率便是证明。夫妻关系是家庭的定海神针，如果夫妻之间经常发生冲突，家庭氛围就会紧张，缺乏爱和温度，也会影响亲子关系及其他家庭关系。社会的快速发展也使得父母和孩子之间在价值观、知识、兴趣爱好等方面的差距加大，加上父母不恰当的沟通方式，亲子冲突在当代社会日益凸显。教育的前提是关系，家庭教育更是如此，没有良好的家庭关系，家庭教育，包括道德教育都难以取得理想的效果。

第二节　亲子关系与家庭道德教育

亲子关系（parent-child relationship）建立在血缘和共同生活的基础之上，是父母与子女之间相互影响、相互作用的过程，是一种自然关系和社会关系统一的人际关系。①亲子关系是个体一生中持续时间最长的一种人际关系，对儿童和青少年发展有着深远的影响，也对个体其他的人际关系（如同伴关系和师生关系）有重要的影响。亲子关系可以说是一切人际关系的基础和底色。同时，良好的亲子关系也是家庭教育的前提和基础，包括家庭道德教育。

一、亲子关系概述

亲子关系主要包括亲子依恋、亲子亲合与亲子冲突三个方面，②对儿童和青少年心理发展有着不同的重要影响，我们这里主要关注亲子冲突。

（一）亲子依恋

亲子依恋是指孩子与照顾者之间形成的长期的、持续的情感联结。亲子依恋的研究始于鲍尔比（Bowlby），被认为是母亲（或其他主要照顾者）和婴儿之间形成的一种亲密情感联结，表现为分离时的紧张和寻找，重逢时的愉悦和轻松，并对陌生人形成一种排斥倾向。③后来亲子依恋不限于婴儿时期，也不限于母亲，而是扩展到了青少年期和成人期。在婴幼儿和童年早期，亲子依恋对儿童的影响是全方位的。当照顾者对孩子的需求很敏感，能及时满足其需求时，孩子就会对照顾者形成安全型依恋。④安全型依恋的儿童社会能力发展更好，认知功能发展水平更高，身心健康水平也更高。⑤安全型依恋的儿童和青少年倾向于认为周围人是可信任的，在与他人交往的过程中呈现出更多积极的认知、情感和行为表现，自尊、同理心较高，更少出现问题行为。不安全型依恋儿童会觉得他人是有威胁的，因而表现出更多焦

---

① 张晓等：《亲子关系与问题行为的动态相互作用模型：对儿童早期的追踪研究》，《心理学报》2008年第5期。

② 吴旻、刘争光、梁丽婵：《亲子关系对儿童青少年心理发展的影响》，《北京师范大学学报（社会科学版）》2016年第5期。

③ 于海琴：《亲子依恋对儿童社会性发展影响的研究进展》，《华中科技大学学报（人文社会科学版）》2002年第1期。

④ Brumariu, L. E. & Kerns, K. A.（2010）. Parent-child Attachment and Internalizing Symptoms in Childhood and Adolescence: A Review of Empirical Findings and Future Directions. *Development & Psychopathology*, 22（1）, 177-203.

⑤ Ranson, K. E. & Urichuk, L. J.（2008）. The Effect of Parent-child Attachment Relationships on Child Biopsychosocial Outcomes: A Review. *Early Child Development and Care*, 178（2）, 129-152.

虑、恐惧等负面情绪，感受到的压力也更大。一项追踪研究发现，青少年时期的亲子依恋情况与其在成年期的心理适应能力显著相关：个体的亲子依恋质量越低，成年后出现抑郁、焦虑、成瘾行为、自杀行为和犯罪等问题的概率就越高。[①]

（二）亲子亲合

亲子亲合是指父母与子女之间亲密、温暖的情感联结，可以体现在双方积极的互动行为和对彼此的亲密情感中。[②]亲子亲合水平越高，说明亲子关系质量越好。有研究者认为，亲子亲合是儿童正常发展的基础，能够对个体健康发展起到稳定的保护作用。[③]如负性生活事件对高亲子亲合水平青少年内化问题的影响更小，而低亲子亲合水平的青少年在遭遇较多负性生活事件时内化问题会迅速增多。换言之，高水平亲子亲合对负性生活事件有缓冲、保护的作用。

与亲子冲突相比，有关亲子关系的研究对亲子亲合的关注不多。这带给人们一个印象，即青少年期的亲子关系是分裂的，亲子之间的冲突大于亲合，矛盾多于和谐。但生活事实证明，无论青少年与父母的关系如何震荡，他们同家庭始终保持着千丝万缕的联系，同父母之间依然保持着强烈的亲情。有研究发现，亲子冲突在青少年中带有普遍性，超过80%的被试近半年来与父母发生过冲突，但大部分青少年与父母冲突的次数较少，冲突的强度不高，与父母的亲合度较高。[④]这说明青少年期的亲子关系是冲突与亲合并存，是亲子关系的转变期，而不是破裂期。

（三）亲子冲突

亲子冲突是指亲子之间由于某些原因而导致的观点和行为的分歧或对立。这种对立可以表现为情绪、言语、行为的对立。妥善处置青春期亲子冲

---

① Raudino, A., Fergusson, D. M. & Horwood, L. J. (2013). The Quality of Parent/child Relationships in Adolescence is Associated with Poor Adult Psychosocial Adjustment. *Journal of Adolescence, 36*（2），331-340.

② 赵景欣、刘霞、张文新:《同伴拒绝、同伴接纳与农村留守儿童的心理适应：亲子亲合与逆境信念的作用》,《心理学报》2008年第7期。

③ Bean, R. A., Barber, B. K. & Crane, D. R.（2006）. Parental Support, Behavioral Control, and Psychological Control Among African American Youth: The Relationships to Academic Grades, Delinquency, and Depression. *Journal of Family Issues, 27*（10），1335-1355.

④ 宫秀丽、刘长城、魏晓娟:《青少年期亲子关系的基本特征》,《青年探索》2008年第5期。

突对于青少年的认知、个性、社会适应和心理健康等极为重要。我国学者对亲子冲突的内容、强度、发展变化、影响亲子冲突的因素及亲子冲突对青少年社会发展和适应的影响等各个方面进行了广泛的研究。如方晓义和董奇发现，初中生早期的亲子冲突处于较低水平，但多数亲子冲突随年级而增加；亲子冲突最多的三个方面为日常生活安排、学业和家务，而冲突最少的为隐私。[①] 在亲子冲突与青少年心理健康的关系方面，我国也有不少研究。如方晓义等发现，亲子冲突与青少年的抑郁和问题行为具有较为一致的关系，即与双亲发生冲突的青少年所表现的问题行为和抑郁最多，其次是与单亲发生冲突的青少年，问题行为和抑郁表现最少的是与双亲均无冲突的青少年。[②] 刘海娇等也发现，父母提供良好的支持有助于青少年减少抑郁情绪，高亲子冲突会增加青少年产生抑郁的危险。女孩更容易受亲子关系影响，尤其是与父亲的冲突是导致女孩抑郁的高危因素。[③] 王增涛等发现，不同类型的亲子冲突处理策略与青少年不同的心理健康问题有关，因此，青少年的心理健康水平对其亲子冲突处理策略具有预测作用。[④] 杨菲和吴鑫德发现，抑郁焦虑与亲子冲突呈显著正相关，与教养方式各维度均密切相关，这说明父母对孩子的教养方式越合理，与孩子发生冲突的次数就越少，孩子产生抑郁焦虑的可能性也会越小。[⑤] 尹红霞和时公卫认为，一般而言，低水平的亲子冲突有利于青少年同一性和社会性的发展，但研究也发现亲子冲突与青少年的问题行为、犯罪、吸毒、性行为、学习成绩差等之间存在明显的关系。[⑥] 从这些研究可以看出，我国学者对亲子冲突与青少年的心理健康水平开始关注，但研究还处于起步阶段。表现之一是研究还缺乏系统性，大多还是对某一地区、某一年龄阶段的特定样本进行研究；其次，研究的方法主要还是采用问卷调查、自我报告的方法。问卷调查法一般能给某一问题的研究提供初步的数据和方向，但无法对问题进行深入的研究。自我报告法一般是让被试回忆一段时间内发生的事情，然后对这些事情进行分类和描述。这一方法难免受

---

① 方晓义、董奇：《初中一、二年级学生的亲子冲突》，《心理科学》1998 年第 2 期。

② 方晓义等：《亲子冲突与青少年社会适应的关系》，《应用心理学》2003 年第 4 期。

③ 刘海娇等：《青少年的父子关系、母子关系及其对抑郁的影响》，《心理科学》2011 年第 6 期。

④ 王增涛、徐小东、张丽霞：《青少年亲子冲突处理策略特点及与心理健康的相关研究》，《中国健康心理学杂志》2008 年第 8 期。

⑤ 杨菲、吴鑫德：《父母教养方式、亲子冲突与初中女生抑郁焦虑的关系》，《中国健康心理学杂志》2014 年第 9 期。

⑥ 尹红霞、时公卫：《青少年亲子冲突研究概述》，《中小学心理健康教育》2010 年第 10 期。

限于被试的主观记忆。

相比于国内的研究，国外关于亲子冲突的研究起步更早，研究也更为深入。早在 20 世纪初，美国著名心理学家和教育学家霍尔（G. Stanley Hall，1846—1924）就把青春期比喻为"疾风暴雨"的时期，认为身体的变化导致了青少年心理的巨变，亲子冲突是青少年走向独立和自主的必经之路。随后的精神分析和新精神分析也把对抗和冲突看成是成功克服恋母情结的必然条件，认为亲子冲突有益于青少年的发展。但后来的学者通过大量的调查研究发现，亲子冲突也会对青少年的心理健康产生负面的影响。如亲子冲突与生活满意度、自尊、生活目标、无望和精神病发病率相关。[1] 葛（Ge）等也发现，亲子冲突频率的增多会导致青少年，特别是女生，高水平的抑郁焦虑。[2] 同时，经历频繁的亲子冲突和紧张的亲子关系的青少年，与父母间的亲密感会降低，常对家庭功能形成消极的知觉，[3] 如感到父母对自己缺少关爱和支持，家庭成员间不能互相帮助、互相体谅，与父母无法进行沟通等，从而使他们产生无助感、不可控感、焦虑、抑郁甚至绝望等消极心理，对生活的满意度也逐渐降低。Grotevant 等发现，在亲子关系中得到父母支持的青少年能够更好地寻求自我同一性，而与父母发生冲突，处理不良的青少年更容易出现各种情绪和行为问题。[4] 目前关于亲子冲突的研究正在由"全好"与"全坏"两个极端走向综合、全面。

国外学者还提出了各种理论假设来系统解释亲子冲突，如强化理论、社会剥夺理论、互惠理论、归因理论、人际冲突理论等。在社会认知领域理论（social cognitive domain theory）的基础上，斯美塔娜提出了社会认知模型来解释亲子冲突，这一理论认为亲子冲突的发生与亲子间对不同事件的领域属性及父母权威合法性的不同认知和理解有关，亲子间的冲突往往是由于对冲突事件的不同认知而产生的，例如有些父母认为是社会习俗范围的事，青少年却认为是自己的个人事务，正是亲子双方的不同认知导致了冲突的产

---

[1] Shek, D. T. (1998). A Longitudinal Study of the Relations Between Parent-adolescent Conflict and Adolescent Psychological Well-being. *The Journal of Genetic Psychology*, 159（1）, 53–67.

[2] Ge, X., Conger, R. D., Lorenz, F. O. & Simons, R. L. (1994). Parents' Stressful Life Events and Adolescent Depressed Mood. *Journal of Health and Social Behavior*, 35（1）, 28–44.

[3] Shek, D. T. (1999). Individual and Dyadic Predictors of Family Functioning in a Chinese Context. *American Journal of Family Therapy*, 27（1）, 49–61.

[4] Grotevant, H. D. & Cooper, C. R. (1986). Individuation in Family Relationships: A Perspective on Individual Differences in the Development of Identity and Role-taking Skill in Adolescence. *Human Development*, 29（2）, 82–100.

生。[①]Nucci 认为，个体保持对一定个人事件的控制是一种基本的和普遍的心理需求，对个人领域的侵犯会使青少年感受到更高的心理控制，从而给青少年的心理健康带来负面的影响。斯美塔娜对 90 多位非裔美国青少年和母亲进行了为期两年的追踪研究，发现青少年报告的心理控制与母亲控制的事件性质相关，当妈妈控制青少年认为应该由他们自己做主的个人事件时，他们感受到的心理控制水平更高。[②]Hasebe 和 Nucci 研究了美国和日本中产阶级青少年对个人领域的控制和心理问题之间的关系，发现对青少年心理产生负面影响的不是父母控制行为本身，而是父母对个人领域的侵犯。[③] 在这一研究中，他们使用了父母权威指数（Parent Authority Index，PAI）来测量青少年对父母在不同领域事件中应该控制的情况和实际控制的情况的感受，考察青少年感受到的父母对不同领域事件的控制水平是否与其心理健康水平相关。这一研究的创新之处在于考虑了事件不同的领域属性及对这些领域事件的控制可能给青少年心理健康造成的不同影响。

二、亲子关系与家庭道德教育

（一）亲子关系是家庭道德教育的逻辑前提

"摇动摇篮的手是推动世界的手。"亲子关系的质量直接关系到父母和子女的成长、发展及幸福，并间接影响学校、社会乃至整个民族国家的发展。法国教育家福禄贝尔也说过："国民的命运，与其说掌握在掌权者手中，倒不如说掌握在母亲手中。"这句话从侧面阐释了亲子关系对子女的巨大影响。对于子女而言，亲子关系是他们最早的人际关系，也是交往时间最长、最频繁、最稳定的一种关系，对子女的身心发展有着深远而深刻的影响。《颜氏家训》：夫同言而信，信其所亲，同命而行，行其所服。同样的话，人们一般更相信跟自己关系亲密、情感亲近的人所说的；同样的指令，一般首先听从在自己心目中有威望的人。子女对父母感情的亲密程度决定了

①　Smetana, J. G.（1995）. Parenting Styles and Conceptions of Parental Authority during Adolescence. *Child Development*, 66（2）, 299–316.

②　Smetana, J. G. & Daddis, C.（2002）. Domain–specific Antecedents of Parental Psychological Control and Monitoring: The Role of Parenting Beliefs and Practices. *Child Development*, 73（2）, 563–580.

③　Hasebe, Y., Nucci, L. & Nucci, M. S.（2004）. Parental Control of the Personal Domain and Adolescent Symptoms of Psychopathology: A Cross–national Study in the United States and Japan. *Child Development*, 75（3）, 815–828.

子女对父母的信任程度，进而决定了家庭教育的效果。亲子关系越和谐亲密，父母教育的感染力就越强；反之，亲子关系越冷淡、紧张、疏远，父母对孩子的感染力就越弱，家庭教育的效果就越差。亲子之间如果没有什么感情，甚至经常有冲突和对立，家庭教育的效果就会很差，甚至有可能酿成家庭悲剧。[①]

（二）青春期的亲子冲突挑战家庭道德教育

近年来，随着社会的快速发展，亲子之间的差异变大，亲子冲突有日益严重的趋势，而信息化、全球化的趋势在亲子冲突中扮演了推波助澜的作用，亲子间日益增大的差异使得家庭道德教育的过程充满了种种矛盾和挑战。进入青春期后，孩子对自主性和独立性的要求日益强烈，但其心智和能力并未达到完全独立和自主的程度，父母对他们的信任还有限。青少年这种日益增长的自主需求和父母有限的权利给予和信任程度使得亲子之间的冲突在青春期呈现出增加的趋势。亲子冲突的增加可能使得亲子关系变得更加疏离、冷漠，而这种低质量的亲子关系也会使得父母对孩子实施教育的效果收效甚微，因为家庭教育主要是通过亲子之间的互动来完成的，是父母通过与孩子的互动以自身的精神境界和思想道德面貌对孩子进行潜移默化的影响。因此，深入探究青春期亲子冲突产生的原因，寻求缓减亲子冲突的对策对于提升家庭教育的效果尤为重要。下面我们从领域理论的角度来探究青春期亲子冲突的根源。

第三节　领域混淆是青春期亲子冲突的根源

权威是指个体所拥有的控制他人行为的权利。西蒙（Yves Simon）认为，"权威是一种属于一个人并通过一种命令而得到实施的作用力（an active power），该作用力通过被另一个拥有自由意志的人看作是行为规则的实践判断而得到实施"[②]。权威是一种"命令"，说明它具有一定的外在强迫性，但它是通过"拥有自由意志的人"的实践而得以实现，这说明权威的实现必须得到人们内心的认可，是人们的自愿选择。也就是说，权威是一个关系观念，既涉及权威主体对权威客体的控制，也包含权威客体对权威主体的认可

---

①　孟育群：《亲子关系：家庭教育研究的逻辑起点》，《中国德育》2007 年第 2 期。

②　［法］耶夫·西蒙：《权威的性质与功能》，商务印书馆 2015 年版。

和接受。只有控制和认可在这一过程中实现匹配，才能避免两者之间的冲突，促使遵从行为的产生。父母权威是指父母所拥有的控制儿童行为的权利。[1]只有父母实施的权威与孩子认可的权威相匹配，才可能避免产生亲子冲突，使孩子心甘情愿遵从父母的指令。了解青少年对不同领域的父母权威的认知是进一步分析亲子冲突的前提和基础。

一、青少年对父母权威认知的领域差异

（一）道德和习俗领域：一致或基本认同父母权威

道德涉及他人权利、福利及是否伤害他人等可能导致严重后果的事件，具有跨情境的普遍性和绝对性。习俗主要涉及社会期望及社会组织的正常运转，具有一定的可变性和随意性。研究表明：父母和青少年一致认为父母有合法权威监管和实施道德标准和家庭原则，如不打兄弟姐妹、遵守承诺等。青少年也强烈认同父母对典型的社会习俗事件的监管权威，如做家务、举止得当、不和父母顶嘴、不骂人等。[2]而且，父母在这些领域的权威一般被认为不只是在青春期，而是贯穿了整个人生过程。因此，家庭冲突很少是属于道德领域的。偶尔出现，也是关于如何运用道德原则的问题。对于道德事件，绝大多数青少年认为父母有义务制定道德规则，如不撒谎、不伤害家人等。青少年也认为父母应该制定有关习俗事件的规则，但不如道德事件强烈。当被询问是否有义务遵守父母制定的规则，儿童和青少年一般认为他们应该遵守父母制定的道德和习俗规则。[3]对于道德规则，一直到青春期晚期都是如此。青春期前，几乎所有的儿童和青少年都认为他们应该遵守父母制定的习俗规则和标准，但这一信念在青春期有所下降（虽然还是在很大程度上同意）。[4]值得注意的一点是，儿童和青少年对父母的指令和规则并非盲从。当父母让他们去做一些不符合道德原则的事情，如偷窃、撒谎、歧视

① 王婷、徐琴美：《冲突情景中青少年对父母权威的遵从》，《中国临床心理学杂志》2006 年第 1 期。

② Smetana, J. G. (1988). Adolescents' and Parents' Conceptions of Parental Authority. *Child Development*, 59 (2), 321–335.

③ Tisak, M. S. (1986). Children's Conceptions of Parental Authority. *Child Development*, 57 (1), 166–176.

④ Smetana, J. C. (1993). Conceptions of Parental Authority in Divorced and Married Mothers and Their Adolescents. *Journal of Research on Adolescence*, 3 (1), 19–39.

别人时，很多青少年都会予以拒绝，并认为在这种情况下向父母撒谎是正当的，是为了避免伤害别人。

儿童和青少年对成人道德和习俗原则和规则的接受或拒绝还有赖于他们对这些规则、要求或期望的评价和判断。即使判断它们是合理正当的，儿童和青少年还会积极评价成人传递这些规则的方法，看这些方法是否与事件的领域相契合。当成人的解释与行为的领域一致时，青少年接受这些规则和解释的可能性更大；不一致时拒绝的可能性增大。[①] 因此，青少年不总是接受父母传递给他们的规则和信息。这种接受依赖于父母的反应和解释是否与事件的领域或性质一致，如果一致，他们接受的可能性就更大。

（二）个人（安全）领域发展中的权威认同

青少年基本拒绝父母对个人事件进行管控，认为这是应该由他们自己做主、自己选择的事情，不认可父母对这些事件进行控制的合法性。研究表明，青少年认为在个人领域事件（如和父母不喜欢的人做朋友）上向父母撒谎是可以理解和接受的。[②] 随着年龄的增长，他们对个人领域的要求会变得更为强烈。父母也认为有必要给予青少年一定的自主选择权利，但他们给予的范围往往小于青少年要求的。随着年龄的增长，父母一般会给予青少年更多的自主权，因此，青少年所获得的和父母所给予的个人领域的范围一直处于发展变化之中。

不同年龄的青少年都认为父母应该监管他们的安全领域行为。[③] 这一点和他们对道德和习俗领域事件的态度相类似。但也有不同之处：安全事件只影响个体的舒适和健康。我们生活中大多数有关安全的决定从根本上来说都属于个人选择的范围。例如，我们可能认为吃大量的垃圾食品、变得肥胖是愚蠢的行为，但最终做决定的还是个人。但另一方面，只有在个体成熟之后这些事件才属于个人选择的范围。成人可以自己决定是否吸烟或喝酒，但青少年不被允许。

---

① Nucci, L. P. (1984). Evaluating Teachers as Social Agents: Students' Ratings of Domain Appropriate and Domain Inappropriate Teacher Responses to Transgressions. *American Educational Research Journal*, 21 (2), 367–378.

② Perkins, S. A. & Turiel, E. (2007). To Lie or not to Lie: To Whom and Under What Circumstances. *Child Development*, 78 (2), 609–621.

③ Smetana, J. G. (2000). Middle-class African American Adolescents' and Parents' Conceptions of Parental Authority and Parenting Practices: A Longitudinal Investigation. *Child Development*, 71 (6), 1672–1686.

父母关于青少年是否对这些事件具有决定权的观念和想法可能会处于变化之中。他们可能会考虑青少年的能力和发展是否已经可以自己做决定。斯美塔娜等发现，青少年认为父母应该制定相关的安全领域的规则，但认可的程度不是那么高，也并不认为他们必须严格遵守父母制定的安全规则，而且，随着年龄的增长，他们遵守这种规则的意愿进一步下降。这是因为青少年主要把这类安全事件归入个人领域，是他们自己可以做主的事情。[①]青少年的性格特征、气质、亲子关系的质量等各个方面的因素都会影响到父母的决定。这意味着父母允许青少年对哪些事情做决定的个体差异会非常大。

（三）交叉领域：模棱两可的权威认同

交叉事件一般包含习俗、安全、个人等多个领域的因素，是谈判空间最大的"灰色地带"，也是青少年和父母发生冲突最多的领域。一般而言，父母更多地关注其中的习俗和安全因素，因而认为自己对这类事件有监管的权利和义务（虽然其强度不如道德、习俗和安全领域的事件）；而青少年一般更多地看到其中的个人领域的因素，因而在更大程度上认为自己对这类事情有选择的权利，不应该受父母的控制和管束。父母和青少年对这类事情不同的理解是很多亲子冲突产生的根源所在。但随着年龄的增长，父母对交叉事件的监管会有所下降，说明青少年获得的自主权越来越多。

二、父母和青少年对亲子冲突辩护的领域差异

如上所述，青少年对父母权威的认知存在领域差异，但这并非导致亲子冲突产生的直接原因。亲子冲突产生的直接原因在于父母和青少年在道德、习俗、个人、安全等领域对权威的期待存在差异，对权威的合法性问题也持有不同意见，因此，他们对发生在各个领域的冲突事件的解读和辩护也自然存在差异。领域理论通过分析亲子双方对冲突的辩护理由来探究这些差异。

（一）习俗与安全：父母对亲子冲突的辩护

父母对亲子冲突的辩护理由主要是社会习俗的角度，他们会提到很多

---

① Smetana, J. G. & Asquith, P. (1994). Adolescents' and Parents' Conceptions of Parental Authority and Adolescent Autonomy. *Child Development*, *65* (4), 1147–1162.

习俗方面的担忧。如家庭规则和父母权威的实现、恰当的角色认同、尊重他人、维持家庭的有效运行等。[①] 例如，谈及家务活和整理自己的房间，父母会关注青少年留给别人的第一印象，符合社会期望的重要性，不遵守社会规则的潜在负面后果等。父母也觉察到不遵守社会规则可能带来的社会代价，包括对他们自己声誉的影响，甚至担忧由此导致同伴群体对孩子的排挤。父母这些诉诸社会习俗的行为对青少年的发展起到社会化的功能，能有效促进青少年参与家庭和社会活动。

除了社会习俗，父母还会使用安全和实用理由来为自己辩护。安全理由主要用于青少年的作息安排（如不能睡觉太晚）和活动选择（如取得好的成绩，以保证将来有成功的人生）。在社会环境不稳定的时候，父母更倾向于用安全来为自己的行为做辩护。父母对安全领域的监管也存在性别差异。一般而言，父母对女孩的安全关注更多，管控更严。

父母偶尔也用道德理由来为自己辩护。这主要发生在父母作为第三方调解角色的情境中，如调和兄弟姐妹或朋友之间的关系。

（二）选择与自主：青少年对亲子冲突的辩护

与父母不同，青少年经常用个人选择和爱好来为自己辩护。他们认为引起冲突的事件都是无关紧要的，不会有什么严重的后果，因此他们的行为是可以接受或被允许的，他们的选择反映了他们的身份和个性，或者是他们表达自我的一种方式，或者这些事件只是他们的个人选择。青少年的反应表明，在他们看来，冲突之所以产生是因为父母想控制那些他们认为应该由他们自己做主的事情。因此，这些观点并不能说明青少年很自私或自我为中心，只是和个人选择和个人权限有关，属于心理领域或个人领域。

青少年的反应中也有比较少的习俗理由，因为他们认为社会习俗只是社会权威人物的主张和命令而已，具有很大的随意性和可变性，不是非遵守不可的规则。如青少年可能用同伴行为来为自己辩护，如同学都这样做等。同样，青少年的辩护理由中也有少量的道德理由，而且主要是发生在有父母干预的情境中。

有趣的是，研究者发现青少年和父母对于对方的观点都非常清楚：青少年知道父母在很多情况下是考虑到社会的要求、标准和行为可能带来的负

①　Smetana, J. G.（2011）. *Adolescents, Families and Social Development: How Teens Construct Their Worlds*. Wiley-Blackwell.

面后果；父母也知道青少年想要自主，想要有自己的空间和隐私，但他们都清楚地表示无法赞同对方的观点。父母不愿意赋予青少年更多的个人自由部分原因在于他们渴望保护孩子的安全。青少年的反驳表明他们清楚父母对他们健康和安全的担心也知道父母对社会责任、规则、家庭和文化标准的重视，但他们认为这些都没有那么重要，有时甚至认为它们是错位的或无效的。这种对对方观点和想法的"心知肚明"使得双方都认为自己十分"理性"和"明智"，在冲突发生时显得更加理直气壮。

另外，父母的教养观念、教养经验、对孩子能力和才能的评估等都会影响父母对青少年自主性发挥的赋予程度。父母教养观念最重要的维度之一是父母控制模式。父母控制模式是指父母在教养活动中经常用以控制、管理儿童的较为稳定的行为方式，[①]对儿童心理发展的影响非常深远。父母控制通常包含行为控制（behavioral control）和心理控制（psychological control）两方面。行为控制是指父母向子女施加规范、规则、限制以及通过主动询问和观察等方式了解子女活动。相比之下，心理控制则是指父母侵扰子女内心世界、破坏孩子自主性发展的控制，包括父母干涉、引发内疚感和爱的撤回等。[②]

从领域理论的角度来看，行为控制的范畴，能有效预防青少年吸毒、违纪、酗酒等不良行为的产生。而父母对个人事件的控制很难被青少年接受和认可，从而被认为是一种心理控制。根据研究，心理控制对于青少年的自主发展、社会交往等方面都存在消极的影响，很可能破坏青少年的心理健康。

早期青少年在生理、社交、认知等方面都在发生巨大的变化，在这一快速发展时期父母对青少年能力的评估可能会特别不稳定。况且，青少年早期的这种快速变化及对这种变化的适应过程使得很难准确评估他们是否已经发展到可以获得更多自由的阶段，这可能使青少年想获得更多自由的愿望和父母对其发展能力不稳定的评估之间存在差距，从而使得他们在确定谁对各种事件具有决定权时会产生不同的主张和观点，冲突由此产生。随着年龄的增长，青少年的行为和心理都趋于稳定，和父母之间的冲突也会逐渐减少。

---

① 张璐斐、黄勉芝、刘欢：《父母控制与亲子关系的研究综述》，《广西民族师范学院学报》2013 年第 5 期。

② 李丹黎等：《父母行为控制、心理控制与青少年早期攻击和社会退缩的关系》，《心理发展与教育》2012 年第 2 期。

第四节　铸就和谐健康的亲子关系，促进青少年道德发展

从上面的论述中我们知道，在不同的社会认知领域，青少年对父母权威有不同的期待，赋予其不同程度的合法性，对其服从程度也存在领域的差异。父母主要用社会习俗和安全理由为冲突辩护，而青少年主要用自主选择和个人爱好为自己辩护。亲子双方其实对对方的观点和想法都心知肚明，但却无法接受对方的观点，导致冲突的发生。那么，冲突是否意味着父母应遵从青少年独立自主的意愿，赋予他们更多的自主权？或者父母应该坚定自己的教养行为，把青少年的活动限定在期望范围之内？青春期健康的亲子关系应该是怎样的？我们知道，一方面，父母在个人领域太多的控制和干涉会被青少年认为是一种侵入；另一方面，父母控制或关注太少会导致青少年的异常行为和抑郁心理。那什么程度的控制才是合适的呢？这一问题的答案是复杂而变化着的。控制的程度应随青少年年龄和父母实施控制的领域而有所不同。从更广的范围来说，也会随社会背景（包括文化、民族和社会经济地位等）而变化。

一、亲密有间：促进青少年心理健康

"亲密无间"是很多人追求的理想人际关系状态，很多父母在亲子关系中也是如此。殊不知对亲密无间的追求很容易造成父母的"越界"，导致亲子冲突的产生，在青春期尤其如此。当然，这并不意味着父母应该完全放手，让青少年独立决定所有事情。事实上，父母应该密切关注青少年的生理和心理发展需求，并给予必要的理解和支持。可以说，在青春期父母和孩子之间的关系应该是"亲密有间"的。"亲密"是指父母应该对孩子的活动密切关注，特别是在道德、习俗和安全领域，给孩子制定一定的规则、规定和限制，适时给予建议和指导，给他们提供足够的支持和坚定的引导。研究表明，青少年完全独立自主的决定，特别是在青少年早期，对其心理适应和发展都有负面影响，包括低水平的自尊、自立及学习或工作定位；同时，他们出现异常行为（如吸毒、喝酒、违反学校纪律和反社会行为）的可能性也

会增加。① 他们在学校的表现往往也更差，用在学习上的时间更少。"有间"是指父母对某些事件，特别是个人领域和交叉领域的事件应该逐步放手让青少年自主选择，不把孩子当成自己的私有财产，不要想当然地替孩子决定一切事情。研究者发现，处于父母全方位管控下的青少年可能难以形成健康的自我同一性，经常会出现焦虑、抑郁、孤独、困惑等内在心理问题，可能引发行为问题、毒品使用等外在相关问题。长谷部诚和努齐发现，青少年感受到的父母对其个人领域事件的过度侵犯对其心理健康有潜在的不良影响。也就是说，那些认为父母对个人领域管控过严的青少年压抑和焦虑的情绪更严重。但父母对道德和习俗领域的严格管控不会导致这种心理症状。②

二、尊重协商：促进青少年道德发展

有学者认为，在以人格独立与平等为价值基础的现代化语境下，如何恰切地描述、引导、规范未成年子女与其父母的关系模式，是理论和实践共同遭遇的困境。父母在贯彻自身教育理念和呵护子女的存在感、被承认感中寻求平衡，子女亦在仰赖父母庇护和确证自我之间挣扎。③ 这一困境在青少年期尤为突出，因为子女处于身心敏感的特殊时期。虽然中国家庭关系已经从父本位转换为家本位，继而向子本位转型，但以子女为中心并不等于子女地位提升至与父母同等的位置，并形成平等、松弛、自由的亲子关系。相反，"子本位"观念下，中国传统家庭伦理和现代社会对家庭教育的关切往往使父母自认对子女教养负有重要责任，由此催生更为强势、控制欲更强的父母形象。一方面，封建社会语境下的专制模式在现代社会已经失去了正当性，子女不再是父母的附属物，而被认为是独立的个体；另一方面，未成年子女身心发展不成熟，有赖于父母的保护和教育，因而父母的观念、想法和意志难免会影响孩子的想法和选择，甚至会干预孩子的自主和意志。

陈曦宜认为，如何避免以爱为名的捆绑和子女以平等为托词的教养缺

---

① Dishion, T. J., Nelson, S. E. & Bullock, B. M. (2004). Premature Adolescent Autonomy: Parent Disengagement and Deviant Peer Process in the Amplification of Problem Behaviour. *Journal of Adolescence*, 27 (5), 515–530.

② Hasebe, Y., Nucci, L. & Nucci, M. S. (2004). Parental Control of the Personal Domain and Adolescent Symptoms of Psychopathology: A Cross-national Study in the United States and Japan. *Child Development*, 75 (3), 815–828.

③ Sheppard, C. (1992). Children's Rights to Equality: Protection Versus Paternalism. *Annals of Health Law*, 1 (1), 197–211.

乏及行为失范，是亟待解决的问题。[①] 为此作者提出了"尊重型家长主义"的概念，强调父母干预子女选择和尊重子女并非互斥的选项，基于对尊重的多元理解（承认型尊重、赞同钦佩型尊重和重视型尊重），父母对子女的选择干预并不会必然导致否定子女的自主性，而否定子女的自主性也不必然导致对子女的不尊重。在此基础上，作者提出了关怀式、保护式、赋能式三种实践形式，并认为有些区域是家长无须干预的。这种新型的家长主义和领域理论的主张存在相通之处。领域理论认为，家长尊重子女意味着对个人领域事件不加干预，让孩子自主决定，但对于道德领域和习俗领域事件，家长不能听之任之，而应该适时地指出其行为对他人造成的伤害或影响，让孩子明白行为的后果，进而修正或控制自己的行为。这种以尊重和协商为特征的教育方式不但能促进孩子的心理健康，也能很好地促进孩子的道德发展。

---

① 陈曦宜：《尊重型家长主义：家庭教育中新型亲子关系的构建》，《教育科学研究》2023 年第 5 期。

第七章 青春期亲子冲突的实证研究及其德育启示

第一节 研究设计

一、研究目的

（一）探究青春期亲子冲突的现状，包括亲子冲突的频率、强度、解决办法等。

（二）探究青少年父母权威期待的特点和青少年心理健康的状态。

（三）探究青春期亲子冲突与父母权威期待及心理健康的关系。

二、研究方法

（一）由学生在网上完成连续两个星期的博客，详细记录与父母之间的主要活动，重点是发生冲突的情况，包括冲突的事件、发生冲突的人、冲突的强度、冲突是如何解决的、对于冲突有什么感受，等等。

（二）以父母权威指数（PAI）测量青少年对父母控制各个领域事件的应然状态和实然状态。

（三）以简明症状量表（BSI）测量青少年心理健康表现。以得分最高的三分之一和得分最低的三分之一为研究对象，对比初中被试和高中被试在PAI上的得分、冲突的类型、频率、强度、解决途径等方面是否存在差异。

（四）根据实证研究的数据针对性地提出解决亲子冲突、提升青少年心理健康水平的途径和对策。

第二节　研究过程

一、寻找专业公司建立专门网站

为了保护被试的隐私，我们决定建立专门的网站来收集数据。经过比较，我们选择广州某软件公司来开发这一专门的网站，网站为"你说我听"（http：//tell.dezend.cn），同时设有微信公众号，方便被试在电脑或手机上进行操作。

二、确定研究所需问卷及网上日记指引性问题

（一）本研究所用问卷

1.父母权威指数（PAI）问卷。父母权威指数问卷是由伯克利大学长谷部诚和努齐教授等人于2001年设计和编制的。[1]问卷编制的理论基础是领域理论，主要由34个来自习俗、个人、安全等不同领域的事件组成。每个事件要求被试在五个选项中选择一个最符合自己实际情况的选项：A. 我应该自己独自决定，而不用和父母讨论；B. 在和父母讨论之后，应该由我来作最后决定；C. 应该由父母和我一起来作决定；D. 经过父母和我一起讨论之后，父母应该作最后的决定；E. 父母应该作决定或者告诉我怎么做，不用和我一起讨论。34个项目包括三个分量表：个人领域分量表（PDS），安全、习俗领域分量表（PCDS）和交叉领域分量表（ODS）。整个问卷包括两个大的部分：第一部分为理想控制状态（PAI_ideal），即青少年认为事件在理论上应该由谁来做决定；第二部分为实际控制状态（PAI_perceived），即青少年在生活中实际感受到的父母控制程度。这两个部分的项目是完全一致的。

为了对比父母和青少年对父母控制青少年活动和事件的情况，我们增加了父母权威指数问卷的父母版（PAI_parent）。这一问卷和青少年问卷的项目完全相同，只是从父母的角度来回答问题。

2.简明症状量表（BSI）。简明症状指数（BSI）的功能在于确定被试自我报告的临床相关心理症状，以衡量被试的心理健康状态。BSI是症状自评

---

[1]　Hasebe, Y., Nucci, L. & Nucci, M. S. (2004). Parental Control of the Personal Domain and Adolescent Symptoms of Psychopathology: A Cross-national Study in the United States and Japan. *Child Development*, 75 (3), 815–828.

量表 SCL-R-90 的缩减版，由自评量表中因子负荷最高的项目组成。症状自评量表（Self-reporting Inventory）共有 90 个项目，包含有较广泛的精神病症状学内容，从感觉、情感、思维、意识、行为直至生活习惯、人际关系、饮食睡眠等，均有涉及，并采用 10 个因子分别反映 10 个方面的心理症状情况。BSI 包含 53 个项目，涵盖躯体特征、强迫症、人际敏感、抑郁、焦虑、敌意、恐怖性焦虑、偏执和精神质等方面的内容。本研究主要采用躯体特征、焦虑、抑郁和人际敏感这 4 个维度的数据。

3. 关系问卷。对青少年主要照顾者或共同居住者我们都设计了相应的问卷：和妈妈的关系问卷、和爸爸的关系问卷、和爷爷 / 外公的关系问卷、和奶奶 / 外婆的关系问卷。问卷由 17 个项目组成，从多个方面测评青少年和照顾者 / 共同居住者之间的关系状态。

（二）网上日记指引性问题设计

网上日记的指引性问题决定了学生完成问卷和记录日记的质量，所以我们团队对问题进行了多次的讨论和修改。之后还请了 15 位大学生上网进行试操作，对问题的设计、文字表达等各个方面进行了进一步的修改和提升，以保证我们能获取高质量的数据。具体问题如下：

接下来的两个星期请在微博或微信上记录你和父母之间的冲突：

我们这里所说的冲突包括你和父母之间任何或大或小的不同意见。对每一次冲突的描述请提供下面的细节：（1）是关于什么事情的冲突？（2）冲突的强度怎样？（3）冲突是和谁发生的？（4）冲突是怎么解决的？（5）你觉得解决的方法公平吗？（6）你对此是什么感觉？

三、到各中学招募合适的被试参与研究

从 2016 年 10 月到 2017 年 6 月，我们先后到广州市四所普通中学和三所职业高中招募被试。由于我们的研究需要被试连续两个星期记录和父母之间的互动情况，还需要父母签署同意参与书并完成相关问卷，招募被试的难度相当大。我们几经周折、花费了大半年时间才基本完成被试招募工作。整个研究我们招募的被试达到 230 多人，最终完全符合要求的被试有 181 人，其中初中生 56 人、高中生 69 人、职高生 56 人。

四、督促被试按时完成网上日记

被试招募完成后需要他们按要求完整完成问卷并连续两个星期及时记录与父母之间的互动情况，这对于被试来说是不小的负担，学业沉重的高中生更是如此。为了让被试更好地完成记录，我们对完成所有任务的被试赠送礼物给予鼓励，并在网站设立了隔天定时提醒的功能。研究者也会不时上网查看被试填写情况，对于出现的问题及时处理。必要时还会和被试电话联系，最大限度地保证被试高质量完成记录。

五、输入数据

本次研究涉及的数据比较复杂，主要包括以下内容。

（一）问卷数据

父母权威指数（PAI）（包括青少年版和父母版）、简明症状指数（BSI）和关系问卷数据（网上完成）。请研究助理将纸质版的数据全部输入 SPSS，以便进行下一步的数据分析。

（二）文本数据

要求被试在网上记录的内容包括两大块：一是和父母之间产生的冲突。要求记录冲突的对象、冲突的内容、冲突的强度、冲突是如何解决的、对冲突解决的感觉等。二是没有和父母说的秘密。包括秘密的内容、不分享秘密的原因及是否采取相关的行动等。文字描述的数据全部在网上，导出来即可。

六、对冲突类型和冲突理由进行编码、折算

（一）编码

对于文字描述的数据，我们必须进行编码才能进行下一步的数据分析。根据领域理论学者，特别是斯美塔娜等的研究，亲子冲突可以分为以下几种类型：（1）有关青少年日常活动的冲突，如看电视、玩游戏、按时睡觉等；（2）有关做家务活的冲突；（3）有关家庭作业和学业冲击的冲突；（4）有关

人际关系的冲突，如和父母及兄弟姊妹的关系，朋友选择等；（5）有关父母自身问题的冲突，如父母的不良习惯或性格等，包括把自己孩子和别的孩子进行比较等行为问题；（6）有关衣服、发型、食物等方面的选择，对不同食物的看法也可以归入这一类，强调个体的选择；（7）有关金钱的冲突，如零花钱的使用等；（8）有关青少年性格和行为模式等方面的冲突，如懒惰、自私、粗心、健忘等；（9）其他冲突。

冲突理由可分为以下几种：（1）道德理由。包括对他人身体或心理的伤害，对他人的义务，个人良心及权利和义务是否公平等。（2）习俗理由。包括诉诸权威人物（如老师、家长等）、是否符合社会习俗和规范、是否有礼貌、逃避惩罚、责任感等。（3）心理理由。包括行为对人际关系（如对友谊、亲情）等的影响，青少年心理、行为、性格等方面的发展特点。（4）个人理由。包括自主性或个体性的寻求、认为行为在可以允许的范围内，不会对他人造成影响，或强调是个人兴趣和爱好。（5）实用或安全理由。强调行为只影响行为者本人，不会对社会或他人造成影响，或强调行为的实际后果和用途。（6）其他理由。

我们把其中30%被试的文字描述由两位研究者完成编码，然后检验两人编码的一致性程度，在一致性程度达到80%以上之后再由一位研究者完成所有编码。

（二）折算百分比

由于每一个被试可能记录多个亲子冲突和为冲突辩护的理由，对其进行编码之后还必须做进一步的处理我们才可能进行数据分析。我们采取的方法是折算百分比，即看每一种冲突类型或辩护理由在所有的冲突或辩护理由中占有多大的比例。

七、分析数据

前面我们提到，这个研究的数据较为复杂，我们这里只分析有关冲突的数据，对于秘密部分的数据将在第八章进行分析。数据分析是一个复杂的过程，我们主要采用了 SPSS、Mplus 等软件进行 ANOVA、回归、建模等方面的分析。

第三节　研究结果

一、亲子冲突的现状描述

（一）亲子冲突的数量、强度、冲突解决办法的公平程度及感觉

高中生和父母发生冲突的数量最多，两周内平均达到6.06次，初中生次之，为4.86次，职高生最少，为3.89次。在冲突强度上，初中生和父母发生冲突的强度最大，均值为2.35，高中生和职高生差异不显著。对解决冲突的方法是否公平上，高中生感觉最不公平（$M = 2.86$），他们对解决方法的负面感觉也最为强烈（$M = 3.00$）。所有被试和母亲发生冲突的比例最高，这可能和母亲是青少年主要的生活照顾者有关。父亲对青少年的日常生活及教育参与程度较母亲更低，与孩子发生冲突的概率也自然降低。值得注意的是，高中生和职高生与父亲发生冲突的比例存在显著差异，$MD = -0.12, F(1, 121) = 4.16, P < 0.05$，这说明职高生和父亲发生冲突的比例明显高于高中生。可能的原因是职高生即将面对社会，因此父亲对其生活的参与程度更高，对其生活的引领更多，与父亲发生冲突的比例自然也就上升了。同时，男生和女生与母亲发生冲突的比例存在显著差异，$MD = -0.15, F(1, 121) = 5.12, P < 0.05$，这表明女生和母亲发生冲突的比例明显高于男生和母亲发生冲突的比例。这可能是同性别的亲子发生冲突的可能性更大。具体数据如表7-1所示。

表7-1　冲突的数量、强度、冲突解决办法的公平程度和感觉及与父母发生冲突的百分比

	初中生 （n=56）	高中生 （n=69）	职高生 （n=56）	总体 （n=181）
冲突数量[a]	4.86（3.23）	6.06（3.49）	3.89（3.09）	5.02（3.39）
冲突强度[b]	2.35（0.75）	2.15（0.74）	2.14（0.86）	2.21（0.78）
是否公平[c]	2.71（0.77）	2.86（0.60）	2.70（0.77）	2.76（0.71）
感觉如何[d]	2.75（0.76）	3.00（0.65）	2.79（0.87）	2.86（0.76）
和母亲	0.59（0.33）	0.63（0.33）	0.54（0.40）	0.59（0.35）
和父亲	0.22（0.27）	0.18（0.24）	0.30（0.36）	0.23（0.29）
和父母	0.18（0.25）	0.19（0.27）	0.16（0.26）	0.18（0.26）

注：a 两个星期内与父母发生冲突的总数。

　　b 冲突强度通过五点量表测量，"1"表示非常温和，"5"表示非常强烈。

　　c 解决冲突办法是否公平通过五点量表测量，"1"表示非常公平，"5"表示非常不公平。

　　d 对解决冲突的感觉通过五点量表测量，"1"表示感觉非常好或满意，"5"表示非常郁闷或压抑。

（二）亲子冲突的类型

青少年和父母最经常发生冲突的是日常活动方面的，占所有冲突的32%；其次是有关服装、发型、食物等个人选择方面的，达到25%。这印证了之前研究的结果：青少年和父母发生冲突的主要内容不是在人生价值等高大、重要的领域，而是日常生活中的小事。

在有关日常活动的冲突方面，男生和女生存在显著差异，$MD = 0.10$，$F(1, 175) = 6.56$，$P < 0.05$，这说明男生在日常活动方面和父母发生冲突的频率更高。这符合我们对男生和女生的一般印象：男生总体更加顽皮，不愿总听从父母的安排，因而和父母就日常活动发生的冲突更多；女生总体比较乖巧听话，和父母就日常安排发生的冲突自然更少。

在有关父母问题的冲突方面，男生和女生与父母发生冲突的比例存在显著差异，$MD = -0.04$，$F(1, 175) = 4.85$，$P < 0.05$，说明女生就父母问题与父母发生冲突的比例更高。这可能和女生更注重人际关系有关，相对而言，男生更关注自己的需求，因而因父母问题和父母发生冲突的可能性更低。

在有关家庭作业和学业成绩方面，初中生、高中生和职高生与父母发生冲突的比例存在显著差异，$F(2, 175) = 9.31$，$P < 0.001$。事后比较显示，主要是初中生和高中生（$MD = 0.12$，$P < 0.01$）、初中生和职高生（$MD = 0.16$，$P < 0.001$）之间存在显著差异，而高中生和职高生之间不存在显著差异。可能的解释是，初中生学习的主动性和自觉性不如高中生，需要父母更多的督促和监督，因而发生冲突的概率更大；而职高生的学习已经不是父母关注的重点，因而发生冲突的概率减少。具体数据如表7-2所示。

表 7-2　冲突类型百分比（%）[a]

	初中生			高中生			职高生			全部		
	男	女	总体	男	女	总体	男	女	总体	男	女	总体
日常活动	33（27）	22（29）	27（28）	41（24）	30（26）	35（25）	37（34）	26（24）	32（30）	37（28）	27（26）	32（28）
家务劳动	13（23）	13（26）	13（25）	12（18）	16（21）	14（20）	14（23）	16（27）	15（25）	13（21）	15（24）	14（23）

续表

	初中生			高中生			职高生			全部		
	男	女	总体	男	女	总体	男	女	总体	男	女	总体
作业学业	18（32）	18（33）	18（32）	10（18）	2（7）	6（14）	3（9）	1（5）	2（7）	10（21）	7（21）	8（21）
人际关系	13（27）	13（18）	13（22）	4（10）	9（15）	7（13）	11（28）	14（26）	07（13）	09（23）	12（19）	10（21）
父母问题	2（6）	7（13）	5（11）	5（11）	4（9）	5（10）	0（0）	7（21）	3（15）	2（8）	6（14）	4（12）
个人选择	23（31）	23（28）	23（29）	24（21）	34（23）	29（23）	22（32）	24（31）	23（31）	23（28）	27（28）	25（28）
金钱	1（7）	2（54）	2（6）	3（10）	3（8）	3（9）	7（22）	7（13）	7（18）	4（15）	4（12）	4（12）
性格习惯	1（4）	3（10）	2（8）	5（27）	1（6）	3（19）	4（13）	2（5）	3（10）	4（18）	2（7）	3（14）
其他	0（0）	0（0）	0（0）	1（6）	1（4）	1（4）	2（10）	1（10）	02（10）	1（7）	1（5）	1（6）

注：a 括号里的是标准差。

（三）亲子冲突的辩护理由

从表 7-3 的数据可以看出，青少年很少用道德和习俗理由为自己辩护，而经常强调个人选择、爱好（41%），或者强调行为的实际效果或不会对他人造成影响（27%），或强调对人际关系、友谊等的影响或青少年个性、行为、心理的发展特征（25%）。

男生和女生在个人理由的使用方面存在显著差异，$MD = 0.13$，$F（1,174）= 8.27$，$P < 0.01$，说明男生使用个人理由的比例比女生更高。初中生、高中生和职高生在实用/安全理由的使用上存在显著差异，$F（2,174）= 4.93$，$P < 0.01$。事后比较发现，主要是初中生和高中生（$MD = -0.09$，$P < 0.05$）及高中生和职高生（$MD = 0.12$，$P < 0.01$）在使用实用/安全理由上存在显著差异，而初中生和职高生之间不存在显著差异。

表7-3　冲突辩护理由百分比（％）[a]

	初中生			高中生			职高生			全部		
	男	女	总体	男	女	总体	男	女	总体	男	女	总体
道德理由	0 (0)	3 (9)	2 (5)	2 (5)	2 (8)	2 (7)	2 (7)	1 (3)	1 (5)	1 (5)	2 (7)	1 (6)
习俗理由	4 (8)	7 (19)	6 (15)	5 (13)	3 (8)	4 (10)	3 (10)	7 (20)	5 (16)	11 (21)	16 (24)	14 (23)
心理理由	18 (22)	32 (30)	26 (28)	23 (25)	25 (24)	24 (24)	22 (30)	25 (28)	24 (29)	21 (26)	28 (28)	25 (27)
个人理由	54 (34)	33 (25)	41 (31)	43 (35)	36 (22)	40 (29)	48 (38)	37 (28)	43 (34)	48 (36)	35 (25)	41 (21)
实用理由	28 (25)	22 (18)	25 (21)	35 (22)	33 (20)	34 (21)	17 (23)	26 (25)	22 (24)	27 (24)	27 (21)	27 (23)
其他	2 (10)	3 (10)	3 (10)	0 (1)	1 (3)	1 (3)	8 (22)	6 (14)	7 (18)	3 (14)	3 (10)	3 (12)

注：a括号里的是标准差。

（四）亲子冲突的解决情况

从表7-4的数据可以看出，在亲子冲突中，父母赢的比例最高（32%），其次是把冲突悬而不解、听之任之（26%），再次是父母和孩子双方妥协，达成一致（24%），青少年在冲突中胜出的比例最低（16%）。这说明在亲子关系中，父母可能占有更大的主动权和控制权。

初中生、高中生和职高生在冲突后和父母达成一致的比例存在显著差异，$F(2, 175) = 5.26$，$P < 0.01$。事后比较表明，初中生在冲突后和父母达成一致的比例比高中生更高（$MD = 0.16$，$P < 0.001$）；高中生和职高生在冲突后和父母达成一致的比例也存在显著差异，$MD = -0.13$，$P < 0.05$，表明高中生和父母达成一致的比例更低，而职高生较高。可以说，冲突后与父母达成一致的比例高中生是最低的（17%），初中生和职高生分别为34%和30%。但高中生在冲突中获胜的比例或者说父母妥协的比例及冲突没有解决的比例是最高的，分别为20%和30%，初中生为11%和22%，职中生为15%和24%。这可能表明高中生已经不满足于冲突后和父母妥协，而更倾向于坚持自己的观点和看法。

表 7-4 冲突解决情况（％）[a]

	初中生			高中生			职高生			全部		
	男	女	总体	男	女	总体	男	女	总体	男	女	总体
父母赢	31（30）	33（32）	32（31）	31（26）	34（27）	33（26）	30（38）	33（25）	32（32）	31（31）	34（28）	32（29）
青少年赢	15（17）	9（19）	11（16）	20（21）	20（20）	20（20）	16（32）	14（21）	15（27）	17（24）	14（19）	16（22）
双方妥协	31（27）	35（33）	34（31）	19（22）	16（16）	17（19）	37（41）	23（31）	30（37）	28（31）	25（28）	24（31）
没有解决	22（24）	22（27）	22（26）	30（35）	30（32）	30（33）	18（30）	30（27）	24（29）	24（31）	28（29）	26（30）

注：a 括号里的是标准差。

二、青少年对父母权威的期待

（一）青少年父母权威指数（PAI_child）

配对样本 t 检验显示，青少年在个人领域、安全／习俗领域和交叉领域三个分量表上的理想父母控制和实际父母控制都存在显著差异（见表 7-5）。这说明青少年实际感受到的父母控制水平在所有领域明显高于他们期待的父母控制水平。

表 7-5 青少年理想父母控制和实际父母控制成对样本检验结果

		成对差分							
		均值	标准差	均值的标准误	差分的95%置信区间		t	df	Sig.（双侧）
					下限	上限			
对1	Child_I_PDS – Child_P_PDS*	−0.887	4.478	0.310	−1.499	−0.275	−2.858	207	0.005
对2	Child_I_PCDS– child_P_PCDS	−1.095	6.705	0.465	−2.012	−0.178	−2.355	207	0.019
对3	Child_I_ODS– Child_P_ODS	−2.981	11.076	0.768	−4.495	−1.466	−3.881	207	0.000

注：*Child_I_PDS: child ideal Personal Domain Scale；child_I_PCDS: child ideal Prudential/Conventional Domain Scale；child_I_ODS: child ideal Overlapping Domain Scale.

（二）父母的父母权威指数（PAI_parent）

配对样本 t 检验结果显示，父母的理想控制水平和实际控制水平只在交叉领域存在显著差异，$t = 2.94$，$P < 0.01$，而在个人领域和安全 / 习俗领域不存在显著差异。这说明父母对自己前两个领域的控制水平比较满意，但在交叉领域的实际控制水平显著低于期望水平。

表 7-6　父母理想父母控制和实际父母控制成对样本检验结果

		成对差分					t	df	Sig.（双侧）
		均值	标准差	均值的标准误	差分的95%置信区间				
					下限	上限			
对1	Parent_I_PDS – Parent_P_PDS	0.722	5.524	0.383	−0.033	1.477	1.886	207	0.061
对2	Parent_I_PCDS – Parent_P_PCDS	0.380	6.130	0.425	−0.458	1.218	0.895	207	0.372
对3	Parent_I_ODS – Parent_P_ODS	2.021	9.901	0.687	0.667	3.374	2.944	207	0.004

注：Parent_I_PDS：Parent ideal Personal Domain Scale；Parent_I_PCDS：Parent ideal Prudential/Conventional Domain Scale；Parent_I_ODS：Parent ideal Overlapping Domain Scale.

（三）青少年和父母关于父母权威指数的对比

1. 理想父母控制水平。配对样本 t 检验显示（见表 7-7），在个人、安全 / 习俗和交叉领域，青少年和父母的理想父母控制水平都存在显著差异，t 值分别为 5.19，6.67，7.89，P 值都小于 0.0001。这说明在所有的领域，父母对控制水平的期待都显著高于青少年对父母控制水平的期待。这是很好理解的：一般来说，父母希望自己在所有的领域都有更多的控制权和主导权，而青少年也希望自己能有更多的话语权，希望父母减少对自己的控制。

表 7-7 父母和青少年理想父母控制成对样本检验结果

		成对差分					t	df	Sig.（双侧）
		均值	标准差	均值的标准误	差分的95%置信区间				
					下限	上限			
对1	Parent_I_PDS – Child_I_PDS	2.411	6.686	0.465	1.494	3.327	5.187	206	0.000
对2	Parent_I_PCDS – Child_I_PCDS	3.490	7.529	0.523	2.458	4.521	6.668	206	0.000
对3	Parent_I_ODS – Child_I_ODS	7.522	13.721	0.954	5.642	9.402	7.888	206	0.000

2. 实际父母控制水平。配对样本 t 检验结果显示（见表 7-8），除了个人领域，父母和青少年在其他领域（安全 / 习俗领域和交叉领域）感受到的父母控制水平存在显著差异，t 值分别为 3.25 和 2.65，P 值小于 0.01。这说明父母在这两个领域实际控制水平比青少年实际感受到的父母控制水平明显更高。可能的原因是父母在亲子关系中占据主导地位，也可能青少年已经习惯了父母的某些控制行为，对这些行为的接受程度非常高。

表 7-8 父母和青少年实际父母控制成对样本检验结果

		成对差分					t	df	Sig.（双侧）
		均值	标准差	均值的标准误	差分的95%置信区间				
					下限	上限			
对1	Parent_P_PDS – Child_P_PDS	0.788	6.379	0.443	−0.086	1.662	1.777	206	0.077
对2	Parent_P_PCDS – Child_P_PCDS	2.003	8.864	0.616	0.788	3.217	3.251	206	0.001
对3	Parent_P_ODS – Child_P_ODS	2.549	13.839	0.962	0.653	4.446	2.650	206	0.009

三、青少年心理健康状况

方差分析结果显示，男生和女生在各个量表上的得分不存在显著差异，但初中生、高中生和职高生在不友好、人际敏感、恐怖、焦虑和精神病性分量表上得分存在显著差异，$F(1, 199) = 4.05, 4.04, 3.83, 8.13$；$P < 0.05, 0.05, 0.05, 0.001$（具体数据见表7–9）。

表7–9 初中生、高中生、职高生在BSI各分量表的均值和标准差

	焦虑	抑郁	不友好	人际敏感	躯体特征	强迫症	恐怖	偏执	精神病性
初中生（n=65）	5.89（4.89）	6.98（6.33）	5.86（4.79）	5.72（4.09）	4.92（4.88）	9.09（4.28）	4.58（4.22）	6.03（4.12）	5.62（4.61）
高中生（n=72）	5.07（3.98）	6.24（4.35）	3.93（3.82）	4.61（3.20）	4.06（4.17）	8.06（3.98）	3.04（2.30）	4.58（3.94）	4.69（2.53）
职高生（n=68）	4.29（3.89）	5.62（4.75）	4.43（3.79）	4.06（3.09）	3.85（3.78）	8.43（4.63）	3.29（3.51）	4.81（3.75）	3.49（2.98）
总体（n=205）	5.07（4.29）	6.27（5.18）	4.71（4.20）	4.78（3.52）	4.26（4.29）	8.51（4.30）	3.61（3.62）	5.12（3.96）	4.62（3.56）

事后比较结果显示，初中生和高中生在不友好分量表上存在显著差异，$MD = 1.93$，$P < 0.01$，说明初中生的不友好明显高于高中生。初中生和职高生在不友好分量表上的得分存在显著差异，$MD = 1.44$，$P < 0.05$，说明与高中生和职高生相比，初中生认为世界更不友好，表现为情绪更激烈、更容易被激怒；行为具有更大的冲动性和不可控制性，更容易产生破坏性行为。

初中生和职高生在人际敏感分量表上的得分存在显著差异，$MD = 1.66$，$P < 0.01$。说明初中生比职高生更在意周围人的看法，和他人在一起更可能感到不自在，更容易感受到别人的不友好，更容易自卑，也更容易受伤。

初中生和高中生及职高生在恐怖分量表上得分存在显著差异，$MD = 1.54, 1.29$；$P < 0.05$。说明初中生比高中生和职高生在一个人的时候更容易感到紧张，在人群中又更容易感到不自在，并倾向于逃避某些特定的事物、地点或人物；在空旷的街头、空间或坐地铁、公交的时候更容易感到害怕。

初中生和高中生及职高生在精神病性分量表上得分存在显著差异，$MD=1.49, 2.36$；$P < 0.05, 0.001$。初中生比高中生和职高生更容易感觉自己的思路有问题；更难与他人亲近，即使与他人在一起也经常觉得寂寞；更经常体验到内

疚感和愧疚感。

四、父母权威、亲子冲突特征与青少年心理健康之间的关系

我们用方差分析法探究冲突特征与青少年实际感知的父母控制水平及心理健康之间的关系。

首先，根据 BSI 得分将所有被试分为低、中、高三个组，取低、高组作为分析对象。其次，用 2（年龄：初中生 vs 高中生）× 2（性别：男 vs 女）× 2（BSI：高 vs 低）及 2（学校类型：高中 vs 职高）× 2（性别：男 vs 女）× 2（BSI：高 vs 低）的方差分析探究有关亲子冲突的特征（即冲突数量、冲突强度、冲突类型、冲突理由、冲突解决情况、解决情况的公平程度及对解决情况的感觉）和青少年实际感知的父母权威水平（perceived PAI_child）。

（一）亲子冲突和父母控制水平的年龄、性别及不同心理健康水平的差异

以亲子冲突特征（即冲突数量、冲突强度、冲突类型、冲突理由、冲突解决情况、解决情况的公平程度及对解决情况的感觉）和青少年实际感知的父母权威水平（perceived PAI_child）为因变量，进行 2（年龄：初中生 vs 高中生）× 2（性别：男 vs 女）× 2（BSI：高 vs 低）方差分析，结果表明，在青少年实际感受的 PAI 的三个分量表都存在显著的年龄主效应，$MD = 3.81$，3.38，8.09，$F(1, 82) = 12.79$，6.71，11.51，$P < 0.001$，0.05，0.001。这说明与高中生相比，初中生在个人、安全/习俗和交叉领域都感受到了更高的父母控制水平，特别是在个人领域和交叉领域。

青少年在三个领域感受到的父母控制水平都不存在性别主效应，也不存在 BSI 组别主效应。这说明男女青少年在三个领域感受到的父母控制水平不存在显著差异，高 BSI 组和低 BSI 组之间也不存在显著差异。

在个人理由上存在性别主效应，$F(1, 83) = 5.38$，$P < 0.05$。这说明在冲突中男生（43%）使用个人理由的比例明显比女生（32%）高。

在个人理由的使用上存在年龄和 BSI 之间的交互效应，$F(1, 83) = 8.17$，$P < 0.01$。这一交互作用可用图 7-1 来表示。从图 7-1 中我们可以看到：初中生中的低 BSI 组使用个人理由的更多，而高 BSI 组使用个人理由的比例更低；而高中生的情形相反，即低 BSI 组使用个人理由的更少，而高

BSI 组使用个人理由的更多。这是非常有意思的结果：当初中生使用更多个人理由时他们的心理健康水平更高，而使用更少个人理由时心理健康水平更低；高中生则相反，更多个人理由的使用与更差的心理健康水平相关，而更少个人理由的使用与更好的心理健康水平相关。

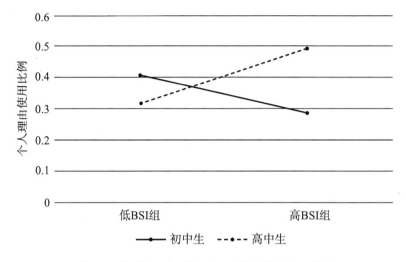

图 7-1　年龄和 BSI 在个人理由使用上的交互效应

在有关家庭作业和学业成绩的冲突上存在年龄主效应，$F(1, 83) = 3.98$，$P < 0.05$，$MD = 0.11$。这说明初中生在这一方面和父母发生冲突的比例（16%）显著高于高中生（5%）。可能的原因是，高中生学习的自觉性和主动性相对较高，因此和父母在这一方面发生冲突的可能性降低了。

（二）亲子冲突和父母实际控制水平的学校类型、性别及不同心理健康水平的差异

以亲子冲突特征（即冲突数量、冲突强度、冲突类型、冲突理由、冲突解决情况、解决情况的公平程度及对解决情况的感觉）和青少年实际感知的父母权威水平（perceived PAI_child）为因变量，进行 2（学校类型：高中 vs 职高）× 2（性别：男 vs 女）× 2（BSI：高 vs 低）方差分析，结果表明，在冲突数量和冲突强度上存在学校类型的主效应，$MD = 1.68, 0.40$，$F(1, 82) = 5.70, 7.82$，$P < 0.05, 0.01$。这说明高中生记录的冲突数量显著多于职高生，他们与父母发生冲突的强度也显著高于职高生。

在冲突解决情况的公平程度和对解决情况的感觉上存在显著的 BSI 主效应，$MD = -0.34, -0.37$，$F(1, 82) = 8.67$，$P < 0.01, 0.05$。这说明低 BSI 组

的青少年（即心理健康水平高的青少年）比高 BSI 组的青少年感觉解决亲子冲突的办法更加公平，他们对解决办法的看法也更为积极。我们认为 BSI 和解决办法的公平性及青少年对解决办法的看法之间因果关系的方向不甚明确：到底是解决办法更好导致青少年认为它更公平、对其评价更积极？还是因为他们心理健康水平高导致他们对解决办法的看法更为积极？

在冲突强度上存在性别和 BSI 组之间的交互效应（见图 7-2），$F（1，82）= 6.87$，$P < 0.05$。这说明冲突强度和 BSI 之间的关系因性别不同而存在差异：对于男生而言，更高的冲突强度与更高的 BSI 相关，即冲突强度越大，男生的心理健康水平越低；而女生的高、低 BSI 组冲突强度相似，不存在显著差异。

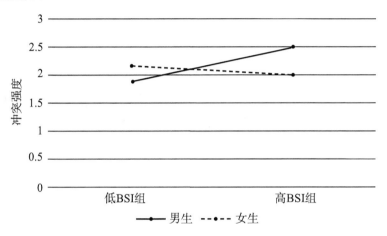

图 7-2　性别和 BSI 在冲突强度上的交互效应

在冲突解决情况的公平程度和对解决情况的感觉上学校类型和 BSI 存在交互效应，$F（1，82）= 12.20，5.40$；$P < 0.01，0.05$。解决办法的公平程度上的交互效应如图 7-3 所示，说明高中生和职高生对冲突解决办法的公平程度与 BSI 之间的关系有显著差异：对职高生来说，更高的公平程度意味着更高的心理健康水平（即更低的 BSI 分数），更低的公平程度意味着更低的心理健康水平；但在高中生中高、低 BSI 组报告的冲突解决办法的公平程度类似，不存在明显差异。

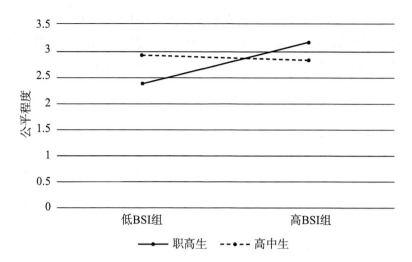

图 7-3　学校类型和 BSI 在冲突解决办法公平程度上的交互效应

图 7-4 展示了学校类型和 BSI 在冲突解决办法的感觉上的交互效应。可以看出，职高生中低 BSI 组对解决办法的看法更为积极，高 BSI 组对解决办法的看法更为消极；但在高中生中不存在这种差异，高、低 BSI 组对解决办法的感觉类似。

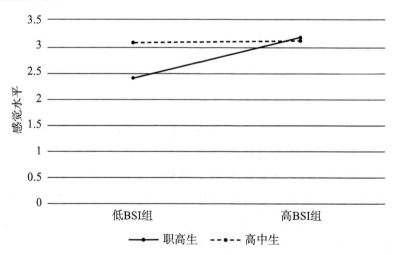

图 7-4　学校类型和 BSI 在冲突解决办法感觉上的交互效应

在心理理由的使用上有 BSI 主效应，$MD = -0.11$，$F(1，82) = 5.23$，$P < 0.05$，这说明低 BSI 组的青少年（19%）比高 BSI 组的青少年（30%）使用心理理由的比例更低。在心理理由上存在性别和 BSI 的交互效应（见图

7–5），$F（1，82）= 5.77$，$P < 0.05$。这说明男生和女生在心理理由使用比例和 BSI 分数的关系上表现有所不同：对于男生而言，高比例的心理理由意味着高 BSI（即较低的心理健康水平），而女生的高、低 BSI 组不存在这一差异，两者使用心理理由的水平相当。这是非常有意思的现象：男生更多地使用心理理由会影响他们的心理健康水平，而女生则不受影响。心理理由主要包括行为对人际关系（如对友谊、亲情）的影响，青少年心理、行为、性格等方面的发展特点。

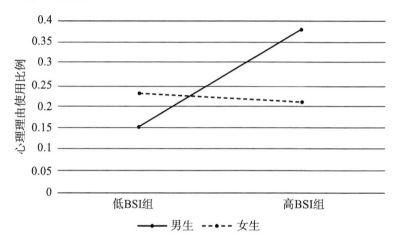

图 7–5　性别和 BSI 在心理理由上的交互效应

在心理理由上和个人理由上存在学校类型和 BSI 之间的交互效应，$F（1，82）= 14.39，10.30$；$P < 0.0001，0.01$。图 7-6 展示了在心理理由上学校类型和 BSI 之间的交互效应：对于职高生而言，使用心理理由的比例越高，他们的 BSI 也更高，这意味着他们的心理健康水平更低；而高中生的高、低 BSI 组之间不存在显著差异，表现出类似的心理健康水平。这与男生和女生在心理理由上的表现类似：职高生的表现和男生类似，而高中生的表现和女生类似。

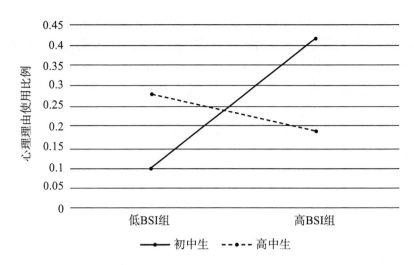

图7-6　学校类型和 BSI 在心理理由使用上的交互效应

图 7-7 展示了在个人理由上学校类型和 BSI 之间的交互效应：对于职高生而言，更高比例地使用个人理由意味着更低的 BSI 分数（即心理健康水平更高）；而对于高中生而言，更高比例地使用个人理由则意味着更高的 BSI 分数（即心理健康水平更低）。

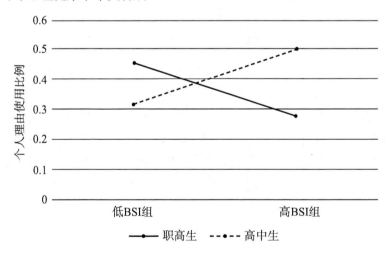

图7-7　学校类型和 BSI 在个人理由使用上的交互效应

在有关外表、食物等个人选择的冲突上存在 BSI 主效应，$MD = 0.16$，$F(1，82) = 9.30$，$P < 0.01$。这意味着来自低 BSI 组的青少年（心理健康水平更高的青少年）和父母有更多关于食物、穿着、发型等个人选择的冲突；而来自高 BSI 组的青少年（心理健康水平更低的青少年）和父母在这方面的冲

突更少。这说明并非所有的亲子冲突都会影响青少年的心理健康水平，在青春期和父母在个人选择方面的一些冲突甚至有益于青少年的心理健康。所以，冲突不一定是坏事。

在双方达成一致（或双方妥协）的解决办法上存在学校类型和性别主效应，$MD = 0.13, 0.10, F(1, 82) = 4.82, 4.04, P < 0.05$。这说明职高生（32%）在冲突后和父母达成一致或双方妥协的比例比高中生（19%）更高，男生（30%）在冲突发生后和父母达成一致或双方妥协的比例比女生（20%）更高。

在双方达成一致（或双方妥协）的解决办法上存在性别和学校类型的交互效应（见图7-8），$F(1, 82) = 4.15, P < 0.05$。这说明在高中和职高男生和女生使用这一解决办法的比例存在差异：在职高，男生使用双方妥协显著高于女生，而高中的男女生使用这一方法的比例相当，不存在显著差异。

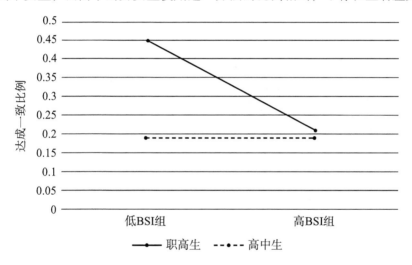

图 7-8　性别和学校类型在双方妥协方法上的交互效应

第四节　道德教育启示

前面我们提到，亲子关系是家庭教育和道德教育的逻辑前提，只有建立了良好的亲子关系，家庭教育才可能取得良好的效果。本实证研究很好地证明了青春期亲子关系对青少年心理健康的重要作用，在对待亲子冲突方面能给我们以下重要启示。

一、以正面的态度理解亲子冲突

中国文化崇尚和谐，认为冲突会破坏人与人之间的关系，因此，在人际交往中人们总是尽量避免冲突，以维持良好的人际关系。这种观念也体现在对亲子冲突的理解中：人们认为孩子和父母之间发生冲突必然导致亲子关系的恶化，也会影响青少年的健康发展。因此，父母总是尽量避免亲子冲突；而一旦发生亲子冲突，父母也总是以消极的态度来看待，或者自责自己的冲动，或抱怨孩子的叛逆，或担忧孩子的未来……但我们的研究结果表明，亲子冲突并不必然导致亲子关系的恶化或影响青少年的心理健康。相反，有些冲突还有益于青少年的心理健康。如青少年和父母关于服饰、食物等方面的冲突在一定程度上有益于青少年的心理健康（BSI 分数更低）。

亲子冲突在一定程度上表达了青少年自主性发展的要求，而发展自主性是青少年心理健康的重要内容。斯滕伯格等认为，自主性包括去理想化、把父母看成普通人、不依赖父母以及个体化这几个方面。[1] 进入青春期后，个体独立自主的需求增加，与父母的关系将发生明显变化：亲子关系从原来的由上而下的垂直不对称关系，逐渐转化为具有相互性的水平对称关系。[2] 也就是说，青少年不再把父母看成是崇拜的偶像，而更倾向于把父母看成是平等对话的对象。孩子在自主性方面日益增长的要求使他们不再对父母言听计从，而要求表达出自己的观点和感受。王美萍发现，在一些与日常生活事件有关的事情上，如发型、服饰和休闲方式的选择等，青少年的自主要求不断增强，对父母权威的不满日益增加，同时他们也变得更加愿意公开反对父母的意见，对与父母公开发生的分歧持更为接受的态度。[3] 斯美塔娜认为，青少年对个人事件自主权限的呼吁反映了青春期自主性的发展。[4] 这也是青少年心理健康发展的表现之一。

在父母方面，一方面他们认为应该由孩子自主选择，而另一方面又对孩子的自主决定强加干涉，进而导致冲突的产生。也就是说，家长意识到孩子自主的重要性，但实际行为还不够，一旦家长权威受到挑战，首先考虑的

---

① Sternberg, L. & Silverberg, S. B. (1986). The Vicissitudes of Autonomy in Early Adolescence. *Child Development, 57*（4），841–851.

② 周玉慧:《青少年至成年初期亲子关系变化及其影响》,《中华心理学刊》2016 年第 1 期。

③ 王美萍:《青少年对父母权威的认知及其与父母教养方式的关系》,《山东师范大学学报（人文社会科学版）》2006 年第 2 期。

④ Smetana, J. G.（1989）. Adolescents' and Parents' Reasoning about Actual Family Conflict. *Child Development, 60*（5），1052–1067.

就是自己的"面子"问题并尽力维护自己作为父母的权威。研究青少年发展的心理学家林崇德认为，追求独立自主是青少年社会化过程中的一项重要任务。[①]换言之，没有青少年自主性和独立性的发展，他们的社会化任务就无法完成，或者说无法完整地完成。这将极大地影响青少年的心理健康发展，也会对他们将来的生活造成极大的影响。因此，作为儿童和青少年社会化的促进者，父母应该把自己的"面子"和权威暂时放置一边，在个人事件等领域给予儿童和青少年更多的自主权，这一方面可以减少亲子冲突，更为重要的是，可以促进青少年的自主性发展，进而促进其心理健康发展。

二、以积极的态度解决亲子冲突

我们的研究也发现，冲突数量和冲突强度都对青少年的心理健康水平没有显著影响。这和我们对亲子冲突和心理健康之间的一般理解存在一定差异。我们一般认为，亲子冲突越频繁、冲突的强度越大，对青少年的心理影响就越大。但我们的研究结果显示并非如此，这两者对青少年的心理健康都不存在显著影响。但是，冲突之后青少年对解决办法的解读和感觉却能对其心理健康水平产生显著影响：当他们感觉解决冲突的办法很公平、对解决办法比较满意时，他们的心理健康水平就比较高；反之则比较低。这和之前研究的结论是吻合的：Leidy 等发现，适度的冲突不但能够增强个体应对事件的能力，提高社会适应性，还有助于儿童在向成人转变过程中获得社会责任感、积极探索自我。亲子冲突对个体是积极还是消极影响，不在于冲突本身，关键在于父母及孩子对冲突发生后的应对策略。[②]

这对父母有很大的启示作用：和孩子发生冲突并不可怕，但冲突的解决需要特别谨慎。如果青少年长期觉得冲突的解决有失公允，对其抱有消极的态度或极度不满意解决冲突的方式，就可能对他们造成心理伤害，进而影响其心理健康水平。因此，当父母与孩子发生冲突之后一定要保持冷静，争取以恰当的方式解决已经发生的冲突，把冲突造成的负面影响降到最低。

---

① 林崇德:《发展心理学》，杭州教育出版社 2002 年版，第 397 页。

② Leidy, M. S., Guerra, N. G. & Toro, R. I. (2010). A Review of Family-based Programs to Prevent Youth Violence among Latinos. *Hispanic Journal of Behavioral Sciences*, 32 (1), 5–36.

三、以开放的心态看待亲子冲突

我们的研究发现，不同年龄段、不同性别的孩子、高中生和职高生与父母发生冲突的特征及其与心理健康水平的关系存在差异，因此，在处理亲子冲突的时候，我们要充分考虑到这些差异。简明症状量表（BSI）表明，初中生在人际敏感、不友好、恐怖、精神病性这四个维度上和高中生、职高生存在显著差异，初中生对人际关系更加敏感、更容易以不友好的态度解读周围环境、更容易对某些事物产生恐怖的情绪，也更难与人亲近，更容易产生内疚感和自责感，因此，初中生很可能对亲子冲突更为敏感。或者说，刚刚进入青春期的青少年还没能很好地适应与父母"作对"的角色，因而亲子冲突对他们造成的影响可能更加明显。这启示父母在孩子刚进入青春期的时候要特别关注他们情绪的变化，及时以适当的方法疏导他们的情绪，以免对他们的心理发展造成负面影响。

我们还发现，当初中生在冲突后使用更多的个人理由（强调是个人的选择、爱好等）为自己辩护时，他们的心理健康水平更高，而高中生则不存在这种情况。这说明在青春期早期父母在个人领域给予孩子适度的自主权有利于他们的心理健康。在服装选择、食物选择、课余时间安排等方面父母应该尽量让青少年自己做主。

亲子冲突也存在性别差异。首先，对于男生而言，高比例地使用心理理由意味着较低的心理健康水平，而女生的高、低 BSI 组不存在这一差异，两者使用心理理由的水平相当。这说明在引导青少年为冲突辩护时应针对性别采取不同的策略：对男生我们尽量不要引导他们使用有关人际关系、心理发展特征等方面的理由为自己辩护；而女生则无所谓。其次，对于男生而言，高强度的冲突与低水平的心理健康相关；而冲突强度对女生没有显著影响。因此，父母与男生的冲突要尽量避免强度的升级，以免对他们的心理健康造成严重影响。

高中和职高是中考之后两条截然不同的教育线路：高中意味着继续努力学习书本知识，努力考上理想的大学；职高意味着学习具体的技能，为进入社会做准备。我们的研究发现，高中生和职高生在一些方面确实存在差异。首先，对于职高生而言，高比例地使用心理理由意味着他们的心理健康水平更低；而高中生使用心理理由的比例不会对其心理健康水平产生显著影响。因此，父母对两者的引导应该考虑这一差异，尽量引导职高生不使用心理理由为自己辩护。其次，职高生对解决办法的公平程度和感受更为敏感：

心理健康水平高的职高生对解决办法的看法更为积极，心理健康水平低的职高生对解决办法的看法更为消极；但在高中生中不存在这种差异，高、低BSI组对解决办法的感觉类似。这启示父母，职高生可能由于相对比较低的自我价值感和认同感，对于父母是否公平对待自己及解决办法是否满意更加在意，因而这一方面会对其心理健康发展产生更为显著的影响。职高生的父母在解决冲突的时候应该重点考虑这一点。

第八章　青少年秘密的领域解读及其德育启示

秘密一般与"隐藏一些事情"相关，这些事情一般被认为是令人羞愧的、不甚光明或不好的。有人甚至把秘密比喻为病毒，认为它对人的身体和心理都是有害的。[①] 例如，拉森（Larson）和查斯坦（Chastain）发现，保守秘密的倾向会导致身体抱怨和精神抑郁。[②] 芬克诺尔（Finkenauer）和莱美（Rimé）也发现，保守情感秘密的人比没有情感秘密的人报告更多的身体抱怨。[③] 除了这些心理和身体上的不利因素外，保密还被认为会增加人的孤独感。因为从本质上讲，保密将保密者与不知道秘密的人区分开来，这种区分很可能会导致孤独感。总而言之，关于成人秘密的研究表明秘密对于人的身体、心理和社会发展等各个方面都有负面的影响，保守秘密经常被认为有损于秘密持有者的正常功能，会导致各种问题。那么，保守秘密对于青少年是否具有同样的影响呢？

第一节　青少年秘密的是与非

青春期比生命中的任何其他阶段都更关注自我身份、社会关系以及社会关系中的自我的发展。在青春期，年轻人需要形成一种稳定的自我意识，让他们对自己和想要的东西有控制感和舒适感。[④] 他们必须从父母那里独立出来，而向父母保守秘密可能帮助他们获得情感上的自主。他们也必须形成

①　Bok, S.（2011）. *Secrets: On the Ethics of Concealment and Revelation.* Vintage.

②　Larson, D.G., Chastain, R. L.（1990）.Self-consealment: Conceptualization, Measurement, and Health Implications. *J. Soc. Clin. Psychol, 9,* 439–455.

③　Finkenauer, C. & Rimé, B.（1998）. Keeping Emotional Memories Secret: Health and Subjective Well-being When Emotions are not Shared. *Journal of Health Psychology, 3（1）,* 47–58.

④　Erikson, E.H.（1959）. *Identity and the Life Cycle.* Psychological Issues（Monograph No. 1）. New York: International Universities Press.

并保持家庭之外的社会关系网络。有一个可以倾诉的朋友成为青少年的一项社会成就，也是其社会能力的一个指标。因此，随着年龄增长，青少年可能越来越多地对父母保守秘密，而倾诉的对象主要是朋友。由此推断，在与父母关系中保守秘密可能对青少年的心理和社会发展造成损害，而和朋友的倾诉则有利于其心理健康。初入社会，青少年容易产生不足和失败的感觉。[①]他们"有时病态地、经常好奇地、全神贯注于别人眼中的自己"。他们错误地认为"其他人"都在有效应对，只有他们自己失败了。因此，对自我表现的日益关注和对社会排斥的恐惧可能会导致青少年保守许多秘密。他们可能会使用保密来平衡看似不相容的任务，即变得自主和发展亲密关系（例如，对父母保密，但向最好的朋友倾诉）。但这样做，他们可能会在本已脆弱的发展时期承受保密的不良后果。

一、保守秘密的不良后果

保守秘密是一个艰苦的过程。它需要不断地主动监控和抑制或压制自己的思想、感受和行为，以免暴露。这种抑制需要生理工作，而生理工作本身就是有压力的。[②]持续的主动抑制被认为是一种累积的压力源，会增加与压力相关的心理问题的概率。[③]抑制和思维压制也可能阻止对秘密信息的充分处理，并导致思想入侵，这可能随后导致对秘密的反复沉思和过度沉迷，并可能最终导致精神疾病。[④]保守秘密的一个重要后果是，一个人永远不会暴露在另一个人的视角下，这会导致一个封闭的系统，在这一系统中一个人可能总是沉迷于与秘密相关的想法，对自我的感知也可能是扭曲的、不真实的，而这些想法和感知永远不会受到外界的挑战。[⑤]保守秘密会阻止青少年

①　Seiffge-Krenke, I. (1998). Secrets and Intimacy in Adolescence: Their Implications for the Development of Autonomy. In A. Spitznagel (Ed.), *Secrets and Keeping Secrets* (pp. 257–266). Göttingen: Hogrefe.

②　Pennebaker, J.W. (1989). Confession, Inhibition, and Disease. In L. Berkowitz (Ed.), *Advances in Experimental Social Psychology* (Vol. 22, pp. 211–244). New York: Academic Press.

③　Pennebaker, J.W. (1997). *Opening Up: The Healing Power of Expressing Emotions*. New York: Guilford.

④　Wegner, D.M. & Lane, J.D. (1995). From Secrecy to Psychopathology. In J.W. Pennebaker (Ed.), *Emotion, Disclosure, and Health* (pp. 25–46). Washington, DC: American Psychological Association.

⑤　Newth, S. & Rachman, S. (2001). The Concealment of Obsessions. *Behaviour Research and Therapy*, 39 (4), 457–464.

将秘密信息组织、吸纳进自我，从而可能阻碍其自我澄清和自我理解。因此，保守秘密可能会削弱青少年的自我意识、自我价值感和对生活的控制。例如，一项针对青少年的研究发现，对父母保守秘密与自制力下降有关。①此外，由于在试图隐瞒秘密时会避免某些人、情境和谈话话题，保密可能会剥夺一个人的社会支持和认可，并导致社会孤立或孤独感。②最近对青少年的研究也表明，对父母保守秘密与心理社会和行为适应不良相关，并从长远来看会导致适应性问题，③而和父母分享信息与青少年适应性增加有关。④

有学者提出，与保守秘密相反，分享秘密能减轻上述保密的负面后果，并帮助人们吸收和理解秘密包含的信息，⑤因为吐露或分享秘密打破了思想压抑和侵扰的重复循环，减轻了持续抑制的压力，从而可以促进身心健康。与关系亲密的人分享秘密也可能有助于人们赋予秘密意义，并获得自我理解和自我控制，因为他们可能会从他人那里获得有用的反馈或支持。⑥大量研究表明，谈论或写下令人沮丧或创伤的经历能改善心理健康。⑦此外，分享秘密可能有利于人际关系和社会纽带的建立和维持。分享可能会在人际关系中创造并保持亲密感和连接感，而分享秘密所产生的亲密感和连接感远比任何其他类型的披露所产生的要强烈。因此，倾诉秘密对建立和巩固友谊很重要。最后，分享秘密的结果可能取决于青少年选择向谁倾诉，以及这个人对其秘密的反应。向有关爱的父母、家庭以外的社会成年人或朋友倾诉，都可能对青少年的适应起到保护作用，而向"错误"的人倾诉可能会引发不良反应，只会让事情变得更糟。

---

① Frijns, T., Finkenauer, C., Vermulst, A.A. & Engels, R.C.M.E. (2005). Keeping Secrets from Parents: Longitudinal Associations of Secrecy in Adolescence. *Journal of Youth and Adolescence*, *34*, 137–148.

② Brown, L.K. & DeMaio, D.M. (1992). The Impact of Secrets in Hemophilia and HIV Disorders. *Journal of Psychological Oncology*, *10*, 91–101.

③ Finkenauer, C., Engels, R.C.M.E. & Meeus, W. (2002). Keeping Secrets from Parents: Advantages and Disadvantages of Secrecy in Adolescence. *Journal of Youth and Adolescence*, *31*, 123–136.

④ Kerr, M. & Stattin, H. (2000). What Parents Know, How They Know It, and Several forms of Adolescent Adjustment: Further Support for a Reinterpretation of Monitoring. *Developmental Psychology*, *36* (3), 366–380.

⑤ Kelly, A.E. & McKillop, K.J. (1996). Consequences of Revealing Personal Secrets. *Psychological Bulletin*, *120* (3), 450–465.

⑥ Kelly, A.E. & McKillop, K.J. (1996). Consequences of Revealing Personal Secrets. *Psychological Bulletin*, *120* (3), 450–465.

⑦ Smyth, J.M. (1998). Written Emotional Expression: Effect Sizes, Outcome Types, and Moderating Variables. *Journal of Consulting and Clinical Psychology*, *66* (1), 174–184.

二、保守秘密的积极意义

学界主要关注秘密的消极作用，对于其可能的积极意义或好处极少关注。事实上，保守秘密可能对于青春期的孩子有特别重要的积极意义，因为秘密可能促进第二次个体化进程，而第二次个体化是青春期的核心发展任务。①

虽然个体化（即发展和保持自我的自主性）是我们持续一生的任务，但存在两个发展的高峰时期。第一个发生在童年早期，这时孩子的首要任务是把自己和主要照顾者分离，建立"自我"和"非我"之间的界限。②这一过程一般在 3—5 岁完成。个体化的第二个高峰期是青春期。这一时期青少年必须舍弃安全的童年和父母的保护，发展成人所需要的责任感。他们必须放弃对父母的依赖，建立和巩固自我调节、自我决定的能力。随着年龄增长，虽然父母对于他们还是很重要，但是他们对父母的依赖会变少，而更愿意从朋友那里获得社会支持。他们不再将父母视为全知全能的超人，而把父母看成是和他们一样平等的人。③青少年的这一个体化进程和与父母关系的转变密切相关，是他们逐渐脱离父母，实现情感上的自主和独立的过程，而情感的自主和独立与秘密紧密相关。有学者认为，秘密能促进个体化进程。④具体而言，为了保密，保密者需要发挥自我控制和自我决定的能力，而自我控制和自我决定是自我和自主发展的表征。

第二节　青少年秘密的领域解读

领域理论认为，人们的社会知识涉及道德领域、习俗领域和个人领域

---

① Erikson, E.H. (1959). *Identity and the Life Cycle*. Psychological Issues (Monograph No. 1). New York: International Universities Press.

② Kaplan, E. (1987). Development of the Sense of Separateness and Autonomy During Middle Childhood and Adolescence. In Bloom–Feshbach, J. and Boom–Feshbach, S. (eds.), *The Psychology of Separation and Loss*. Jossey–Bass. San Francisco, CA., pp. 136–164.

③ Steinberg, L. (1990). Autonomy, Conflict, and Harmony in the Family Relationship. In Feldman, S., Eliott, G. (eds.), *At the Threshold: The Developing Adolescent*. Harvard University Press. Cambridge, MA., pp, 255–276.

④ Van Manen, M., Levering, B. (1996). The Vivissitudes of Autonomy in Early Adolescence. *Child Development, 57* (4): 841–851.

（包括安全领域）等不同的社会认知领域。道德领域主要关注他人权利和利益，涉及公平公正等普遍道德原则问题。习俗领域关注社会秩序和功能的实现，具有文化特殊性。个人领域只涉及行为者自身的利益，无关他人权益，如个人业余活动的选择、食物和衣服的选择等。这些领域有不同的发展规律，人们对其感知和理解也存在质的不同。研究发现，青少年对父母隐瞒的秘密存在领域差异，即对不同领域事件，青少年向父母吐露的意愿和程度存在显著差异。青少年经常对父母隐瞒的是个人休闲活动、冒险行为及与同伴和恋爱相关的活动。[①] 从领域理论的角度来看，这些活动主要被归入个人领域事件（主要涉及隐私、掌控个人身体及个人偏好和选择）、安全领域事件（对行为者自身不健康或不安全的行为）和交叉领域事件（涉及多个领域，如很晚回家或与父母不喜欢的朋友交往）。恋爱事件也属于多领域的交叉事件，但因为涉及性的因素，在研究中经常与其他交叉事件分离开来。如斯美塔娜等发现，青少年觉得自己最有义务向父母吐露安全领域的事件，而个人领域事件被认为最没有义务和父母分享。[②] 在另一项研究中，斯美塔娜等发现，被试报告他们会和父母更多分享安全和个人领域的事件或活动，而交叉领域事件和与同伴相关的行为分享得更少。[③] 斯美塔娜等还使用日志的方法探究了青少年跟父亲和母亲隐藏秘密的日常变化倾向，他们发现青少年更多地跟母亲隐瞒有关个人活动的秘密，而更少隐瞒学校、交叉领域活动或一些小的行为问题的事件。[④] 宋莉斯（Solís）等也得出了相似的结论：相比于不良行为和交叉领域事件，美国城市青少年向父母隐瞒了更多有关个人活动的秘密。[⑤] 斯美塔娜和同事们还采用叙事法探究了美国早期、中期和晚期青少

---

① Darling, N., Cumsille, P., Caldwell, L. L. & Dowdy, B. (2006). Predictors of Adolescents' Disclosure to Parents and Perceived Parental Knowledge: Between- and Within-person Differences. *Journal of Youth and Adolescence, 35* (4), 659–670.

② Smetana, J. G. (2006). Social-cognitive Domain Theory: Consistencies and Variations in Children's Moral and Social Judgments. In *Handbook of Moral Development* (pp. 137–172). Psychology Press.

③ Smetana, J. G., Villalobos, M., Tasopoulos-Chan, M., Gettman, D. C. & Campione-Barr, N. (2009). Early and Middle Adolescents' Disclosure to Parents about Activities in Different Domains. *Journal of Adolescence, 32* (3), 693–713.

④ Smetana, J. G., Villalobos, M., Rogge, R. D. & Tasopoulos-Chan, M. (2010). Keeping Secrets from Parents: Daily Variations among Poor, Urban Adolescents. *Journal of Adolescence, 33* (2), 321–331.

⑤ Solís, M. V., Smetana, J. G. & Comer, J. (2015). Associations among Solicitation, Relationship Quality, and Adolescents' Disclosure and Secrecy with Mothers and Best Friends. *Journal of Adolescence, 43*, 193–205.

年对父母保守秘密的行为，发现青少年更可能隐瞒有关个人活动或与同伴相关的活动，而其他方面的事件（如有关学业的事件、情感等方面的事件）则隐瞒得更少。[1]

第三节　青少年保密的辩护理由

青少年不愿意和父母分享秘密的原因是多种多样的。有研究发现，青少年之所以向父母隐瞒一些事情是因为他们预期父母会做出负面的回应，为了躲避父母可能侵入或过度保护，他们选择不和父母说。[2]青少年也可能是为了不让父母烦恼或让父母过度担心，或者为了获得自主权。[3]达尔灵（Darling）等发现美国高中生向父母保守秘密的可能是情感方面的原因，如"我父母会担心"，或害怕承担后果，如"我父母会生气"，或出于维护个人权利和自主，如"这是我的私事"，"这是我的决定，不是他们的决定"等。[4]贝肯（Bakken）和布朗（Brown）采用深度访谈研究了非洲裔和苗族美国青少年的秘密行为，发现他们为自己秘密行为辩护的理由包括实用性考虑（如避免父母惩罚）、关系考虑（如保持信任度）、安全考虑和个人成长考虑（如相信自己有能力处理事情）。[5]由此可知，青少年不和父母分享秘密的主要原因是担心负面的情感或行为后果。

青少年对于自己秘密行为的辩护理由还可能存在领域差异。青少年隐瞒个人领域事件是因为他们认为这些问题是私人事务，对他人没有影响，父

① Smetana, J., Robinson, J., Bourne, S. V. & Wainryb, C. (2019). "I didn't want to, but then I told": Adolescents' Narratives Regarding Disclosure, Concealment, and Lying. *Developmental Psychology*, 55 (2), 403-414.

② Marshall, S. K., Tilton-Weaver, L. C. & Bosdet, L. (2005). Information Management: Considering Adolescents' Regulation of Parental Knowledge. *Journal of Adolescence*, 28 (5), 633-647.

③ Finkenauer, C., Engels, R. C. M. E. & Meeus, W. (2002). Keeping Secrets from Parents: Advantages and Disadvantages of Secrecy in Adolescence. *Journal of Youth and Adolescence*, 31 (2), 123-136.

④ Darling, N., Cumsille, P., Caldwell, L. L. & Dowdy, B. (2006). Predictors of Adolescents' Disclosure to Parents and Perceived Parental Knowledge: Between- and Within-person Differences. *Journal of Youth and Adolescence*, 35 (4), 659-670.

⑤ Bakken, J. P. & Brown, B. B. (2010). Adolescent Secretive Behavior: African American and Hmong Adolescents' Strategies and Justifications for Managing Parents' Knowledge about Peers. *Journal of Research on Adolescence*, 20 (2), 359-388.

母不应该干涉。①如姚（Yau）等调查了差不多 500 名中国裔、墨西哥裔和欧洲裔美国青少年，发现他们以不同的理由为不同领域的秘密辩护，如不和父母分享有关个人活动的秘密是因为他们认为这些事情无关他人，不会对他人造成伤害或影响。②青少年通常认为父母有权过问安全领域事件，但因为担心父母不同意或惩罚，他们也经常向父母隐瞒这方面的事情。③青少年和父母分歧最大的是对于交叉领域事件的管理。青少年认为这些行为主要是个人领域事件，而父母通常认为这些行为有关安全问题的或涉及社会习俗，因此认为他们有权干涉。由此可见，青少年出于对更大自主权的渴望和对父母负面反应的担心而隐瞒了多个领域的事件。④恋爱问题尤为特别，因为它们既包括可公开观察的方面，例如约会地点（这是青少年相对比较愿意和父母分享的信息），也包括非常隐私但存在潜在风险的部分，例如青少年经常避免讨论的性亲密关系。但是，和一般安全领域事件不同的是，父母在谈及这类涉及隐私的冒险行为时会感觉很不自在，这和其他一般的安全领域事件是很不一样的。另外，青少年可能更强烈地反对父母干涉他们的恋爱，因而父母和青少年都可能回避讨论这类问题。⑤

总而言之，以往研究强调，辩护理由（为什么对父母保守秘密）对于了解青少年保守秘密的行为具有非常重要的作用，因为只有这样我们才能更深入地理解青少年为什么不愿意和父母分享秘密。但以往的研究的调查对象大都是西方青少年，特别是美国和加拿大的青少年，对于非西方社会的青少年缺乏足够的关注。研究的方法也主要是问卷法或访谈法，这些方法以假设事件或回忆过去的事件为基础，可能对于理解青少年对即时事件（事情发生的当下）的感受和表达存在一定的不准确性。

---

① Smetana, J. G., Metzger, A., Gettman, D. C. & Campione-Barr, N. (2006). Disclosure and Secrecy in Adolescent-parent Relationships. *Child Development, 77*（1）, 201-217.

② Yau, J. P., Tasopoulos-Chan, M. & Smetana, J. G.（2009）. Disclosure to Parents about Everyday Activities among American Adolescents from Mexican, Chinese, and European Backgrounds. *Child Development, 80*（5）, 1481-1498.

③ Smetana, J. G., Villalobos, M., Tasopoulos-Chan, M., Gettman, D. C. & Campione-Barr, N. （2009）. Early and Middle Adolescents' Disclosure to Parents about Activities in Different Domains. *Journal of Adolescence, 32*（3）, 693-713.

④ Smetana, J. G., Villalobos, M., Tasopoulos-Chan, M., Gettman, D. C. & Campione-Barr, N. （2009）. Early and Middle Adolescents' Disclosure to Parents about Activities in Different Domains. *Journal of Adolescence, 32*（3）, 693-713.

⑤ Daddis, C. & Randolph, D.（2010）. Dating and Disclosure: Adolescent Management of Information Regardingmantic Involvement. *Journal of Adolescence, 33*（2）, 309-320.

第四节　青少年秘密的年龄和性别差异

青少年保守秘密的行为可能存在性别和年龄差异。之前的研究显示，随着年龄增长，青少年和父母分享课余时间活动会减少，这可能是由于青少年正处于和父母分离、发展为独立个体的阶段。[①]芬克诺尔等发现，荷兰青少年在早期（12—13岁）比在晚期（16—18岁）更可能向父母吐露心声，男孩尤其如此。[②]郭（Guo）和他的同事们也发现，随着年龄增长，美国青少年有更多的理由向父母或兄弟姐妹保守秘密。[③]青少年在保守秘密和吐露心声方面的年龄差异可能和青少年日益增长的自主需求有关，这种自主需求促使他们对自己负责，并从父母那里独立出来。和儿童时期相比，父母对于青少年的去处及活动知道得更少，因为青少年试图建立自己的边界，从而向父母隐瞒更多的事情，以使自己变得更加独立自主。[④]

虽然随着青少年年龄的增长且父母赋予他们更多的自主权是一种普遍的趋势，在各文化中都是如此，但是父母期待其获得自主的年龄可能存在文化差异。如美国文化强调个体的自主和独立，而中国文化更重视服从和孝顺，因此，美国父母一般比中国父母更愿意赋予孩子更多的自主权。[⑤]这可能在很大程度上影响到青少年对于秘密的感知。换言之，中国青少年可能向父母吐露更多心声，并认为这是他们孝顺父母的表现。[⑥]

保守秘密的行为也可能存在性别差异。如斯美塔娜等发现，随着年龄增长，男性青少年跟父母保守的有关学校事件的秘密有所增加，而女孩不

---

① Keijsers, L., Voelkle, M. C., Maciejewski, D., Branje, S., Koot, H., Hiemstra, M. & Meeus, W. (2016). What Drives Developmental Change in Adolescent Disclosure and Maternal Knowledge? Heterogeneity in Within-family Processes. *Developmental Psychology*, *52* (12), 2057-2070.

② Finkenauer, C., Engels, R. C. M. E. & Meeus, W. (2002). Keeping Secrets from Parents: Advantages and Disadvantages of Secrecy in Adolescence. *Journal of Youth and Adolescence, 31* (2), 123-136.

③ Guo, Y., Killoren, S. & Campione-Barr, N. (2022). Strategies and Reasons for Nondisclosure in Close Relationships During Adolescence. *Journal of Youth Adolescence, 51*, 1841-1857.

④ Chan, H. Y., Brown, B. B. & Von Bank, H. (2015). Adolescent Disclosure of Information about Peers: The Mediating Role of Perceptions of Parents' Right to Know. *Journal of Youth and Adolescence, 44* (5), 1048-1065.

⑤ Cheung, C. S. S. & Pomerantz, E. M. (2011). Parents' Involvement in Children's Learning in the United States and China: Implications for Children's Academic and Emotional Adjustment. *Child Development, 82* (3), 932-950.

⑥ Cheung, C. S. S., Pomerantz, E. M. & Dong, W. (2013). Does Adolescents' Disclosure to Their Parents Matter for Their Academic Adjustment? *Child Development, 84* (2), 693-710.

会。^①在一个持续 4 年的纵向研究中，克杰斯（Keijsers）等发现，随着年龄增长，荷兰男性青少年比女性青少年会跟父母保守更多的秘密，因为女孩保守秘密的成本更高。^②具体而言，研究发现女孩需要更多来自父母或其他抚养者的情感支持，因此，在考虑保守秘密的好处（获得自主）和代价（更少来自父母的情感支持）后，女孩倾向于向父母吐露更多的心声，而保守更少的秘密。同样，Son 等发现墨西哥裔的女孩比男孩更愿意和父母交流，以保持和父母的亲密关系，因为在社会化过程中女孩被要求把家庭利益放在优先地位。^③Metzger 和他的同事们报告美国女孩比男孩更可能和父母分享恋爱事件，以和父母保持亲密关系，或避免被父母惩罚，也更可能用个人理由或避免父母惩罚的理由为自己的冒险行为来辩护。这可能源自家庭对男孩和女孩的行为控制水平不同。^④和男孩相比，父母一般对女孩社会适宜性行为的要求更高，这意味着女孩可能对父母的负面反应和惩罚更加敏感。

然而，对于自己秘密行为辩护的理由是否存在性别差异学界结论并不一致。虽有研究报告女孩比男孩对父母（尤其是母亲）更加开放，会分享更多的秘密，但也有研究发现并不存在这种性别差异，因而需要进一步探究。

第五节　关于青少年秘密的实证研究

一、研究目的

采用开放式日志的方法探究中国青少年在日常生活中跟父母保守秘密

① Smetana, J. G. (2006). Social-cognitive Domain Theory: Consistencies and Variations in Children's Moral and Social Judgments. In *Handbook of Moral Development* (pp. 137–172). Psychology Press.

② Keijsers, L., Branje, S. J. T., Frijns, T., Finkenauer, C. & Meeus, W. (2010). Gender Differences in Keeping Secrets from Parents in Adolescence. *Developmental Psychology*, 46（1）, 293–298.

③ Son, D., Updegraff, K. A. & Umaña-Taylor, A. J. (2022). Familism Values and Mexican-origin Adolescents' Disclosure and Secrecy with Fathers and Mothers. *Journal of Family Psychology*, 36（8）, 1296–1305.

④ Metzger, A., Romm, K., Babskie, E. & Alvis, L. (2021). "It's None of Your Business": Adolescents' Reasons for Keeping Secrets about Their Engagement in Problem Behaviors. *Journal of Social and Personal Relationships*, 38（2）, 586–606.

的行为，包括在哪些事件上保守秘密及为什么会跟父母保守秘密。

二、研究问题

主要包括三个研究问题：（1）中国青少年和父母保守什么秘密？（2）青少年如何为他们的秘密行为辩护？（3）青少年的保守秘密行为是否存在年龄和性别差异？

三、研究方法

（一）被试

一共包括 195 名来自广州的青少年（Mage = 15.9, SD = 1.46），其中女性占 56.4%。被试分别来自公立初中（29 名男孩，34 名女孩，Mage = 13.9, SD = 0.26），公立普通高中（29 名男孩，40 名女孩，Mage = 16.9, SD = 0.39），职业高中（27 名男孩，36 名女孩，Mage = 17.0, SD = 0.44），99.5% 的被试为汉族。超过一半被试的父亲（53.6%）和母亲（58.3%）具有初中或高中 / 职高学历，27.7% 的父亲和 20.2% 的母亲完成了本科或研究生学历。招录职高的被试是因为有将近一半的学生在初中毕业后会去读职校，而职校的教育目的和教育氛围等方面和普通高中存在比较大的区别，因此，我们的研究也包括了和普通高中几乎同等数量的职高被试。

（二）研究过程

2017 年春我们在广州的 3 所初中、3 所高中和 2 所职高发出 1260 封邀请信，邀请青少年和他们的父母参与我们的研究，其中 260 名青少年和他们父母表示愿意参与，但只有 226 名符合我们的研究要求（13—18 岁青少年）。后来，有 33 名青少年因各种原因中途退出。每一名被试的参与都得到了父母的签字同意。然后青少年被要求在一个专门为这个研究设立的网络平台注册，并完成在平台发出的问卷。问卷要求青少年连续两个星期记录他们没有和父母分享的秘密，并给每个秘密至少提供一个不分享的理由。

（三）日志编码

青少年在专门的平台记录他们没有和父母分享的秘密，每天可以记录多个秘密，如果没有也可以不记录，**取决于青少年当天与父母交流的情况。**
他们也可以用多个理由为自己的秘密行为辩护。青少年在平台写的有关秘
密的日志由两位研究者进行编码。在以往研究的基础上，结合我们现有的
20% 数据，我们开发了两套编码系统，一套是有关秘密的类别（保守什么
秘密？表 8-1），另一套有关保守秘密的理由（为什么保守秘密？表 8-2）。
秘密的类别是根据事件的类别来进行编码的，如有关学业的、亲密关系的或
空闲活动的事件。不和父母分享秘密的理由是根据社会认知领域和父母知
道的后果来进行编码的。如青少年可能说他们担心父母会不同意、批评或惩
罚，或者一些感受和情绪方面的理由，如分享秘密让他们感到很糟糕、尴尬
或羞耻。我们这个研究中青少年新报告的秘密类别为与电子产品使用（如电
话、电脑、电视等）有关的秘密。为秘密行为辩护的新理由包括父母会觉得
伤心或担心，给父母一个惊喜（表 8-3 呈现了被试使用的所有辩护理由的
百分比及保守秘密类型的频率和百分比）。

表 8-1　秘密类型编码手册（什么是秘密？）

代码	定义	举例
个人活动	个人活动或休闲活动的选择（＊注：不包括手机／电脑使用）	喜欢读书／吃饭、购物、熬夜做事情等
学习	家庭作业和学业成绩	我考试成绩不好；我没有做完作业
人际关系	与人沟通、关心他人或与他人发生冲突，重点是关系	我和最好的朋友吵架了；我和同学关系不好；班上一些同学排挤我
电子产品使用	使用手机、电脑、MP3 等（＊注：如果与同伴玩游戏，请将其放在"人际关系"中）	我在房间偷偷玩手机；我给网络游戏充值了
恋爱	与恋人约会、对异性感兴趣、花时间与恋人相处或发生性关系，包括单相思	我喜欢班上一个男孩；我向我的好朋友表白了，但被拒绝了；我拒绝了一个男孩的表白
身心健康	关于身心健康，受到伤害或做一些不利于健康的事情，情绪低落、担心等	我莫名其妙感觉很糟糕；我的近视越来越严重；4 个晚上都无法入睡
违纪	在学校或家里违反规定，做老师或家长不允许的事情	我在学校犯错了；被老师留堂了；上学迟到了

续表

代码	定义	举例
问题行为	小问题行为，如粗心、健忘 （＊注：如果因为疏忽而受伤，请将其写在"身心健康"中）	我吃饭时不小心弄脏了书包；我丢了100元
个人发展	个人成就或未来发展	害怕考不上理想的大学；反思生命的意义

秘密的类别和不分享秘密的理由是分开编码的。两个研究者用编码系统分别编码数据的20%，然后计算编码的评估者信度，秘密类别的信度为 $\kappa = 0.79$，秘密理由的信度为 $\kappa = 0.72$。

表 8-2　秘密辩护理由编码手册（为什么不想和父母分享？）

代码	定义	举例
父母批评	父母可能不赞成／批评／惩罚我	他们会惩罚我；如果他们知道，他们就不会再给我零用钱了；他们认为网上购物不安全
感觉很糟	面对父母时感到不好、尴尬或羞愧	我不好意思告诉他们这件事；我不能和他们分享
看不起我	父母看不起我或对我印象不好，这会损害我的自尊或面子	让他们看到我因为一些琐碎的事情而哭，我会觉得丢脸；怕他们嘲笑我
没有伤害性	不会伤害到其他人，或事情太小，不值一提	事情太小了，不值一提；和他们说毫无意义
不理解	父母不会理解或对此感兴趣	父母不会了解网上的新事物；可能会误解我；他们没有兴趣知道我和朋友之间发生了什么
个人自主	这是我的隐私或我自己能够处理好	这是我自己的事，我可以自己处理；这是我的隐私，与他们无关
父母伤心／担忧	父母会很伤心／担心／失望	我不想让他们担心我的学习；我不想让父母失望
实用理由	主要涉及效率或可能的麻烦 （＊注：如果是告诉父母会带来麻烦，请将其放在"父母批评"中）	告诉他们没有帮助；告诉他们没有意义；即使告诉他们，问题仍然无法解决；这会给我带来很多麻烦

续表

代码	定义	举例
心情不好	不想分享是因为我心情不好或不习惯与他们交流；或没有理由，就是不想分享	我心情不好，不想分享；我只是不想分享；我没有和他们分享的习惯
给惊喜	给父母一个惊喜	我为妈妈准备了一份生日礼物，想晚一点给她一个惊喜

四、研究结果

被试在两个星期内一共报告了 856 个秘密（$M = 4.39$, $SD = 3.29$；范围 1—16）。青少年报告最多的秘密是个人领域的事件（$N = 366$, 42.8%），其次是学业有关的事件（$N = 119$, 13.9%）。在所有类型的秘密中，青少年最经常使用的辩护理由是担心父母不同意、惩罚或批评。下面我们更详细地呈现青少年保守秘密的类型和为秘密行为辩护的理由。

1. 个人活动：担心父母反对。大多数被试报告称，他们保守的秘密涉及个人的休闲活动，其中超过一半的秘密是因为担心父母反对、惩罚或批评而不分享（$N = 213$, 57.3%）。许多个人活动都围绕着与同龄人的休闲活动展开，例如，与同学一起出去玩、购物、玩网络游戏、滑冰、聚会，与朋友或兄弟姐妹一起外出就餐、旅行、在线聊天、去电影院或与朋友一起唱歌。青少年担心父母不赞成这些活动的主要原因之一是他们认为父母觉得这些活动与他们的学业无关，并很可能对他们的学业产生负面影响（$N = 49$, 19.1%）。

部分青少年（$N = 41$）不同意父母的这种看法，他们选择参与这些活动，并对父母保密，因为他们认为学习不应该是他们的唯一关注点。相反，他们认为应该有自己的爱好，应该学习不同的东西，和朋友一起玩也很重要。例如，一名 8 年级学生让她的同学帮她买了一本小说，并藏在书架上偷偷读。她解释说，她没有和妈妈说这件事，因为如果妈妈发现了，她会把书拿走：

平时妈妈在家并不让我看太多的这种"闲书"，但我认为很好看，很精彩，而且我能在这些"闲书"里面看见一个有想象力的世界，能

　　　学到生活上的常识，甚至也是我的一种放松方式……如果妈妈知道了
我买这些书，肯定会下"禁书令"，这样我整个寒假都别想再见到它
们了……

　　因此，青少年不同意父母的观点，不认为从事与学习没有直接关系的
活动是浪费时间。同样，一个11年级的男孩说他喜欢和同学一起打篮球。
他不明白父母为什么鼓励他只专注于学习而忽视其他活动。他说：

　　　今天早上我和同学在篮球场上一对一，我大获全胜。我没有和父
母说，因为我觉得这种胜利的喜悦即使分享了他们也未必会开心，而
是会说我如果有这么多的精力怎么不多用点儿到学习上？这令我十分疑
惑：难道学习成绩就是一切吗？我奖励了自己一包薯片。

　　青少年除了对自己如何花时间保密外，还经常对自己如何花零花钱
保密（例如，购买口红、糖果、小说、垃圾食品、衣服、昂贵的鞋子、
手镯、送给朋友的礼物），因为他们担心父母不同意他们花钱买自己
喜欢的东西。例如，一个8年级的女孩瞒着父母用零花钱买了护肤品。
她说：

　　　我悄悄用零花钱买了护肤品，但没有告诉妈妈，因为妈妈不允
许我乱涂东西，说怕我把皮肤给弄坏了。我到了冬天皮肤就很干，跟
大地龟裂似的，特别难看。然后别人都说女孩子要从小保养皮肤，未
成年就补个水什么的就行了，不会损坏皮肤，所以我觉得这样做无可
厚非。

　　与向父母隐瞒休闲活动类似，许多青少年对零花钱的使用保密，这
不仅是因为他们总体上担心父母的反对，还因为他们不赞同父母的金钱
观（$N = 43$，16.7%）。青少年觉得父母似乎认为钱应该被存起来或用来
买实用性的东西，而青少年则将金钱视为个人享受和与朋友建立联系的
一种手段。例如，一个11年级的女孩给她的朋友买了一份生日礼物。她
故意瞒着爸爸，因为"我爸爸认为没必要给朋友送生日礼物"。一个11
年级的男孩买了一个很贵的冰淇淋。他说："我偷偷吃掉了，并一直隐瞒
父母，不能让他们知道我花了这么多钱买了一个雪糕，这样太奢侈了，

会被打的。"

令人惊讶的是，只有 12.4%（$N = 47$）的个人活动是基于对个人自主权的担忧而隐瞒的（即青少年认为这是他们自己的隐私，或者他们可以自己处理，父母没有正当理由控制）。例如，一个 11 年级的男孩用自己挣的钱买衣服。他认为没有必要告诉父母，因为"我应该自己决定如何花钱"。这与斯美塔娜等之前的研究形成了对比。[①]

2. 学业活动：关于学习和学习成绩的分歧。大多数学业事件与考试成绩有关（$N = 75$，63.0%）。例如，被试没有通过考试，没有为考试做准备，或者没有认真对待学习。近一半（$N = 55$，49.3%）的参与者表示，他们对自己与学习有关的问题保密，因为他们担心父母会惩罚他们，或者担心父母会不同意他们要做的事情。还有青少年由于情绪原因（例如，他们不想让父母悲伤、担心或失望；$N = 17$，13.3%）而对父母隐瞒他们学习相关的事情。例如，一名 8 年级女孩说：

> 我本是答应了父亲考试一定会考进年级前五的，但这次考试大家都发挥得很好，我没有达到预期的目标。父亲是一个很看重成绩的人，他甚至会为了成绩毫无理由地责骂我。我不想听他的责骂，同时我也对不起自己的努力。

有时，青少年会根据过去的经历预料到父母的负面反应，并在为自己的保密行为辩护时考虑到这一点（$N = 31$，26.1%）。尽管数学成绩并不理想，一名 11 年级学生在语文、英语和数学考试中达到了预期目标。她如实和父亲分享了自己的考试情况，因为她知道父亲会鼓励她。然而，她却决定对母亲保密，因为由于成绩不够完美，她的母亲会严厉批评她（比如"你为什么不努力？"）。

出乎意料的是，除了担心父母的反对，父母对他们学习的过度关注或过度冷漠也是青少年向父母隐瞒有关学习的事件的常见理由（$N = 25$，21.0%）。当青少年相信父母不关心他们的学习，或只关心考试分数的时候，他们就不愿意和父母分享有关学习的事情。例如，一个 11 年级的女孩在通过一项重要的能力测试后没有告诉父母。她说：

---

① Smetana, J. G., Metzger, A., Gettman, D. C. & Campione-Barr, N.（2006）. Disclosure and Secrecy in Adolescent-parent Relationships. *Child development*, 77（1），201–217.

　　　　他们对我的学习都不太了解也不是很关心，除了我主动说，否则他们也从不会去主动了解。就算我和他们说了我的考试，也只是关注一下我的成绩，而不会注意我的学习过程。不管成绩好与坏都没有什么表示，所以便觉得不需要告诉他们，他们知不知道都无所谓，对我的学习并没有什么帮助。

　　我们还发现，一些青少年（$N = 5$）不想和父母分享与学习有关的问题和决定是因为他们担心父母只会批评，而不会给予他们需要的支持和鼓励。例如，一名 8 年级学生对自己在暑假的行为很不满意（玩手机游戏、讨厌做作业），她想改变。尽管她很想与妈妈讨论暑假的时间安排，但最终没有告诉妈妈，因为担心妈妈只会批评她（例如，"你只知道说，没有行动！"），而不是提供她期待的指导和支持。

　　令人惊讶的是，一些参与者（$N = 3$）报告说，他们在学业上表现好的时候也不想告诉父母。例如，一位职业学校的 11 年级学生说：

　　　　班上颁发了一些优秀学生的奖状和奖品，但是我并不想让父母知道。怕（他们）期望太大，下次令他们失望！

　　此外，少部分参与者（$N = 6$）没有与父母分享他们在学习上的成绩和担忧是因为他们认为解决这个问题是他们自己的责任，和父母无关。

　　3. 人际关系与浪漫事件：限于同伴群体或自我。与人际关系有关的事件（$N = 103$，12.0%），尤其是同伴关系（$N = 59$，6.9%），是青少年向父母隐瞒的另一种常见事件类型。青少年对这些问题保密，是因为他们担心父母会对他们进行说教，禁止他们与朋友外出，或给他们带来其他负面后果或感受，或父母不会理解他们，或者他们相信自己可以独立处理这些事件。青少年也经常对父母隐瞒浪漫事件（$N = 62$，7.2%），主要是因为青少年认为父母对谈恋爱持负面态度（$N = 30$，45.6%）。一些青少年指出，他们的父母担心恋爱影响他们的学习。许多青少年相信他们的父母会严厉批评他们，或反对他们谈恋爱，或对此喋喋不休；其他人担心他们的父母过于保守，他们对此事的处理会让他们感到尴尬；而其余的青少年则认为他们的父母无法理解他们。

　　4. 使用电子产品：享乐时间。研究发现，在个人事件中，青少年对电子产品的使用是一个特别突出的活动类别，这与研究发现电子产品在青少年生活和亲子互动中很重要相一致。[①] 共有 98 起事件（11.4%）涉及电子产品的使用（玩《王者荣耀》等网络游戏、看电视剧、上网、使用 QQ 等社交媒体、读网络小说等）。他们不和父母分享主要是因为害怕父母的反对、惩罚或批评（$N = 77$，76.3%）。青少年清楚地知道他们不允许玩手机或者使用其他电子设备，但他们经常报告说不能控制自己，经常秘密使用电子产品进行娱乐活动。少数青少年（$N = 4$）坚信自己有正当理由玩游戏，但他们仍然向父母隐瞒。例如，一个 8 年级的男孩在旅行时用手机玩了大约 30 分钟的游戏，他的家人忙于其他活动。他说："在旅游回广州的途中，趁爸爸停车休息，妈妈带着妹妹去吃东西的空当，在车上玩了约半小时游戏。我觉得这是合理利用时间，又没影响学习和旅游行程。放假期间适当的放松娱乐必不可少呢！"然而，他偷偷玩了起来，因为他担心父母会说："你总是想着游戏！"

5. 秘密类型和秘密理由的年龄和性别差异。为了调查我们的最后的研究问题——青少年秘密的年龄和性别差异，我们进行了独立样本 t 检验，以探索秘密总频率和不同类型秘密频率的性别和年龄差异。结果显示，在使用电子产品方面存在显著的性别差异，$t（121.67）= 3.34$，$P = 0.001$。更具体地说，男孩（$M = 0.17$，$SD = 0.26$）比女孩（$M = 0.06$，$SD = 0.14$）报告了更多关于电子产品使用的秘密。在电子产品使用方面也存在显著的年龄组差异，$t（92.50）= 2.47$，$P = 0.02$。与年龄较大的青少年（$M = 0.08$，$SD = 0.18$）相比，年龄较小的青少年（$M = 0.17$，$SD = 0.26$）报告的有关电子使用的秘密更多。

独立样本 t 检验也用以探讨青少年秘密行为辩护总频率和不同辩护理由（使用比率）在性别和年龄方面的差异。结果显示，男孩和女孩在两个辩护理由上存在显著差异：（a）"这是我自己的隐私，或者我可以自己处理"，$t（184.67）= -2.04$，$P = 0.04$；以及（b）"父母会感到悲伤/担忧/失望"，$t（141.54）= 2.00$，$P = 0.048$。也就是说，女孩（$M = 0.16$，$SD = 0.30$）在为自己的秘密行为辩护时比男孩（$M = 0.09$，$SD = 0.18$）使用了更多的个人自主性理由。而男孩（$M = 0.11$，$SD = 0.21$）在为自己的秘密行为辩护时，明显比女孩（$M = 0.6$，$SD = 0.14$）更关心父母的感受（"父母会感到悲伤/担

---

① Cao, H., Ying, S., Wan, Y., Hao, J. & Tao, A. F.（2011）. Problematic Internet Use in Chinese Adolescents and Its Relation to Psychosomatic Symptoms and Life Satisfaction. *Bmc Public Health, 11*（1）, 1–8.

忧 / 失望"）。根据先前的文献，我们还探究了年长青少年和年少青少年在向父母保守秘密及为自己保密行为辩护的差异。结果显示，两者在理由上存在显著差异：（a）"父母可能不赞成或批评 / 惩罚我"，t（119.87）= 2.60，P = 0.01；和（b）"这是我的隐私，或者我可以自己处理"，t（141.07）= −2.08，P = 0.04。当年少的青少年（M = 0.58，SD = 0.36）决定向父母保守秘密时，他们比年长的青少年（M = 0.43，SD = 0.36）更担心父母的反对或批评，而年长的青少年（M = 0.15，SD = 0.27）则比年轻的青少年（M = 0.08，SD = 0.23）更关注自己的隐私或能力（"这是我的隐私，或者我可以自己处理"）。

五、结果讨论

本研究利用两周的日志探讨了青少年对父母保密的事件类型及其理由。研究结果表明，中国青少年主要向父母隐瞒个人活动，其次是与学习相关的事件、人际关系问题和浪漫事件。大多数参与者报告说，他们之所以保守秘密，是因为在怎样花时间的问题上与父母意见相左（例如，父母要求青少年学习，而年轻人希望把一些时间花在自己的爱好上）。同样，青少年在怎么花钱方面（例如，钱是用于实际需要，还是作为个人享受的手段）也与父母意见不同。令人惊讶的是，除了担心不被认可之外，青少年还报告了由于父母对他们的学习缺乏关注或过度关注而向父母保密学习方面事情（无论是积极的还是消极的）。我们的研究还发现，女孩在个人活动方面的秘密比男孩多，但在电子产品使用方面的秘密却比男孩少。年龄较大的青少年更关注自己的个人自主权，而年龄较小的青少年更关心父母是否担忧、悲伤和失望。

（一）父母的反对在为保密行为辩护中具有核心作用

如上所述，避免父母惩罚或批评是所有有关秘密类型事件中最常用的理由（见表 8–3），包括个人领域事件。结果表明，青少年认为父母对他们如何使用休闲时间和如何使用零花钱有不同的想法和态度，预期父母会做出负面反应，因而可能选择向父母隐瞒相关信息。这在一定程度上与先前的研究不一致，先前的研究发现，青少年隐瞒个人领域相关事件主要是因为它们被视为私人事务或由个体自己做主。例如，姚等发现青少年不和父母分享有关个人活动的秘密是因为他们认为这些事情无关他人，不会对他人造成伤害或影响。① 这些差异可能与中国的育儿方式有关。中国父母被期待高度参与孩子生活的方方面面。② 在中国，父母在更大程度上参与孩子的生活，父母对孩子活动的控制和管理也被认为是积极的、可以理解的。③ 因此，与之前研究的美国样本相比，中国父母对孩子生活的参与或控制程度更高，包括如何度过闲暇时间和如何使用零花钱，这并不让人意外。此外，中国父母对失败比对成功更敏感，④ 这意味着父母对孩子可能有更多的批评或负面反应。研究还表明，中国父母往往更倾向于用惩罚这类管教方式来推动孩子成为一个更好的人或实现更高的目标。⑤ 这可能导致青少年预期父母很可能会拒绝或控制所有类型的事件，包括个人事件，因而更可能在所有领域事件中使用父母批评或不同意的理由来为自己的保密行为辩护。

中国青少年为避免父母的反对而采取的保密行为可能与他们日益渴望自主有关。随着对自主性的需求不断增加，本研究中年龄较大的青少年在为自己的保密行为辩护时，不再像他们年龄较小的时候那样担心父母的反对或批评，而是更关注自己的隐私或自主性。这可能表达了他们争取私人心理空间的内在愿望。之前有研究认为，网络游戏使用问题的主要原因是对日常生活中自主性的不满和通过网络游戏寻求控制感。⑥ 父母对青少年电子产品使用的敏感可能会促使他们向父母隐瞒更多相关行为，即使他们认为自己有正当理由使用电子产品的时候也是如此。

---

① Yau, J. P., Tasopoulos-Chan, M. & Smetana, J. G. (2009). Disclosure to Parents about Everyday Activities among American Adolescents from Mexican, Chinese, and European Backgrounds. *Child Development, 80* (5), 1481–1498.

② Chao, R. & Tseng, V. (2002). Parenting of Asians. In M. Bornstein (Ed.), *Handbook of Parenting: Social Conditions and Applied Parenting* (2nd ed., pp. 59–93). Lawrence Erlbaum Associates, Inc.

③ Chao, R. (1994). Beyond Parental Control & Authoritarian Parenting Style: Understanding Chinese Parenting through the Cultural Notion of training. *Child Development, 65* (4), 1111–1119.

④ Ng, T. P. (2007). *Chinese Culture, Western Culture: Why Must We Learn from Each Other?* iUniverse, Inc.

⑤ Fung, H. (1999). Becoming a Moral Child: The Socialization of Shame among Young Chinese Children. *Ethos, 27* (2), 180–209.

⑥ Yu, C., Li, X. & Zhang, W. (2015). Predicting Adolescent Problematic Online Game Use from Teacher Autonomy Support, Basic Psychological Needs Satisfaction, and School Engagement: A 2-year Longitudinal Study. *Cyberpsychology, Behavior, and Social Networking, 18* (4), 228–233.

（二）学习在青少年保密行为中的重要作用

与目前的研究不同，我们的研究结果凸显了与学习有关的事件或学业成就在青少年保密行为中的重要作用。在我们的研究中，学业事件是青少年报告的第二多的秘密事件，仅次于个人领域事件。这一频率（14%）远高于美国青少年研究报告的频率（9%，第五多的秘密事件），[①] 这凸显了文化会显著影响青少年想要跟父母隐瞒什么。此外，尽管参与者主要是因为担心父母的反对或惩罚而保守秘密，但我们的研究还进一步发现了青少年认为父母会反对的理由。青少年报告称，父母希望控制孩子个人活动选择的主要原因是他们担心不适当的休闲活动可能对青少年的学习成绩没有好处，甚至有负面影响。青少年报告说，父母很少允许进行阅读、娱乐、写小说或打篮球等活动，因为这些活动被认为对青少年的学习成绩没有直接帮助。

本研究中青少年经常报告他们对父母保守秘密主要是因为父母总是期待他们把时间花在与学习相关的事情上，这与之前的很多研究结论是一致的，这些研究表明，学习渗透到了中国儿童和青少年生活的方方面面。例如，有学者发现，学生在为自己在家庭和学校的违纪行为辩护时经常会考虑其对学习的影响。[②] 父母可能会使用各种策略来参与孩子的学习，包括告诉孩子学习的重要性、监督孩子的家庭作业和功课复习、不顾孩子的愿望检查孩子的家庭作业，以及要求孩子不要质疑父母的期望和要求等。[③]

青少年报告的父母强调学业成绩情况也与之前对中国父母的研究一致。学业成绩对中国父母来说可能至关重要。[④] 因此，中国的父母认为父母有责任和义务广泛参与并促进儿童和青少年的学习成绩。在学习压力下，青少年不愿和父母分享自己在学习之外的时间安排可能是他们追求个人心理空间和

① Smetana, J., Robinson, J., Bourne, S. V. & Wainryb, C. (2019). "I didn't want to, but then I Told": Adolescents' Narratives Regarding Disclosure, Concealment, and Lying. *Developmental Psychology*, 55 (2), 403–414.

② Liu, J. & Midgette, A. J. (2022). Chinese Youth's Reported Social and Moral Transgressions and Strategies for Self-Correction. *Journal of adolescent research*, 37 (6), 747–775.

③ Cao, G. & Tam, V. C. (2023). Patterns of Adolescent-parent Conflicts Over Schoolwork in Chinese Families. *Journal of Family Studies*, 29 (1), 362–388.

④ Chao, R. K. (2000). The Parenting of Immigrant Chinese and European American Mothers: Relations between Parenting Styles, Socialization Goals, and Parental Practices. *Journal of Applied Developmental Psychology*, 21 (2), 233–248.

获得自主权的结果。①

表 8-3 不同类型保密的频率、百分比及其辩护理由的使用比例

保密类型	保密频次（%）	保密辩护理由（%）										
		父母批评	感觉不好	看不起	没有伤害	不理解	个人自主	父母伤心或失望	实用理由	心情不好	给惊喜	其他
个人活动	366（0.43）	**0.57***	0.03	0.01	0.02	0.04	**0.12**	0.05	0.10	0.01	0	0.05
学业	119（0.14）	**0.49**	0.01	0.01	0.01	0.04	0.07	**0.13**	0.12	0.07	0.03	0.03
人际关系	103（0.12）	**0.26**	0.04	0.05	0.10	**0.12**	0.12	0.07	0.06	0.04	0.06	**0.22**
电子产品	98（0.11）	**0.76**	0.00	0	0.02	0.02	0.02	0.06	**0.06**	0.02	0	0.06
恋爱	62（0.07）	**0.46**	0.12	0.01	0.11	0.07	0.11	0.04	0.06	**0.09**	0	0.04
身心健康	52（0.06）	**0.33**	0.03	0.03	0.02	0.04	0.15	**0.30**	0.05	0.05	0	0
违纪	19（0.02）	**0.66**	0	0	0.03	0	0	**0.13**	0.06	0.06	0	0.06
问题行为	14（0.02）	**0.62**	0	0.10	0.10	0	**0.15**	0.03	0	0	0	0
个人发展	7（0.01）	**0.14**	0	0	0	0	0	**0.14**	0	0	**0.57**	0.14
其他	16（0.02）	0.13	0	0.06	0.19	0.19	0.13	0	0.19	0.06	0	0.06
总计	856（1.00）											

注：加粗的数字是每种保密类型中使用频次较高的辩护理由。

总的来说，与学习相关的事件涉及复杂的考虑因素，不仅包括父母的反对，还包括青少年是否相信父母能提供适当的支持，是否对学习目标持有

① Hasebe, Y., Nucci, L. & Nucci, M.（2004）. Parental Control of the Personal Domain and Adolescent Symptoms of Psychopathology: A Cross-national Study in the U.S. and Japan. *Child Development*, 75（3）, 815-828.

共同的理念（不应仅仅关注分数，还应关注学习过程），所有这些因素都会影响青少年决定是否和父母分享有关学习的事情。

（三）电子产品使用是一类特殊的个人活动

与电子产品使用有关的事件通常被编码为个人事件，但在本研究中我们发现电子产品的使用相比于个人事件而言具有其独特性，且在青少年生活中很突出，[1] 因而被单独编码。具体来说，青少年在个人事件和电子产品使用中的保密行为都存在年龄差异。随着年龄的增长，青少年在个人事件中报告了更多的秘密。这与先前的研究一致，先前的研究发现，随着年龄的增长，青少年在个人领域的保密行为会增加。然而，有趣的是，青少年在长大后报告的有关电子产品使用的秘密却有所下降。据我们所知，之前没有任何研究单独关注电子产品的使用。

青少年在两类事件的保密方面的发展趋势存在显著差异，这可能表明业余时间使用电子产品是一种特殊的个人活动。更具体地说，电子产品的使用可能不仅仅是青少年消磨时间的一种方式，也可能是促进发展的一种重要方式。根据 Erikson 的说法，建立稳固的认同感是青春期的一项关键任务。[2] 数字媒体（电子产品）已经深深植根于青少年的生活中，并作为一种媒介发挥作用，为青少年打开了一个广阔的虚拟世界，他们可以在其中自由地进行身份探索。[3] 低龄青少年正处于身份探索的初级阶段，受到父母的高度监控和监督，这可能导致他们向父母隐瞒更多与电子产品使用有关的行为。

（四）保密行为中的性别差异

在保密方面也存在性别差异。与男孩相比，女孩在个人领域事件中报告的秘密更多，但在电子产品使用方面报告的秘密却更少。这与斯美塔娜等之前的发现相矛盾。[4] 在该研究中，男孩在个人领域报告的秘密事件比女

① Cao, H., Ying, S., Wan, Y. Hao, J. & Tao, A. F. (2011). Problematic Internet Use in Chinese Adolescents and Its Relation to psychosomatic Symptoms and Life Satisfaction. *Bmc Public Health*, 11 (1), 1–8.

② Erikson, E. H. (1968). *Identity, Youth and Crisis*. New York: Norton.

③ Sebre, S. B. & Miltuze, A. (2021). Digital Media as a Medium for Adolescent Identity Development. *Technology, Knowledge and Learning*, 26 (4), 867–881.

④ Smetana, J. G. (2006). Social-cognitive Domain Theory: Consistencies and Variations in Children's Moral and Social Judgments. In *Handbook of Moral Development* (pp. 137–172). Psychology Press.

孩更多。但也有研究发现，父母对儿子和女儿的行为控制不同，对女孩的规则比男孩多，尤其是在约会行为上。[①] 因此，由于担心父母拒绝或惩罚，女孩比男孩更有可能向父母隐瞒信息。一项纵向研究发现，父母对女儿的要求（父母是否知道孩子的下落，以及他们是否限制孩子回家的时间）高于儿子。[②] 可能的原因是，在中国传统文化中，女孩保持贞洁很重要，父母对女儿婚前的贞洁非常敏感。因此，为了保护女儿，父母对女儿的下落更加敏感，这反过来可能会导致女孩向父母隐瞒更多的个人活动，以避免父母的惩罚并获得自主权。

第六节　青少年秘密对家庭德育的启示

这项关于中国青少年向父母保守秘密的日记研究对中国的亲子沟通和育儿具有重要意义。我们的研究结果表明，青少年对父母隐瞒个人活动（包括电子产品使用），主要是因为担心父母的负面反应。青少年这样做是因为他们认为自己有必要从事一些与学习没有直接关联的活动，如阅读消遣、打篮球、购物或与朋友玩耍。这些活动可能支持他们发展自主性。同样，经常使用电子产品可能会影响青少年认同感的发展，而这是青少年的一项中心任务。因此，父母在支持青少年时应该考虑教育策略，因为他们需要在竞争性的教育环境中学习，也需要培养自主性和独立性。

一、尊重个人心理空间，在明确边界中促进道德发展

有关青少年秘密的研究表明，无论生活在什么文化中，青少年都需要在某些领域作出自主的选择和决定，而不只是接受父母或其他人的指令行事，这是他们心理发展的必然需求，[③] 也是他们将来适应社会的需求。如果这一需求得不到满足，他们就很可能采取非正当的方式来满足自己的这一需

---

① Zimmer-Gembeck, M. J. & Collins, W. A. (2003). Autonomy Development During Adolescence. In G. R. Adams & M. D. Berzonsky (Eds.), *Blackwell Handbook of Adolescence* (pp. 175–204). Blackwell.

② Shek, D.T.L. (2008). Perceived Parental Control and Parent-Child Relational Qualities in Early Adolescents in Hong Kong: Parent Gender, Child Gender and Grade Differences. *Sex Roles, 58*, 666–681.

③ Nucci, L., Smetana, J., Araki, N., Nakaue, M. & Comer, J. (2014). Japanese Adolescents' Disclosure and Information Management with Parents. *Child Development, 85* (3), 901–907.

求。在我们关于青少年秘密的实证研究中可以看到，当青少年认为他们有权决定某件事情、但预测家长不会同意他们决定的时候，很多青少年会采取隐瞒、撒谎等方式来实现自己的做决定的权利和需求。而他们想要自主决定的事情大多数属于个人领域事件，主要涉及课余时间如何度过、和朋友外出游玩等方面，绝大多数都不涉及原则性的事情。因此，家长可以和孩子商量，确定哪些方面的事情他们是可以自主决定的，哪些方面的事情必须和父母商量，这样既可以满足青少年自主发展的需求，也可以实现父母在重要事件中的引领作用，从而促进其道德能力的发展和良好品格的形成。从领域理论的角度看，个人领域的事情可以更多地让他们自己决定，因为他们也会认为这应该是由他们自己做主的事情。习俗领域和道德领域的事情需要和父母商量。

这样做有几个方面的好处：首先，能促进孩子的自主性和独立性。自主性和独立性是孩子在自己做选择的过程中逐渐发展的。例如，可以让孩子学会决定如何度过自己的课余时间，如何选择朋友、与朋友交往及决定自己的饮食和衣着等事情。这些看似平常的选择和决定能很好地提升孩子的自主性，促进其独立性的发展。其次，能促进孩子责任感。当孩子明确知道哪类事情他们可以自己决定的时候，他们就会积极考虑如何做决定及这些决定可能带来的后果，并学习对自己的选择负责任，这样就会逐渐形成强烈的责任感。事实上，明确的边界是责任感产生的前提。如果孩子对于自己权利的范围不明确，习惯家长对自己的干涉和控制，他们也就会习惯逃脱责任，无法形成责任感。再次，能让孩子学会尊重和包容。当孩子感觉到家长对他们选择的尊重的时候，他们也就能学会尊重他人的选择，对不同于自己的观点和看法更加包容。

总而言之，以领域理论为基础，明确青少年自主决定的边界和范围既能满足他们心理发展的需求，也能促进他们自主性、独立性、责任感及尊重和包容等品格的形成和发展，是促进青少年道德发展的有效途径。

二、建立良好亲子关系，在和谐氛围中引领道德成长

在现实生活中，出于对孩子的保护和爱，很多家长有意识或无意识地过度干预孩子的生活，想要掌控他们生活的方方面面，这可能导致孩子对家长的反抗，进而破坏亲子关系。其中最典型的是家长对孩子学习的关注和干预。众所周知，家长的教育焦虑是当今社会的普遍现象，特别是义务教育阶

段的家长。虽然"双减"政策在一定程度上缓减了部分家长的教育焦虑，但隐形的焦虑依然普遍存在。家长对学习和教育的焦虑使得他们把注意力过多地放在学习方面，而且是"有成果"的学习，而忽略了孩子其他方面（如心理健康）的需要和成长，家庭教育的功能受到很大局限，孩子学习之外的自我价值得不到家长的认可，其发展可能走向窄化。有些家庭甚至只要不谈论孩子的学习就"母慈子孝"，一谈到孩子的学习就"鸡飞狗跳"，亲子关系因学业学习和成绩而受到很大影响，家庭氛围高压紧张。

　　紧张的亲子关系可能导致孩子对家长不信任。当他们预测家长不会同意他们的行为时，就会选择隐瞒。这实质上让家长丧失了参与孩子生活和引领他们成长的机会，使他们参与不良活动的概率增加。研究表明，父母对青少年日常活动情况的掌握（如去了哪里、和谁在一起等）能很好地预测青少年的不良行为，即父母对青少年日常生活了解得越多，他们出现吸毒、酗酒、犯罪、学校问题和抑郁情绪的越少。[①] 这些青少年还表现出更高的自尊和更好的学业成绩。此外，那些认为父母对自己的日常活动有更多了解的青少年，他们很少参与不良行为。[②] 以前的研究者认为是父母对孩子行为的监控导致孩子更少从事不良行为。但科尔（Kerr）和斯达特那（Stattin）发现，这一现象需要重新解读。与儿童相比，青少年在家庭之外和远离父母或其他成年人直接监督的环境中度过的时间更多，这使父母很可能无法直接观察孩子，而必须依靠青少年的分享作为有关他们活动和行为的主要信息来源。因此，父母对青少年日常行为的知晓情况更多地来源于青少年自愿与父母分享的信息，而不是父母的监督行为。[③] 达尔灵（Darling）等发现，当父母是权威式教养风格时，青少年更有可能和父母分享各类信息，包括父母可能不同

---

　　① Crouter, A. C., Head, M. R. (2002). Parental Monitoring and Knowledge of Children. In Bornstein, M. H. (ed.), *Handbook of Parenting*. Lawrence Earlbaum Associates, Inc., Mahwah, NJ, Vol. 3, pp. 461–484.

　　② Steinberg, L., Darling, N., Fletcher, A. C. (1995). Authoritative Parenting and Adolescent Adjustment: An Ecological Journey. In Moen, P., Elder, G. H., Luscher, K. (eds.), *Examining Lives in Context: Perspectives on the Ecology of Human Development*. American Psychological Association, Washington, DC, pp. 423–466. Strouthamer.

　　③ Kerr, M., Stattin, H. (2000). What Parents Know, How They Know It, and Several forms of Adolescent Adjustment: Further Support for a Reinterpretation of Monitoring. *Developmental Psychology, 36* (3): 366–380.

意的事情，也不太可能和父母撒谎。[①] 一般而言，权威式父母和孩子有良好的沟通方法，能和孩子建立和谐的亲子关系，也能让孩子接受父母的期待和规则。

　　因此，和青少年建立良好的亲子关系，让他们愿意与父母分享有关自己的信息，才能让父母更多了解他们的学习和生活情况，才可能参与他们的生活，在适当的时候对其进行指导和引领，使其远离吸毒、犯罪等不良行为，促进其道德发展和道德成长。

---

　　① 　Darling, N., Cumsille, P., Caldwell, L. L. & Dowdy, B. (2006). Predictors of Adolescents' Disclosure to Parents and Perceived Parental Knowledge: Between- and Within-person Differences. *Journal of Youth & Adolescence, 35* (4), 659–670.

结语　实践以领域为基础的道德教育

皮亚杰通过对儿童游戏的细致观察洞悉了儿童对规则和道德的理解，用他律向自律的转换石破天惊地揭示了儿童道德发展的规律。科尔伯克将他律自律拓展为"三水平六阶段"，使人们对儿童道德发展的理解更为细致深入。特里尔提出道德和习俗是具有不同发展图式的异质性社会认知领域，努齐将个人领域纳入基本的社会认知范畴，形成了道德心理学的最新趋势——社会认知领域理论。近年来，努齐教授更是致力于将领域理论运用于教学实践，探索以领域为基础的道德教育（Domain-based Moral Education, DBME），为学校道德教育打开了一片崭新的天地。斯美塔娜等则将领域理论应用于亲子关系和青少年秘密的探究，为家庭道德教育找到了新的切入口。

一、主要结论

（一）领域混同是中国道德教育困境的内部原因

道德教育与政治教育、思想教育、心理教育、法制教育的混同是教育困境产生的内部原因。道德教育与政治教育的混同使道德教育遭遇"去生活化"的尴尬；与思想教育的混同使道德教育遭遇"去实践性"的窠臼；与心理教育混同使道德教育遭遇"去方向性""去科学性"的泥潭；与法制教育的混同使道德教育遭遇"去超越性"的桎梏。当德育成为囊括政治教育、思想教育、道德教育、心理教育、法制教育的大杂烩时，各个领域之间很难保持理想的独立和平衡，从而造成德育理论的模糊、多变，进而导致德育实践的混乱和低效。很显然，以领域区分为基础的社会认知领域理论对于这种"一锅粥"式的道德教育现状有很好的启示意义，我们有必要借此来提升我们的道德教育理论和道德教育效果。

在家庭道德教育方面，领域混同是导致亲子冲突频发的根源之一。青少年对父母权威的认知存在道德、习俗和个人领域的差异，具体而言，青少年更认同父母在道德和习俗领域的权威，对父母在个人领域的权威更可能采取否认和拒绝的态度。而父母更可能将青少年所认为的个人领域事件归入道德或习俗领域，导致亲子对事件的认知存在领域差异，从而导致亲子冲突。因此，父母应致力于铸造亲密有间的亲子关系，从而更好地促进青少年的道德发展和心理健康。

（二）学校纪律及青少年对其认知存在领域差异

功利主义价值取向的学校纪律观把纪律当成一种有效的管理手段或工具，目的在于提升管理的效率。但"学校纪律存在的最主要目的并不是学校本身秩序的维持，而是面向学生未来生活提供现时参照，其最终目的不限于学生行为的塑造，更是学生社会心理结构或精神特性的最终形成"[①]。领域理论主张发展性纪律观，即以学生为中心，着眼于发挥学生的主体性，发展学生的自控能力，塑造宽松和谐的环境，让学生在理解和接受规则和纪律的基础上自愿服从这些纪律和规则或从事某些活动，而不是以奖励或惩罚这些外在的手段来控制学生的行为。

学校规则属于不同的认知领域，有不同的发展规律，学生对规则的感受和理解也会有质的不同。一般而言，他们更接受学校等权威在道德领域制定的规则，认为违反这些规则会给他人带来伤害，损害他人福利或权利，有严重的行为后果，在任何情况下都应该禁止。相比而言，他们对权威制定习俗规则的接受程度比道德规则要低，认为违反这些规则的后果不如道德违规严重，在某些特定的年龄阶段，学生还只是把习俗规则视为教师等权威人物的主观意见，还不能认识到习俗规则对维持社会秩序和系统运行的重要意义，因而经常会挑战这些规则。对于个人领域的相关规则，学生的接受程度更低，往往认为他们可以自己决定个人领域的事件，拒绝权威对个人领域作出限制。即使出于对权威的尊重而接受了某些个人领域的规则，他们也并非从内心接受和认可这些规则。当权威的影响消失时，这些规则也随即失去约束力。不同年龄段的学生对不同领域的纪律和规则的认同存在差异，或者说，学生关于学校纪律和规则的认知处于一个发展过程中。学校在实施纪律的时候需要考虑这些纪律和规则的不同领域属性及不同年龄阶段的学生对其

---

① 刘丙元：《学校纪律的性质与功能：从规限、管理到教育》，《中国教育学刊》2006 年第 2 期。

认知的差异性。

（三）教师／父母权威及青少年对其认知存在领域差异

教师权威是对存在于教师和学生之间关系的一种描述，这种关系主要表现为教师的主导、控制和学生的信赖、服从。教师权威在教育教学过程中发挥着巨大的作用，是教育过程中不可或缺的因素。进入现代社会之后，教师的崇高地位受到挑战，其权威也处于"消解"之中。有学者断言，建立在知识权威与制度权威根基上的教师权威也面临着从圣坛走向凡俗的恐慌。网络时代的教师权威面临着被彻底消解的危险。[①]

现代教师权威的消解是诸多因素共同作用的结果。然而，教师权威的消解也许只是一个"伪命题"，因为教师权威不但仍然是保证学校正常教育教学秩序的必要条件，具有存在的外在客观基础，它也是学生心理健康发展的保证和老师价值感的重要来源，具有满足师生主观心理需求的价值。现代教师权威消解的真相只是古典教师权威的失落，是对新型教师权威的呼唤，或者说，教师权威在现代社会需要有新的形式和内容。

作者认为，现代教师权威应该以领域和界限为基础。从权威主体（教师）的角度来看，教师应该意识到自己作为教师的权威的影响范围是有限的，不能无限扩大教师权威的范围。具体来说，教师权威应该主要在学校范围内发挥作用，超出学校范围，教师应该只是和其他成人一样具备普通意义上的权威，而不应该再带上"教师"这一光环；从权威受体（学生）的角度来看，学生对权威的接受和认同会受到教师施加权威的事件的性质的影响，不同的社会事件学生会给予不同的权威赋值。具体而言，学生最认可教师在道德领域的权威合法性，认为教师有权力对其违规道德行为进行纠正和制止。对教师在习俗领域权威合法性的认同不及道德领域，但比个人领域的权威合法性的认同要高。可以说，教师权威主要在道德、习俗、安全领域施加影响，应该让学生在个人领域发挥其自主性，因为研究表明对个人事件的自主控制是保证个体心理健康的基本条件。从这个意义上看，教师权威和学生自由并非两个相悖的概念，而是相互补充、相互依存的：教师权威是学生自由获得的重要保证；学生自由是预防教师权威走向极端的重要手段。

从家庭道德教育的角度来看，父母和青少年对事件的领域解读是亲子

---

① 罗红艳：《网络背景下教师权威的消解与重建》，《河南师范大学学报（哲学社会科学版）》2010年第5期。

冲突的重要原因。有些父母认为是社会习俗领域或道德领域的事件，青少年却认为是其个人领域的事件，父母无权干涉，应该由他们自主决定如何选择。领域理论认为，个人心理空间是青少年健康发展的必要条件，父母应该学会放手，让青少年学会在一些事情上（经常是个人领域事件）自主决定和选择，这不但能促进青少年的自主性、独立性和责任心，也有利于培养其尊重他人、包容他人的优良品德。

二、未来研究展望

本书只是对以领域为基础的道德教育的一个初步探索，在后续研究中应该重点关注以下几个方面。

（一）探索中国文化中道德、习俗、个人领域的具体内涵

相对而言，道德领域具有跨文化的普遍性，但习俗和个人领域都是受社会文化影响巨大的领域。不同的文化可能具有完全不同的社会习俗和规则，但都作用于该社会的正常运转和秩序。对个人领域的自主控制是个体心理健康的基本需求，这具有跨文化的一致性，但什么事件归于个人领域在不同的文化中可能具有完全不同的内容。第六章的实证研究表明，中美青少年对于个人自主性的认知和需求存在巨大差异，美国青少年对个人领域自主性的要求远远超过中国青少年。而当前领域理论的研究主要还是有关西方文化的，研究的结论主要来自西方文化，因此，如何在领域区分的框架下确定中国文化中各个领域的内涵是我们实践以领域为基础的道德教育的前提条件。由于中国各地区之间也存在文化差异，不同社会阶层对于领域的认知也存在差异，要探究各领域的内涵是非常艰难、但又必要的事情。

（二）探索在多个学科中实施以领域为基础的道德教育途径

我们现在主要是在历史课程中进行探索，而且是处于初步阶段。在初步实践中，我们发现，大的社会环境、课程内容设置、考核方法等都要求我们必须进行艰苦的创造性研究。事实上，各个学科，包括数学、物理等自然学科都可能进行以领域为基础的道德教育。各个学科内容的差异使我们不可能以同一种方法在课程教学中实施道德教育，而应该结合具体的学科内容进行探索。这是一个长期的探索过程，需要更多的研究者和一线教师加入这一行列。

（三）探索在家庭中实施以领域为基础的道德教育的途径和方法

　　本书从领域理论的角度探究了亲子冲突和青少年对父母保守秘密的情况，主要是对于现象的描述。在将来的研究中需要进一步深入探讨如何以领域理论为基础，在理解青少年心理发展的基础上寻求具体的教育策略和方法，为广大家庭实施有效的家庭道德教育提供切实可行的途径和方法。

主要参考文献

（一）中文文献

班华：《现代德育论》，安徽人民出版社 2001 年版。

曹凤月：《解读"道德责任"》，《道德与文明》2007 年第 2 期。

曹书阳：《学生行为管理中的教育——高中校规研究》，华东师范大学硕士学位论文，2008 年。

陈曦宜：《尊重型家长主义：家庭教育中新型亲子关系的构建》，《教育科学研究》2023 年第 5 期。

谌启标：《基于教师专业成长的课例研究》，《福建师范大学学报（哲学社会科学版）》2006 年第 1 期。

邓凡、王贤：《民主、平等、对话与理解——从哲学解释学视角解读师生关系》，《当代教育论坛》2007 年第 13 期。

杜卫、岑国桢：《区分道德与习俗——道德发展与道德教育的领域理论观拾萃》，《上海师范大学学报（哲学社会科学·基础教育版）》2004 年第 12 期。

范兴华等：《初中生知觉到的教师领导行为模式及其与心理健康的关系》，《中国临床心理学杂志》2007 年第 2 期。

方晓义、董奇：《初中一、二年级学生的亲子冲突》，《心理科学》1998 年第 2 期。

方晓义等：《亲子冲突与青少年社会适应的关系》，《应用心理学》2003 年第 4 期。

冯天荃、刘国雄、龚少英：《3 岁至 5 岁幼儿对社会规则的认知发展研究》，《早期教育（教师版）》2010 年第 1 期。

高德胜：《时代精神与道德教育》，教育科学出版社 2013 年版。

高德胜：《知性德育及其超越：现代德育困境研究》，教育科学出版社 2003 年版。

高德胜：《道德冷漠与道德教育》，《教育学报》2009 年第 5 期。

宫秀丽、刘长城、魏晓娟：《青少年期亲子关系的基本特征》,《青年探索》2008 年第 5 期。

郭本禹：《柯尔伯格道德发展的心理学思想述评》,《南京师大学报（社会科学版）》1998 年第 3 期。

黄向阳：《德育原理》,华东师范大学出版社 2000 年版。

蒋一之：《道德原型与道德教育：道德原型及其教育价值研究》,浙江大学出版社 2008 年版。

孔德生等：《社会认知特殊领域模型：学校德育新视角》,《中国教育学刊》2014 年第 11 期。

蓝维：《政治教育与道德教育》,《教育研究》1998 年第 6 期。

李丹黎等：《父母行为控制、心理控制与青少年早期攻击和社会退缩的关系》,《心理发展与教育》2012 年第 2 期。

林崇德：《发展心理学》,杭州教育出版社 2002 年版。

刘丙元、张敏：《发展性：奖励与惩罚在德育中的运用》,《青少年研究：山东省团校学报》2006 年第 4 期。

刘丙元：《学校纪律的性质与功能：从规限、管理到教育》,《中国教育学刊》2006 年第 2 期。

刘春琼：《领域理论的道德心理学研究》,上海教育出版社 2011 年版。

刘德林：《教育惩罚的发展性价值及其实践向度》,《中国教育学刊》2016 年第 6 期。

刘德林：《学校纪律的性质及其确立》,《教育科学研究》2009 年第 2 期。

刘国雄：《青少年对不同领域事件的区分》,《徐州师范大学学报（哲学社会科学版）》2009 年第 4 期。

刘红敏：《3—5 岁幼儿社会认知领域发展特点研究》,辽宁师范大学硕士学位论文, 2013 年。

刘慧、朱小蔓：《多元社会中学校道德教育：关注学生个体的生命世界》,《教育研究》2001 年第 9 期。

刘铁芳：《走向生活的教育哲学》,湖南师范大学出版社 2005 年版。

鲁洁：《道德教育的当代论域》,人民出版社 2005 年版。

鲁洁：《教育的返本归真———德育的根基所在》,《华东师范大学学报》2001 年第 4 期。

鲁洁：《论教育之适应与超越》,《教育研究》1996 年第 2 期。

陆有铨：《皮亚杰理论与道德教育》,山东教育出版社 1984 年版。

罗红艳：《网络背景下教师权威的消解与重建》,《河南师范大学学报（哲学社会科学版）》2010 年第 5 期。

骆风、吴立德：《家庭德育类型及其对子女品德影响的实证研究》,《山东教育科研》2000 年第 6 期。

马芳：《学科教学中渗透德育的现状调查研究》,《学理论》2011 年第 13 期。

马建立：《论我国青少年道德教育的视域转换》,《山东行政学院学报》2006 年第 6 期。

孟育群：《亲子关系：家庭教育研究的逻辑起点》,《中国德育》2007 年第 2 期。

缪建东：《家庭教育》, 北京师范大学出版社 2015 年版。

彭阳红、沈翰：《"消解"还是"重构"——新课程改革背景下对教师权威的思考》,《教育科学研究》2004 年第 6 期。

戚万学、唐汉卫：《后现代视野中的道德教育》,《教育研究》2004 年第 7 期。

戚万学：《冲突与整合：20 世纪西方道德教育理论》, 山东教育出版社 1995 年版。

齐渝华：《怎样做课例研修》, 高等教育出版社 2010 年版。

乔建中、熊文琴、王云强：《从新课程标准看未来初中各学科德育渗透》,《思想理论教育》2003 年第 11 期。

裘指挥、张丽：《社会规范教育的适宜性——基于儿童对规范各领域和个人领域理解的视角》,《内蒙古师范大学学报（教育科学版）》2008 年第 10 期。

裘指挥、张丽：《学校社会规范教育存在的问题及对策》,《教育研究》2010 年第 10 期。

裘指挥：《早期儿童社会规范教育的合理性研究》, 江西人民出版社 2009 年版。

沈建华：《传统文化视角下青少年道德教育的活化和链接》,《教育研究》2015 年第 11 期。

孙彩平：《道德教育的伦理谱系》, 人民出版社 2005 年版。

孙俊三主编：《家庭教育学基础》, 教育科学出版社 1991 年版。

孙银光、杜时忠：《教师权威的古典视域及其现代价值》,《教育发展研究》2015 年第 4 期。

檀传宝：《学校道德教育原理》, 教育科学出版社 2003 年版。

唐爱民：《心理教育≠道德教育：一种德育学辩护》,《河北师范大学学报（教育科学版）》2005 年第 3 期。

唐汉卫：《生活道德教育的理论论证——对"道德教育—生活"关系的几重审视》,《山东师范大学学报（人文社会科学版）》2007 年第 4 期。

田保华：《学科德育不是渗透》，《中国教师报》2011 年 3 月 2 日。

田国秀：《关于教师权威的辩证思考》，《教育理论与实践》1998 年第 3 期。

王辉：《学校规则及其合法性管窥》，《中国教育法制评论》2003 年第 2 期。

王美萍：《青少年对父母权威的认知及其与父母教养方式的关系》，《山东师范大学学报（人文社会科学版）》2006 年第 2 期。

王婷、徐琴美：《冲突情景中青少年对父母权威的遵从》，《中国临床心理学杂志》2006 年第 1 期。

王晓峰：《青少年领域区分研究》，上海师范大学硕士学位论文，2008 年。

王增涛、徐小东、张丽霞：《青少年亲子冲突处理策略特点及与心理健康的相关研究》，《中国健康心理学杂志》2008 年第 8 期。

吴旻、刘争光、梁丽婵：《亲子关系对儿童青少年心理发展的影响》，《北京师范大学学报（社会科学版）》2016 年第 5 期。

肖丽华：《8—17 岁儿童道德、习俗、个人领域认知的发展研究》，南京师范大学硕士学位论文，2013 年。

薛广洲：《权威论》，中国社会科学出版社 2013 年版。

薛晓阳：《道德健康的教育学刍议——兼议心理教育的伦理转向》，《教育研究》2005 年第 11 期。

杨菲、吴鑫德：《父母教养方式、亲子冲突与初中女生抑郁焦虑的关系》，《中国健康心理学杂志》2014 年第 9 期。

杨莉萍：《社会建构论心理学》，上海教育出版社出版 2006 年版。

杨韶刚：《从科尔伯格到后科尔伯格：社会认知领域理论对特殊教育的德育启示》，《中国特殊教育》2013 年第 10 期。

叶雷：《大众传媒的发展对青少年道德教育的影响》，《思想·理论·教育》2003 年第 9 期。

尹红霞、时公卫：《青少年亲子冲突研究概述》，《中小学心理健康教育》2010 年第 10 期。

于海琴：《亲子依恋对儿童社会性发展影响的研究进展》，《华中科技大学学报（人文社会科学版）》2002 年第 1 期。

于忠海：《权利和权力审视下的教师权威》，《高校教育管理》2005 年第 2 期。

张良才、李润洲：《论教师权威的现代转型》，《教育研究》2003 年第 11 期。

张卫、王穗军、张霞：《我国儿童对权威特征的认知研究》，《心理发展与教育》1996 年第 3 期。

张卫、徐涛、王穗苹：《我国 6—14 岁儿童对道德规则和社会习俗的区分与认知》,《心理发展与教育》1998 年第 1 期。

张晓等:《亲子关系与问题行为的动态相互作用模型:对儿童早期的追踪研究》,《心理学报》2008 年第 5 期。

赵忠心:《家庭教育学》,人民教育出版社 1994 年版。

周杰:《4—5 岁幼儿社会规则认知与同伴关系的相关研究》,辽宁师范大学硕士学位论文,2013 年。

朱琳、叶松庆:《当代青少年道德教育的现状与对策研究》,《教育科学》2016 年第 1 期。

朱小蔓:《教育的问题与挑战——思想的回应》,南京师范大学出版社 2004 年版。

朱小蔓:《面对挑战:学校道德教育的调整与革新》,《教育研究》2005 年第 3 期。

(二)中文译著

〔美〕博伊德等:《发展心理学:孩子的成长》,机械工业出版社 2011 年版。

〔美〕黛安娜·帕帕拉等:《发展心理学:从生命早期到青春期》,人民邮电出版社 2013 年版。

〔德〕加达默尔:《哲学解释学》,上海译文出版社 1994 年版。

〔德〕卡尔·曼海姆:《意识形态与乌托邦》,黎鸣、李书崇译,商务印书馆 2002 年版。

〔德〕卡西尔:《人论——人类文化哲学导论》,刘述先译,广西师范大学出版社 2006 年版。

〔德〕康德:《道德形而上学原理》,苗力田译,上海人民出版社 1986 年版。

〔德〕施佩曼:《道德的基本概念》,沈国琴等译,上海译文出版社 2007 年版。

〔德〕雅斯贝尔斯:《什么是教育》,邹进译,生活·读书·新知三联书店 1991 年版。

〔法〕耶夫·西蒙:《权威的性质与功能》,商务印书馆 2015 年版。

〔古希腊〕亚里士多德:《尼各马可伦理学》,苗力田译,中国社会科学出版社 1999 年版。

〔加〕克里夫·贝克:《学会过美好生活——人的价值世界》,詹万生等译,中央编译出版社 1997 年版。

〔美〕爱弥尔·涂尔干:《道德教育》,陈光金等译,上海人民出版社 2006 年版。

［美］彼得斯：《道德发展与道德教育》，浙江教育出版社 2000 年版。

［美］大卫·格里芬：《后现代精神》王成兵译，中央编译出版社 1998 年版。

［美］杜威：《人的问题》，傅统先、邱椿译，上海人民出版社 2005 年版。

［美］弗兰克·梯利：《伦理学导论》，何意译，广西师范大学出版社 2002 年版。

［美］弗兰克纳：《善的追求——道德哲学导论》，黄伟合译，辽宁人民出版社 1987 年版。

［美］霍尔：《道德教育的理论与实践》，陆有铨译，浙江教育出版社 2003 年版。

［美］霍夫曼：《移情与道德发展》，杨韶刚译，黑龙江人民出版社 2003 年版。

［美］柯尔伯格：《道德教育的哲学》，魏贤超译，浙江教育出版社 2000 年版。

［美］科尔伯格：《道德发展心理学》，郭本禹译，华东师范大学出版社 2004 年版。

［美］拉里·P.努奇：《道德领域中的教育》，刘春琼、解光夫译，黑龙江人民出版社 2003 年版。

［美］里奇：《道德发展的理论》，姜飞月译，黑龙江人民出版社 2003 年版。

［美］麦金太尔：《追寻美德：伦理理论研究》，宋继杰译，译林出版社 2003 年版。

［美］詹姆斯·蕾切尔斯：《道德的理由》，杨宗元译，中国人民大学出版社 2009 年版。

［瑞士］皮亚杰：《儿童的道德判断》，傅统先、陆有铨译，山东教育出版社 1984 年版。

［英］弗兰克尔：《道德的基础》，王雪梅译，国际文化出版公司 2007 年版。

［英］齐格蒙·鲍曼：《生活在碎片之中——论后现代道德》，郁建兴等译，学林出版社 2002 年版。

［英］齐格蒙特·鲍蔓：《后现代伦理学》，张成岗译，江苏人民出版社 2003 年版。

［英］以赛亚·伯林：《自由论》，胡传胜译，译林出版社 2011 年版。

《马克思恩格斯选集》第 3 卷，人民出版社 1972 年版。

（三）英文文献

Ardila-Rey, A., & Killen, M.（2001）. Middle Class Colombian Children's

Evaluations of Personal, Moral, and Social-conventional Interactions in the Classroom. *International Journal of Behavioral Development, 25*（3）, 246-255.

Arsenio, W. F. & Ford, M. E.（1985）. The Role of Affective Information in Social-Cognitive Development: Children's Differentiation of Moral and Conventional Events. *Merrill-Palmer Quarterly, 31*（1）, 1-17.

Arsenio, W. F.（1988）. Children's Conceptions of the Situational Affective Consequences of Sociomoral Events. *Child Development, 59*（6）, 1611-1622.

Arsenio, W. & Lover, A.（1995）. Children's Conceptions of Sociomoral Affect: Happy Victimizers, Mixed Emotions, and other Expectancies. In M. Killen & D. Hart（Eds.）, *Morality in Everyday Life: Developmental Perspectives*（pp. 87-128）. Cambridge University Press.

Berkowitz, M. W.（1980）. The Role of Transactive Discussion in Moral Development: The History of a Six-year Program of Research—Part 2. *Moral Education Forum, 5*, 15-27.

Turiel, E. & Wainryb, C.（2000）. Social Life in Cultures: Judgments, Conflict, and Subversion. *Child Development, 71*（1）, 250-256.

Blumenfeld, P. C., Pintrich, P. R. & Hamilton, V. L.（1987）. Teacher Talk and Students' Reasoning about Morals, Conventions, and Achievement. *Child Development, 58*（5）, 1389-1401.

Cao, G. & Tam, V. C.（2023）. Patterns of Adolescent-parent Conflicts over Schoolwork in Chinese Families. *Journal of Family Studies, 29*（1）, 362-388.

Chan, H. Y., Brown, B. B. & Von Bank, H.（2015）. Adolescent Disclosure of Information about Peers: The Mediating Role of Perceptions of Parents' Right to Know. *Journal of Youth and Adolescence, 44*（5）, 1048-1065.

Chao, R.（1994）. Beyond Parental Control & Authoritarian Parenting Style: Understanding Chinese Parenting through the Cultural Notion of Training. *Child Development, 65*（4）, 1111-1119.

Chao, R. & Tseng, V.（2002）. Parenting of Asians. In M. Bornstein（Ed.）, *Handbook of Parenting: Social Conditions and Applied Parenting*（2nd ed., pp. 59-93）. Lawrence Erlbaum Associates, Inc.

Cheung, C. S. S. & Pomerantz, E. M.（2011）. Parents' Involvement in Children's Learning in the United States and China: Implications for Children's Academic and Emotional Adjustment. *Child development, 82*（3）, 932-950.

Damon, W.（1977）. *The Social World of the Child*. Jossey-Bass Publishers.

Darling, N., Cumsille, P., Caldwell, L. L. & Dowdy, B. (2006). Predictors of Adolescents' Disclosure to Parents and Perceived Parental Knowledge: Between- and within-Person Differences. *Journal of Youth and Adolescence, 35* (4), 659–670.

Dewey, J. and Bentley, A. F. (1949). *Knowing and the Known*. Boston: Beacon Press.

Dushka A. Crane & Marie S. Tisak. (1995). Mixed-domain Events: the Influence of Moral and Conventional Components on the Development of Social Reasoning. *Early Education and Development, 6* (2), 169–180.

Erikson, E.H. (1959). *Identity and the Life cycle*. Psychological Issues (Monograph no. 1). New York: International Universities Press.

Finkenauer, C., Engels, R. C. M. E. & Meeus, W. (2002). Keeping Secrets from Parents: Advantages and Disadvantages of Secrecy in Adolescence. *Journal of Youth and Adolescence, 31* (2), 123–136.

Guo, Y., Killoren, S. & Campione-Barr, N. (2022). Strategies and Reasons for Nondisclosure in Close Relationships During Adolescence. *Journal of Youth Adolescence, 51*, 1841–1857.

Hasebe, Y., Nucci, L. & Nucci, M. (2004). Parental Control of the Personal Domain and Adolescent Symptoms of Psychopathology: A Cross-national Study in the U.S. and Japan. *Child Development, 75* (3), 815–828.

Judith C. Smetana. (1993). Conceptions of Parental Authority in Divorced and Married Mothers and Their Adolescents. *Journal of Research on Adolescence, 3* (1), 19–39.

Keijsers, L., Branje, S. J. T., Frijns, T., Finkenauer, C. & Meeus, W. (2010). Gender Differences in Keeping Secrets from Parents in Adolescence. *Developmental Psychology, 46* (1), 293–298.

Killen, M. (2007). Children's Social and Moral Reasoning about Exclusion. *Current Directions in Psychological Science, 16* (1), 32–36.

Kritsonis, W. (2000). *School Discipline: The Art of Survival*, Mansfield, OH: Book Masters.

Laupa, M. (1991). Children's Reasoning about Three Authority Attributes: Adult Status, Knowledge, and Social Position. *Developmental Psychology, 27* (2), 321–329.

Leenders, I. & Brugman, D. (2005). Moral/non-moral Domain Shift in Young Adolescents in Relation to Delinquent Behaviour. *British Journal of Developmental Psychology, 23* (1), 65–79.

Liu, J. & Midgette, A. J. (2022). Chinese Youth's Reported Social and Moral Transgressions and Strategies for Self-Correction. *Journal of Adolescent Research, 37* (6), 747-775.

Marshall, S. K., Tilton-Weaver, L. C. & Bosdet, L. (2005). Information Management: Considering Adolescents' Regulation of Parental Knowledge. *Journal of Adolescence, 28* (5), 633-647.

Metzger, A., Romm, K, Babskie, E. & Alvis, L. (2021). "It's None of Your Business": Adolescents' Reasons for Keeping Secrets about Their Engagement in Problem Behaviors. *Journal of Social and Personal Relationships, 38* (2), 586-606.

Ng, T. P. (2007). *Chinese Culture, Western Culture: Why Must We Learn from Each Other.* iUniverse, Inc.

Nucci, L. & Weber, E. K. (1991). Research on Classroom Applications of the Domain Approach to Values Education. In William M. Kurtines & Jacob L. Gewirtz (eds.), *Handbook of Moral Behavior and Development.* L. Erlbaum. pp. 3-251.

Nucci, L. (1981). Conceptions of Personal Issues: A Domain Distinct from Moral or Societal Concepts. *Child Development, 52* (1), 114-121.

Nucci, L. P. (1984). Evaluating Teachers as Social Agents: Students' Ratings of Domain Appropriate and Domain Inappropriate Teacher Responses to Transgressions. *American Educational Research Journal, 21* (2), 367-378.

Nucci, L. P. (2009). *Nice is not Enough: Facilitating Moral Development.* Merrill/ Prentice Hall.

Nucci, L. P. & Herman, S. (1982). Behavioral Disordered Children's Conceptions of Moral, Conventional, and Personal issues. *Journal of Abnormal Child Psychology, 10* (3), 411-425.

Nucci, L., Creane, M. W. & Powers, D. W. (2015). Integrating Moral and Social Development within Middle School Social Studies: a Social Cognitive Domain Approach. *Journal of Moral Education, 44* (4), 479-496.

Nucci, L., Smetana, J., Araki, N., Nakaue, M. & Comer, J. (2014). Japanese Adolescents' Disclosure and Information Management with Parents. *Child Development, 85* (3), 901-907.

Nucci, L. & Turiel, E. (1983). Children's Social Interactions and Social Concepts: Analyses of Morality and Convention in Virgin Islands. *Journal of Cross-cultural Psychology, 14* (4), 469-487.

Shek, D. T. (1999). Individual and Dyadic Predictors of Family Functioning in a Chinese Context. *American Journal of Family Therapy, 27* (1), 49–61.

Shek, D.T.L. (2008). Perceived Parental Control and Parent–Child Relational Qualities in Early Adolescents in Hong Kong: Parent Gender, Child Gender and Grade Differences. *Sex Roles, 58*, 666–681.

Smetana, J. G. & Asquith, P. (1994). Adolescents' and Parents' Conceptions of Parental Authority and Adolescent Autonomy. *Child Development, 65* (4), 1147–1162.

Smetana, J. G. (2011). *Adolescents, Families and Social Development: How Teens Construct Their Worlds*. Wiley–Blackwell.

Smetana, J. C. (1993). Conceptions of Parental Authority in Divorced and Married Mothers and their Adolescents. *Journal of Research on Adolescence, 3* (1), 19–39.

Smetana, J. G. (1988). Adolescents' and Parents' Conceptions of Parental Authority. *Child Development, 59* (2), 321–335.

Smetana, J. G. (1989). Adolescents' and Parents' Reasoning about Actual Family Conflict. *Child Development, 60* (5), 1052–1067.

Smetana, J. G. (1995). Parenting Styles and Conceptions of Parental Authority during Adolescence. *Child Development, 66* (2), 299–316.

Smetana, J. G. (1997). Parenting and the Development of Social Knowledge Reconceptualized: A social Domain Analysis. *Parenting and Children' s Internalization of Values: A Handbook of Contemporary Theory*, 162–192.

Smetana, J. G. (2006). Social–cognitive Domain Theory: Consistencies and Variations in Children' s Moral and Social Judgments. In M. E. Killen & J. Smetana (Eds), *Handbook of moral development* (pp. 119–153). Mahwah, NJ: Erlbaum.

Smetana, J. G. (2013). Concepts of Self and Social Convention: Adolescents' and Parents' Reasoning about Hypothetical and Actual Family Conflicts. In *Development during the Transition to Adolescence* (pp. 79–122). Psychology Press.

Smetana, J. G. & Bitz, B. (1996). Adolescents' Conceptions of Teachers' Authority and their Relations to Rule Violations in School. *Child Development, 67* (3), 1153–1172.

Smetana, J. G. & Daddis, C. (2002). Domain–specific Antecedents of Parental Psychological Control and Monitoring: The Role of Parenting Beliefs and Practices. *Child Development, 73* (2), 563–580.

Smetana, J. G., Metzger, A., Gettman, D. C. & Campione–Barr, N. (2006). Disclosure and Secrecy in Adolescent–parent Relationships. *Child Development, 77* (1),

201–217.

Smetana, J. G., Villalobos, M., Rogge, R. D. & Tasopoulos–Chan, M. (2010) . Keeping Secrets from Parents: Daily Variations among Poor, Urban Adolescents. *Journal of Adolescence, 33* (2), 321–331.

Smetana, J. G., Wong, M., Ball, C. & Yau, J. (2014) . American and Chinese children's Evaluations of Personal Domain Events and Resistance to Parental Authority. *Child Development, 85* (2), 626–642.

Smetana, J., Robinson, J., Bourne, S. V. & Wainryb, C. (2019) . "I didn't Want to, but then I Told": Adolescents' Narratives Regarding Disclosure, Concealment, and Lying. *Developmental Psychology, 55* (2), 403–414.

Son, D., Updegraff, K. A. & Umaña–Taylor, A. J. (2022) . Familism Values and Mexican–origin Adolescents' Disclosure and Secrecy with Fathers and Mothers. *Journal of Family Psychology, 36* (8), 1296–1305.

Steinberg, L. & Silverberg, S. B. (1986) . The Vicissitudes of Autonomy in Early Adolescence. *Child Development, 57* (4), 841–851.

Tisak, M. S. (1986) . Children's Conceptions of Parental Authority. *Child Development, 57* (1), 166–176.

Tisak, M. S. & Turiel, E. (1984) . Children's Conceptions of Moral and Prudential Rules. *Child Development, 55* (3), 1030–1039.

Tisak, Marie S. & John Tisak. (1990) . Children's Conceptions of Parental Authority, Friendship, and Sibling Relations. *Merrill–Palmer Quarterly, 36* (3), 347–67.

Turiel, E. (1983) . *The Development of Social Knowledge: Morality and Convention.* Cambridge University Press.

Turiel, E. (1989) . Domain–Specific Social Judgments and Domain Ambiguities. *Merrill–Palmer Quarterly, 35* (1), 89–114.

Turiel, E. (2002) . *The Culture of Morality: Social Development, Context, and Conflict.* Cambridge University Press.

Turiel, E. & Wainryb, C. (1998) . Concepts of Freedoms and Rights in a Traditional, Hierarchically Organized Society. *British Journal of Developmental Psychology, 16* (3), 375–395.

Wainryb, C. (1991) . Understanding Differences in Moral Judgments: The Role of Informational Assumptions. *Child Development, 62* (4), 840–851.

Watson, M. & Ecken, L. (2003) . *Learning To Trust: Transforming Difficult*

Elementary Classrooms through Developmental Discipline. San Francisco: Jossey-Bass.

　　Yariv, E. (2009). Students' Attitudes on the Boundaries of Teachers' Authority. *School Psychology International, 30* (1), 92-111.

　　Yau, J. P., Tasopoulos-Chan, M. & Smetana, J. G. (2009). Disclosure to Parents about Everyday Activities among American Adolescents from Mexican, Chinese, and European Backgrounds. *Child Development, 80* (5), 1481-1498.

附 录

一、关于学校纪律的调查问卷

编号：

亲爱的同学：

感谢您参加我们的研究！我们研究的目的是探究中学生对于学校纪律的看法，以帮助管理者制定更符合中学生身心发展规律的规则和纪律。因此，你的真实回答对我们的研究具有重要意义。问卷是采取不记名的方式，因此，你的回答不会对你造成任何不良影响。

谢谢！

背景信息

出生年月：＿＿＿＿＿＿＿＿＿　　　性别：＿＿＿＿＿＿＿＿＿

年级：＿＿＿＿＿＿＿＿＿

1. 你的成绩一般是：（　　）

① 很好　②一般　③不太好

2. 你现在的居住状态是：（　　）

①和亲生父母一起住　②和爸爸、继母住　③和妈妈、继父住

④单独和爸爸/妈妈住　⑤和祖父母一起住　⑥自己一个人住

⑦和其他亲戚住　　⑧其他情况

3. 你喜欢自己的学校吗？（　　）

①很喜欢　②喜欢　③不确定　④不喜欢　⑤非常不喜欢

规则事件

A1：1. 你觉得老师制定"考试不准舞弊"这样的规则是合理还是不合理？（　　）

①合理　②不合理

2. 你觉得老师制定这一规则合理／不合理的程度如何？（　　）

①很不合理　②不合理　③不确定　④合理　⑤非常合理

3. 你觉得能不能舞弊可不可以由你个人决定？（　　）

①可以由个人决定　②不可以由个人决定

4. 你觉得考试舞弊的性质严重吗？（　　）

①不严重　②一般　③非常严重

5. 你觉得"考试准（不准）舞弊"这样的规则应该由谁来制定？
（　　）（可以多选）

①自己　②老师　③父母　④校长　⑤法律

6. 你们学校或班级对于"考试不准舞弊"的管理程度如何？（　　）

①没有这样的规则　②一般，有规则，但管理不太严格　③管理非常
严格

7. 你或你的同学有参与制定"考试不准舞弊"这样的规则吗？（　　）

①没有参与　②很少参与　③不确定　④有一定程度的参与　⑤有很大
程度的参与

8. 在最近一年里，你考试有舞弊行为吗？

①从来没有　②偶尔有　③不确定　④有时候有　⑤经常有

E2：1. 你觉得老师制定"不准喝酒"这样的规则合理还是不合理？（　　）

①合理　②不合理

2. 老师制定"不准喝酒"这一规则合理／不合理的程度如何？（　　）

①很不合理　②不合理　③不确定　④合理　⑤非常合理

3. 你觉得能不能喝酒可不可以由你个人决定？（　　）

①可以由个人决定　②不可以由个人决定

4. 你觉得喝酒性质严重吗？（　　）

①不严重　②一般　③非常严重

5. 你觉得"准（不准）喝酒"这样的规则应该由谁来制定？（　　）
（可以多选）

①自己　②老师　③父母　④校长　⑤法律

6. 你们学校或班级对于"不准喝酒"的管理程度如何？（　　）

①没有这样的规则　②一般，有规则，但管理不太严格　③管理非常
严格

7. 你或你的同学有参与制定"不准喝酒"这样的规则吗?(　　)

①没有参与　②很少参与　③不确定　④有一定程度的参与　⑤有很大程度的参与

8. 在最近一年里,你有没有喝过酒?(　　)

①从来没有　②偶尔有　③不确定　④有时候有　⑤经常有

A2: 1. 你觉得老师制定"不准偷同学东西"这样的规则合理还是不合理?(　　)

①合理　② 不合理

2. 老师制定这一规则合理 / 不合理的程度如何?(　　)

①很不合理　②不合理　③不确定　④合理　⑤非常合理

3. 你觉得能不能偷同学东西可不可以由你个人决定?(　　)

①可以由个人决定　②不可以由个人决定

4. 你觉得偷同学东西性质严重吗?(　　)

①不严重　②一般　③非常严重

5. 你觉得"准(不准)偷同学东西"这样的规则应该由谁来制定?(　　　)(可以多选)

①自己　②老师　③父母　④校长　⑤法律

6. 你们学校或班级对于"不准偷同学东西"的管理程度如何?(　　)

①没有这样的规则　②一般,有规则,但管理不太严格　③管理非常严格

7. 你或你的同学有参与制定"不准偷同学东西"这样的规则吗?(　　)

①没有参与　②很少参与　③不确定　④有一定程度的参与　⑤有很大程度的参与

8. 在最近一年里,你有没有偷过同学的东西?(　　)

①从来没有　②偶尔有　③不确定　④有时候有　⑤经常有

B3: 1. 你觉得老师制定"打饭的时候不能插队"这样的规则合理还是不合理?(　　)

①合理　② 不合理

2. 老师制定"打饭的时候不能插队"这一规则合理 / 不合理的程度如何?(　　)

①很不合理　②不合理　③不确定　④合理　⑤非常合理

3. 你觉得打饭的时候能不能插队可不可以由你个人决定？（　　）

①可以由个人决定　②不可以由个人决定

4. 你觉得打饭的时候插队这样的行为性质严重吗？（　　）

①不严重　②一般　③非常严重

5. 你觉得"打饭的时候能（不能）插队"这样的规则应该由谁来制定？（　　　）（可以多选）

①自己　②老师　③父母　④校长　⑤法律

6. 你们学校或班级对于"打饭的时候不能插队"的管理程度如何？（　　）

①没有这样的规则　②一般，有规则，但管理不太严格　③管理非常严格

7. 你或你的同学有参与制定"打饭的时候不能插队"这样的规则吗？（　　）

①没有参与　②很少参与　③不确定　④有一定程度的参与　⑤有很大程度的参与

8. 在最近一年里，你打饭的时候有没有插过队？（　　）

①从来没有　②偶尔有　③不确定　④有时候有　⑤经常有

C3：1. 你觉得老师制定"不能自由选择和谁坐在一起吃午餐"这样的规则合理还是不合理？（　　）

①合理　② 不合理

2. 老师制定"不能自由选择和谁坐在一起吃午餐"这一规则合理／不合理的程度如何？（　　）

①很不合理　②不合理　③不确定　④合理　⑤非常合理

3. 你觉得选择和谁坐在一起吃午餐可不可以由你个人决定？（　　）

①可以由个人决定　②不可以由个人决定

4. 你觉得学生自己选择和谁坐在一起吃午餐这样的行为性质严重吗？（　　）

①不严重　②一般　③非常严重

5. 你觉得"能（不能）自由选择和谁坐在一起吃午餐"这样的规则应该由谁来制定？（　　　）（可以多选）

①自己　②老师　③父母　④校长　⑤法律

6. 你们学校或班级对于"不能选择和谁坐在一起吃午餐"的管理程度如何？（　　）

①没有这样的规则　②一般，有规则，但管理不太严格　③管理非常严格

7. 你或你的同学有参与制定"学生不能自由选择和谁坐在一起吃午餐"这样的规则吗?（　）

①没有参与　②很少参与　③不确定　④有一定程度的参与　⑤有很大程度的参与

8. 在最近一年里，你有自己选择和谁坐在一起吃午餐吗?（　）

①从来没有　②偶尔有　③不确定　④有时候有　⑤经常有

A3：1. 你觉得老师制定"不准嘲笑同学"这样的规则合理还是不合理?（　）

①合理　② 不合理

2. 老师制定这一规则合理 / 不合理的程度如何?（　）

①很不合理　②不合理　③不确定　④合理　⑤非常合理

3. 你觉得能不能嘲笑同学可不可以由你个人决定?（　）

①可以由个人决定　②不可以由个人决定

4. 你觉得嘲笑同学这样的行为性质严重吗?（　）

①不严重　②一般　③非常严重

5. 你觉得"准（不准）嘲笑同学"这样的规则应该由谁来制定?（　　）（可以多选）

①自己　②老师　③父母　④校长　⑤法律

6. 你们学校或班级对于"不准嘲笑同学"的管理程度如何?（　）

①没有这样的规则　②一般，有规则，但管理不太严格　③管理非常严格

7. 你或你的同学有参与制定"不准嘲笑同学"这样的规则吗?（　）

①没有参与　②很少参与　③不确定　④有一定程度的参与　⑤有很大程度的参与

8. 在最近一年里，你有没有嘲笑过同学?（　）

①从来没有　②偶尔有　③不确定　④有时候有　⑤经常有

B1：1. 你觉得老师制定"上学不能迟到"这样的规则合理还是不合理?（　）

①合理　② 不合理

2. 老师制定"上学不能迟到"这一规则合理 / 不合理的程度如何?(　　)

①很不合理　②不合理　③不确定　④合理　⑤非常合理

3. 你觉得能不能迟到可不可以由你个人决定?(　　)

①可以由个人决定　②不可以由个人决定

4. 你觉得上学迟到这样的行为性质严重吗?(　　)

①不严重　②一般　③非常严重

5. 你觉得"上学能(不能)迟到"这样的规则应该由谁来制定?(　　　)（可以多选）

①自己　②老师　③父母　④校长　⑤法律

6. 你们学校或班级对于"上学不能迟到"的管理程度如何?(　　)

①没有这样的规则　②一般,有规则,但管理不太严格　③管理非常严格

7. 你或你的同学有参与制定"上学不能迟到"这样的规则吗?(　　)

①没有参与　②很少参与　③不确定　④有一定程度的参与　⑤有很大程度的参与

8. 在最近一年里,你上学有没有迟到过?(　　)

①从来没有　②偶尔有　③不确定　④有时候有　⑤经常有

B2: 1. 你觉得老师制定"上课不能讲小话"这样的规则合理还是不合理?(　　)

①合理　②不合理

2. 老师制定"上课不能讲小话"这一规则合理 / 不合理的程度如何?(　　)

①很不合理　②不合理　③不确定　④合理　⑤非常合理

3. 你觉得上课能不能讲小话可不可以由你个人决定?(　　)

①可以由个人决定　②不可以由个人决定

4. 你觉得上课讲小话这样的行为性质严重吗?(　　)

①不严重　②一般　③非常严重

5. 你觉得"上课能(不能)讲小话"这样的规则应该由谁来制定?(　　)（可以多选）

①自己　②老师　③父母　④校长　⑤法律

6. 你们学校或班级对于"上课不能讲小话"的管理程度如何?(　　)

①没有这样的规则　②一般,有规则,但管理不太严格　③管理非常严格

7. 你或你的同学有参与制定"上课不能讲小话"这样的规则吗?( )

①没有参与　②很少参与　③不确定　④有一定程度的参与　⑤有很大程度的参与

8. 在最近一年里,你上课有没有讲过小话?( )

①从来没有　②偶尔有　③不确定　④有时候有　⑤经常有

B4:1. 你觉得老师制定"不能穿拖鞋来学校"这样的规则合理还是不合理?( )

①合理　② 不合理

2. 老师制定"不能穿拖鞋来学校"这一规则合理/不合理的程度如何?( )

①很不合理　②不合理　③不确定　④合理　⑤非常合理

3. 你觉得能不能穿拖鞋去学校可不可以由你个人决定?( )

①可以由个人决定　②不可以由个人决定

4. 你觉得穿拖鞋去学校这样的行为性质严重吗?( )

①不严重　②一般　③非常严重

5. 你觉得"能(不能)穿拖鞋来学校"这样的规则应该由谁来制定?( )(可以多选)

①自己　②老师　③父母　④校长　⑤法律

6. 你们学校或班级对于"不能穿拖鞋来学校"的管理程度如何?( )

①没有这样的规则　②一般,有规则,但管理不太严格　③管理非常严格

7. 你或你的同学有参与制定"不能穿拖鞋来学校"这样的规则吗?( )

①没有参与　②很少参与　③不确定　④有一定程度的参与　⑤有很大程度的参与

8. 在最近一年里,你有没有穿拖鞋去过学校?( )

①从来没有　②偶尔有　③不确定　④有时候有　⑤经常有

C1:1. 你觉得老师制定"学生不能自由选择发型"这样的规则合理还是不合理?( )

①合理　② 不合理

2. 老师制定"学生不能自由选择发型"这一规则合理/不合理的程度如何?( )

①很不合理　②不合理　③不确定　④合理　⑤非常合理

3.你觉得发型能不能由你个人决定?(　　)

①可以由个人决定　②不可以由个人决定

4.你觉得学生选择自己的发型性质严重吗?(　　)

①不严重　②一般　③非常严重

5.你觉得"学生能(不能)自由选择发型"这样的规则应该由谁来制定?(　　　　)(可以多选)

①自己　②老师　③父母　④校长　⑤法律

6.你们学校或班级对于"学生不能自由选择发型"的管理程度如何?(　　)

①没有这样的规则　②一般,有规则,但管理不太严格　③管理非常严格

7.你或你的同学有参与制定"学生不能自由选择发型"这样的规则吗?(　　)

①没有参与　②很少参与　③不确定　④有一定程度的参与　⑤有很大程度的参与

8.在最近一年里,你有自己选择喜欢的发型吗?(　　)

①从来没有　②偶尔有　③不确定　④有时候有　⑤经常有

D4:1.你觉得老师制定"学生不准谈恋爱"这样的规则合理还是不合理?(　　)

①合理　②不合理

2.老师制定"学生不准谈恋爱"这一规则合理/不合理的程度如何?(　　)

①很不合理　②不合理　③不确定　④合理　⑤非常合理

3.你觉得能不能谈恋爱可不可以由你个人决定?(　　)

①可以由个人决定　②不可以由个人决定

4.你觉得学生谈恋爱性质严重吗?(　　)

①不严重　②一般　③非常严重

5.你觉得"学生可以(不可以)谈恋爱"这样的规则应该由谁来制定?(　　　　)(可以多选)

①自己　②老师　③父母　④校长　⑤法律

6.你们学校或班级对于"学生不准谈恋爱"的管理程度如何?(　　)

①没有这样的规则　　②一般，有规则，但管理不太严格　　③管理非常严格

7. 你或你的同学有参与制定"学生不准谈恋爱"这样的规则吗?(　　)

①没有参与　②很少参与　③不确定　④有一定程度的参与　⑤有很大程度的参与

8. 在最近一年里，你有没有谈恋爱?(　　)

①从来没有　②偶尔有　③不确定　④有时候有　⑤经常有

C4: 1. 你觉得老师制定"学生不能支配自己的零花钱"这样的规则合理还是不合理?(　　)

①合理　② 不合理

2. 老师制定"学生不能支配自己的零花钱"这一规则合理/不合理的程度如何?(　　)

①很不合理　②不合理　③不确定　④合理　⑤非常合理

3. 你觉得你的零花钱怎么花可不可以由你个人决定?(　　)

①可以由个人决定　②不可以由个人决定

4. 你觉得按自己的意愿使用零花钱性质严重吗?(　　)

①不严重　②一般　③非常严重

5. 你觉得"学生能（不能）支配自己的零花钱"这样的规则应该由谁来制定?(　　　　)(可以多选)

①自己　②老师　③父母　④校长　⑤法律

6. 你们学校或班级对于"学生不能支配自己的零花钱"的管理程度如何?(　　)

①没有这样的规则　　②一般，有规则，但管理不太严格　　③管理非常严格

7. 你或你的同学有参与制定"学生不能支配自己的零花钱"这样的规则吗?(　　)

①没有参与　②很少参与　③不确定　④有一定程度的参与　⑤有很大程度的参与

8. 在最近一年里，你有自由支配你自己的零花钱吗?(　　)

①从来没有　②偶尔有　③不确定　④有时候有　⑤经常有

D1: 1. 你觉得老师制定"未经允许不能在上课时间去厕所"这样的规则

合理还是不合理?(　　)

①合理　②不合理

2. 老师制定"未经允许不能在上课时间去厕所"这一规则合理 / 不合理的程度如何?(　　)

①很不合理　②不合理　③不确定　④合理　⑤非常合理

3. 你觉得上课的时候去厕所可不可以由你个人决定?(　　)

①可以由个人决定　②不可以由个人决定

4. 你觉得未经允许上课的时候去厕所性质严重吗?(　　)

①不严重　②一般　③非常严重

5. 你觉得"未经允许能(不能)在上课时间去厕所"这样的规则应该由谁来制定?(　　　　)(可以多选)

①自己　②老师　③父母　④校长　⑤法律

6. 你们学校或班级对于"未经允许不能在上课时间去厕所"的管理程度如何?(　　)

①没有这样的规则　②一般,有规则,但管理不太严格　③管理非常严格

7. 你或你的同学有参与制定"未经允许不能在上课时间去厕所"这样的规则吗?(　　)

①没有参与　②很少参与　③不确定　④有一定程度的参与　⑤有很大程度的参与

8. 在最近一年里,你有没有未经允许在上课的时候去厕所?(　　)

①从来没有　②偶尔有　③不确定　④有时候有　⑤经常有

E1:1. 你觉得老师制定"不准吸烟"这样的规则合理还是不合理?(　　)

①合理　②不合理

2. 老师制定"不准吸烟"这一规则合理 / 不合理的程度如何?(　　)

①很不合理　②不合理　③不确定　④合理　⑤非常合理

3. 你觉得能不能吸烟可不可以由你个人决定?(　　)

①可以由个人决定　②不可以由个人决定

4. 你觉得吸烟性质严重吗?(　　)

①不严重　②一般　③非常严重

5. 你觉得"准(不准)吸烟"这样的规则应该由谁来制定?(　　　　)(可以多选)

①自己　②老师　③父母　④校长　⑤法律

6. 你们学校或班级对于"不准吸烟"的管理程度如何?（　　）

①没有这样的规则　②一般,有规则,但管理不太严格　③管理非常严格

7. 你或你的同学有参与制定"不准吸烟"这样的规则吗?（　　）

①没有参与　②很少参与　③不确定　④有一定程度的参与　⑤有很大程度的参与

8. 在最近一年里,你有没有吸烟?（　　）

①从来没有　②偶尔有　③不确定　④有时候有　⑤经常有

D2: 1. 你觉得老师制定"上课的时候不能给同学递纸条"这样的规则合理还是不合理?（　　）

①合理　②不合理

2. 老师制定"上课的时候不能给同学递纸条"这一规则合理 / 不合理的程度如何?（　　）

①很不合理　②不合理　③不确定　④合理　⑤非常合理

3. 你觉得能不能在上课的时候给同学递纸条可不可以由你个人决定?（　　）

①可以由个人决定　②不可以由个人决定

4. 你觉得上课的时候给同学递纸条性质严重吗?（　　）

①不严重　②一般　③非常严重

5. 你觉得"上课的时候能（不能）给同学递纸条"这样的规则应该由谁来制定?（　　　　）(可以多选）

①自己　②老师　③父母　④校长　⑤法律

6. 你们学校或班级对于"上课的时候不能给同学递纸条"的管理程度如何?（　　）

①没有这样的规则　②一般,有规则,但管理不太严格　③管理非常严格

7. 你或你的同学有参与制定"上课的时候不能给同学递纸条"这样的规则吗?（　　）

①没有参与　②很少参与　③不确定　④有一定程度的参与　⑤有很大程度的参与

8. 在最近一年里,你有没有在上课的时候给同学递纸条?（　　）

①从来没有　②偶尔有　③不确定　④有时候有　⑤经常有

D3：1. 你觉得老师制定"在学校不能使用手机"这样的规则合理还是不合理？（　　）

①合理　②不合理

2. 老师制定"在学校不能使用手机"这一规则合理/不合理的程度如何？（　　）

①很不合理　②不合理　③不确定　④合理　⑤非常合理

3. 你觉得能不能在学校使用手机可不可以由你个人决定？（　　）

①可以由个人决定　②不可以由个人决定

4. 你觉得在学校使用手机性质严重吗？（　　）

①不严重　②一般　③非常严重

5. 你觉得"在学校能（不能）使用手机"这样的规则应该由谁来制定？（　　　）（可以多选）

①自己　②老师　③父母　④校长　⑤法律

6. 你们学校或班级对于"在学校不能使用手机"的管理程度如何？（　　）

①没有这样的规则　②一般，有规则，但管理不太严格　③管理非常严格

7. 你或你的同学有参与制定"在学校不能使用手机"这样的规则吗？（　　）

①没有参与　②很少参与　③不确定　④有一定程度的参与　⑤有很大程度的参与

8. 在最近一年里，你有没有在学校使用手机？（　　）

①从来没有　②偶尔有　③不确定　④有时候有　⑤经常有

C2：1. 你觉得老师制定"学生不能佩戴耳环和首饰"这样的规则合理还是不合理？（　　）

①合理　②不合理

2. 老师制定"学生不能佩戴耳环和首饰"这一规则合理/不合理的程度如何？（　　）

①很不合理　②不合理　③不确定　④合理　⑤非常合理

3. 你觉得能不能佩戴耳环和首饰可不可以由你个人决定？（　　）

①可以由个人决定　②不可以由个人决定

4.你觉得学生佩戴耳环和首饰性质严重吗?(　　)

①不严重　②一般　③非常严重

5.你觉得"学生能(不能)佩戴耳环和首饰"这样的规则应该由谁来制定?(　　)(可以多选)

①自己　②老师　③父母　④校长　⑤法律

6.你们学校或班级对于"学生不能佩戴耳环和首饰"的管理程度如何?(　　)

①没有这样的规则　②一般,有规则,但管理不太严格　③管理非常严格

7.你或你的同学有参与制定"学生不能佩戴耳环和首饰"这样的规则吗?(　　)

①没有参与　②很少参与　③不确定　④有一定程度的参与　⑤有很大程度的参与

8.在最近一年里,你有没有佩戴耳环或首饰?(　　)

①从来没有　②偶尔有　③不确定　④有时候有　⑤经常有

E3:1.你觉得老师制定"不准去学校小卖部买零食"这样的规则合理还是不合理?(　　)

①合理　②不合理

2.老师制定"不准去学校小卖部买零食"这一规则合理/不合理的程度如何?(　　)

①很不合理　②不合理　③不确定　④合理　⑤非常合理

3.你觉得能不能去小卖部买零食可不可以由你个人决定?(　　)

①可以由个人决定　②不可以由个人决定

4.你觉得去小卖部买零食性质严重吗?(　　)

①不严重　②一般　③非常严重

5.你觉得"准(不准)去学校小卖部买零食"这样的规则应该由谁来制定?(　　)(可以多选)

①自己　②老师　③父母　④校长　⑤法律

6.你们学校或班级对于"不准去学校小卖部买零食"的管理程度如何?(　　)

①没有这样的规则　②一般,有规则,但管理不太严格　③管理非常严格

7. 你或你的同学有参与制定"不准去学校小卖部买零食"这样的规则吗?(　)

①没有参与　②很少参与　③不确定　④有一定程度的参与　⑤有很大程度的参与

8. 在最近一年里,你有没有去学校小卖部买零食?(　)

①从来没有　②偶尔有　③不确定　④有时候有　⑤经常有

A4:1. 你觉得老师制定"不准和同学打架"这样的规则合理还是不合理?(　)

①合理　② 不合理

2. 老师制定"不准和同学打架"这一规则合理/不合理的程度如何?(　)

①很不合理　②不合理　③不确定　④合理　⑤非常合理

3. 你觉得能不能和同学打架可不可以由你个人决定?(　)

①可以由个人决定　②不可以由个人决定

4. 你觉得和同学打架这样的行为性质严重吗?(　)

①不严重　②一般　③非常严重

5. 你觉得"准(不准)和同学打架"这样的规则应该由谁来制定?(　　)(可以多选)

①自己　②老师　③父母　④校长　⑤法律

6. 你们学校或班级对于"不准和同学打架"的管理程度如何?(　)

①没有这样的规则　②一般,有规则,但管理不太严格　③管理非常严格

7. 你或你的同学有参与制定"不准和同学打架"这样的规则吗?(　)

①没有参与　②很少参与　③不确定　④有一定程度的参与　⑤有很大程度的参与

8. 在最近一年里,你有没有和同学打过架?(　)

①从来没有　②偶尔有　③不确定　④有时候有　⑤经常有

E4:1. 你觉得老师制定"不准去网吧"这样的规则合理还是不合理?(　)

①合理　② 不合理

2. 老师制定"不准去网吧"这一规则合理/不合理的程度如何?(　)

①很不合理　②不合理　③不确定　④合理　⑤非常合理

3.你觉得能不能去网吧可不可以由你个人决定?(　　)

①可以由个人决定　②不可以由个人决定

4.你觉得去网吧性质严重吗?(　　)

①不严重　②一般　③非常严重

5.你觉得"准(不准)去网吧"这样的规则应该由谁来制定?(　　　　)(可以多选)

①自己　②老师　③父母　④校长　⑤法律

6.你们学校或班级对于"不准去网吧"的管理程度如何?(　　)

①没有这样的规则　②一般,有规则,但管理不太严格　③管理非常严格

7.你或你的同学有参与制定"不准去网吧"这样的规则吗?(　　)

①没有参与　②很少参与　③不确定　④有一定程度的参与　⑤有很大程度的参与

8.在最近一年里,你有没有去网吧?(　　)

①从来没有　②偶尔有　③不确定　④有时候有　⑤经常有

二、社会事件推理评测手册

情境一：独立战争结束后，英国不承认美国是一个独立的国家。这意味着在英美之间无法互派使者，或建立贸易往来。因此，英国国王乔治给美国总统华盛顿发了一封信，以开始就这些事情进行谈判。然而，他在信封上对华盛顿的称呼是华盛顿先生，而不是华盛顿总统。当华盛顿收到这封信后，没有打开就退回去了，因为这封信不是写给华盛顿总统的。

请回答下面的问题：

1. 当华盛顿看到信是写给华盛顿先生的，而不是华盛顿总统的，没有拆开信就退回去了，他这样做对还是不对？（　　）

A. 华盛顿把信退回去是错误的。

B. 华盛顿把信退回去是正确的。

请陈述理由：

2. 你认为华盛顿没有打开信就把信退回去的原因是什么？

3. 信封上的称呼（华盛顿先生）和英国是否承认美国是一个国家有关系吗？请对您的答案做适当的解释。

情境二：小军很想和朋友一起去看某歌星的演唱会，但是他没有足够的钱购买门票。有一天，当他乘坐公交车的时候看到前面一位乘客在拿钱购买车票的时候把一张 100 元的钞票带出了口袋，钱掉到了地上。当时车上没有其他乘客，因此，小军可以告诉那位乘客他掉钱了，或者把那 100 元钱捡起来，归自己所有。

请回答下面的问题：

1. 如果小军把钱归自己所有，是对还是不对？（　　）

A. 小军把钱归自己所有是错误的。

B. 小军把钱归自己所有是正确的。

请陈述理由：

2. 假设小军决定把钱归自己所有。如果他想，你觉得小军有权利拥有这 100 元钱吗？（　　）

A. 只要他想，小军就有权利拥有这个钱。

B. 即使他想，小军也没有权利拥有这个钱。

请解释他为什么有权利或没有权利拥有这个钱：

情境三：小燕是 15 岁的中学生，她要去参加一个同学的生日派对。她选择了一件绿色的裙子，妈妈觉得不好看，要求她换一件衣服。但小燕没有理会妈妈的要求，穿着绿色的裙子去参加派对了。

请回答下面的问题：

1. 你认为小燕拒绝妈妈的要求，继续穿着绿色的裙子去参加派对是对还是不对？（　　）

A. 小燕拒绝妈妈的要求是正确的。

B. 小燕拒绝妈妈的要求是错误的。

请陈述理由：

2. 假如小燕不是去参加同学的生日派对，而是和妈妈一起去参加妈妈同学的聚会，你觉得小燕拒绝妈妈的要求是对还是不对？（　　）

A. 小燕拒绝妈妈的要求是正确的。

B. 小燕拒绝妈妈的要求是错误的。

请陈述理由：

　　情境四：种姓制度是传统印度最重要的社会制度和规范。在种姓制度向现代社会转变的过程中，政府试图给印度某村庄建立一所学校，使那里所有种姓的人都能接受教育。村里的领导拒绝了政府的这一善意行为，理由是学校的建立将使低等级种姓的人也接受教育，而他们接受教育和其在社会中的角色是不相符合的。

　　请回答下面的问题：
　　1.你怎么看待这件事情？（　　）
　　A.村里领导拒绝建立学校是正确的。
　　B.村里领导拒绝建立学校是错误的。
　　请陈述理由：

　　2.你认为解决这个问题最好的办法是什么？

三、网上日志问卷及指引性问题

　　第一天，请完成下面的调查问卷（问卷一和问卷二）以便我们了解你和父母之间的关系。如果你是和爷爷奶奶或外公外婆住，请完成调查问卷三和调查问卷四。

问卷一　我对妈妈的感情

　　下面表格中的描述符合你对妈妈（或者扮演你妈妈角色的其他女士）的感情吗？如果有多位女士扮演你妈妈的角色（如亲生母亲和继母），请选择对你影响最大的一位作为描述的对象。

	非常 不同意	部分 不同意	中立	部分 同意	非常 同意
1. 妈妈尊重我的感受	1	2	3	4	5
2. 如果妈妈知道我有烦心事，她会询问我	1	2	3	4	5
3. 我希望有一个不同的妈妈	1	2	3	4	5
4. 妈妈很接受我最初的模样	1	2	3	4	5
5. 对于重要的事情我总希望听听妈妈的建议	1	2	3	4	5
6. 我觉得我表露出感情妈妈也不在意	1	2	3	4	5
7. 妈妈知道我什么时候不开心	1	2	3	4	5
8. 妈妈对我期望太高	1	2	3	4	5
9. 讨论事情的时候，妈妈会考虑我的观点	1	2	3	4	5
10. 妈妈相信我的判断	1	2	3	4	5
11. 妈妈帮我更好地了解自己	1	2	3	4	5
12. 我会对妈妈说困扰我的问题	1	2	3	4	5
13. 妈妈理解我	1	2	3	4	5

续表

	非常 不同意	部分 不同意	中立	部分 同意	非常 同意
14. 当我生气的时候，妈妈总是试图理解我	1	2	3	4	5
15. 当我想要倾诉的时候，妈妈是可以信赖的对象	1	2	3	4	5
16. 我信任妈妈	1	2	3	4	5
17. 妈妈会严格管制我的日常生活和社交活动	1	2	3	4	5

问卷二　我对爸爸的感情

　　下面表格中的描述符合你对爸爸（或者扮演你爸爸角色的其他男士）的感情吗？如果有多位男士扮演你爸爸的角色（如亲生父亲和继父），请选择对你影响最大的一位作为描述的对象。

	非常 不同意	部分 不同意	中立	部分 同意	非常 同意
1. 爸爸尊重我的感受	1	2	3	4	5
2. 如果爸爸知道我有烦心事，他会询问我	1	2	3	4	5
3. 我希望有一个不同的爸爸	1	2	3	4	5
4. 爸爸很接受我最初的模样	1	2	3	4	5
5. 对于重要的事情我总希望听听爸爸的建议	1	2	3	4	5
6. 我觉得我表露出感情爸爸也不在意	1	2	3	4	5
7. 爸爸知道我什么时候不开心	1	2	3	4	5
8. 爸爸对我期望太高	1	2	3	4	5
9. 讨论事情的时候，爸爸会考虑我的观点	1	2	3	4	5

续表

	非常 不同意	部分 不同意	中立	部分 同意	非常 同意
10. 爸爸相信我的判断	1	2	3	4	5
11. 爸爸帮我更好地了解自己	1	2	3	4	5
12. 我会对爸爸说困扰我的问题	1	2	3	4	5
13. 爸爸理解我	1	2	3	4	5
14. 当我生气的时候，爸爸总是试图理解我	1	2	3	4	5
15. 当我想要倾诉的时候，爸爸是可以信赖的对象	1	2	3	4	5
16. 我信任爸爸	1	2	3	4	5
17. 爸爸会严格管制我的日常生活和社交活动	1	2	3	4	5

问卷三　我对爷爷／外公的感情

	非常 不同意	部分 不同意	中立	部分 同意	非常 同意
1. 爷爷／外公尊重我的感受	1	2	3	4	5
2. 如果爷爷／外公知道我有烦心事，他会询问我	1	2	3	4	5
3. 我希望有一个不同的爷爷／外公	1	2	3	4	5
4. 爷爷／外公很接受我最初的模样	1	2	3	4	5
5. 对于重要的事情我总希望听听爷爷／外公的建议	1	2	3	4	5
6. 我觉得我表露出感情爷爷／外公也不在意	1	2	3	4	5
7. 爷爷／外公知道我什么时候不开心	1	2	3	4	5
8. 爷爷／外公对我期望太高	1	2	3	4	5

	非常 不同意	部分 不同意	中立	部分 同意	非常 同意
9. 讨论事情的时候，爷爷／外公会考虑我的观点	1	2	3	4	5
10. 爷爷／外公相信我的判断	1	2	3	4	5
11. 爷爷／外公帮我更好地了解自己	1	2	3	4	5
12. 我会对爷爷／外公说困扰我的问题	1	2	3	4	5
13. 爷爷／外公理解我	1	2	3	4	5
14. 当我生气的时候，爷爷／外公总是试图理解我	1	2	3	4	5
15. 当我想要倾诉的时候，爷爷／外公是可以信赖的对象	1	2	3	4	5
16. 我信任爷爷／外公	1	2	3	4	5
17. 爷爷／外公会严格管制我的日常生活和社交活动	1	2	3	4	5

问卷四　我对奶奶／外婆的感情

	非常 不同意	部分 不同意	中立	部分 同意	非常 同意
1. 奶奶／外婆尊重我的感受	1	2	3	4	5
2. 如果奶奶／外婆知道我有烦心事，她会询问我	1	2	3	4	5
3. 我希望有一个不同的奶奶／外婆	1	2	3	4	5
4. 奶奶／外婆很接受我最初的模样	1	2	3	4	5
5. 对于重要的事情我总希望听听奶奶／外婆的建议	1	2	3	4	5
6. 我觉得我表露出感情奶奶／外婆也不在意	1	2	3	4	5

续表

	非常 不同意	部分 不同意	中立	部分 同意	非常 同意
7. 奶奶 / 外婆知道我什么时候不开心	1	2	3	4	5
8. 奶奶 / 外婆对我期望太高	1	2	3	4	5
9. 讨论事情的时候，奶奶 / 外婆会考虑我的观点	1	2	3	4	5
10. 奶奶 / 外婆相信我的判断	1	2	3	4	5
11. 奶奶 / 外婆帮我更好地了解自己	1	2	3	4	5
12. 我会对奶奶 / 外婆说困扰我的问题	1	2	3	4	5
13. 奶奶 / 外婆理解我	1	2	3	4	5
14. 当我生气的时候，奶奶 / 外婆总是试图理解我	1	2	3	4	5
15. 当我想要倾诉的时候，奶奶 / 外婆是可以信赖的对象	1	2	3	4	5
16. 我信任奶奶 / 外婆	1	2	3	4	5
17. 奶奶 / 外婆会严格管制我的日常生活和社交活动	1	2	3	4	5

接下来的两个星期，请在微博或微信上记录如下内容：

（一）你和父母之间的冲突

我们这里所说的冲突包括你和父母之间任何或大或小的不同意见。每一次冲突的描述请提供以下细节：（1）是关于什么事情的冲突？（2）冲突的强度怎样？（3）冲突是和谁发生的？（4）冲突是怎么解决的？（5）你觉得解决的方法公平吗？（6）你对此是什么感觉？

（二）你不会和父母分享的想法或事情

请写下你没有和父母分享的秘密。例如，你期中考试没考好；你默默喜欢上了班上的某个人；你和最好的朋友打了一架；或者你用零花钱买了一个电子产品；等等。对于每一个秘密，请至少提供一个你为什么不和父母分享的理由。

简单描述冲突：	
请解释你为什么会和你的父母有这个冲突（换句话说，你为什么觉得你是对的，你的父母是错的）：	
冲突的强度（用1—5来衡量，"1"表示很温和，"5"表示非常激烈）	1 2 3 4 5
冲突是和谁发生的？（请选择）	1.妈妈 2.爸爸 3.妈妈爸爸
冲突是怎么解决的？（请选择）	1.我妥协 2.妈妈（爸爸）妥协 3.双方都有妥协 4.没有解决
解决的方法是否公平？（"1"表示非常公平，"5"表示非常不公平）	1.非常公平 2.公平 3.不确定 4.不公平 5.非常不公平
我对解决方法的感觉（"1"表示非常不满意，"5"表示非常满意）	1.非常满意 2.满意 3.不确定 4.不满意 5.非常不满意

我没有和父母分享的秘密（包括想法和行动）

描述秘密：
我不和父母分享的原因：
有没有与这个秘密相关的行动？请描述：

责任编辑：周　颖

图书在版编目（CIP）数据

以领域理论为基础的青少年道德教育研究 / 刘建金著 . — 北京 : 人民出版社，
　2024.7
ISBN 978 - 7 - 01 - 026504 - 9

Ⅰ.①以… Ⅱ.①刘… Ⅲ.①青少年教育 – 品德教育 – 研究 – 中国
　Ⅳ.① D432.62

中国国家版本馆 CIP 数据核字（2024）第 080777 号

以领域理论为基础的青少年道德教育研究
YI LINGYU LILUN WEI JICHU DE QINGSHAONIAN DAODE JIAOYU YANJIU

刘建金　著

人民出版社 出版发行
（100706　北京市东城区隆福寺街 99 号）

北京九州迅驰传媒文化有限公司印刷　新华书店经销

2024 年 7 月第 1 版　2024 年 7 月北京第 1 次印刷
开本：710 毫米 × 1000 毫米 1/16　印张：16.75
字数：292 千字

ISBN 978 - 7 - 01 - 026504 - 9　定价：77.00 元

邮购地址 100706　北京市东城区隆福寺街 99 号
人民东方图书销售中心　电话（010）65250042　65289539